アジアの通貨・金融協力と通貨統合

中條誠一 著

文眞堂

はしがき

　いつの時代でも，世界経済は種々の投機による混乱を余儀なくされてきた。しかし，20世紀末から今日にかけて，その発生頻度が著しく増加するとともに，ショックの大きさも過去に類を見ないほど激しいものになってきている。実際に，1990年代に入って以降，ヨーロッパ，メキシコ，アジア，ロシア，ブラジル，アルゼンチンと相次いで通貨危機が発生。2007年から2009年にかけては，原油価格をはじめとする資源価格の暴騰・暴落，さらにはアメリカ発の世界金融危機に見舞われ，グローバルな規模での混乱に世界経済は深刻なダメージを被った。それらに共通した背景として，グローバル金融資本主義とも呼ばれているように，近年の世界経済においては金融資本が肥大化し，かつ膨大な投機資金が自由に世界を駆け巡ることが可能になったことがあると見られる。

　そうした中で，1997年にアジアは通貨危機の大津波を経験し，地域としての通貨・金融協力の必要性を痛感した。特に，それまでのアジアの地域協力がASEANやAPECを舞台とした貿易・直接投資等の実物経済面主体であった中で，その間隙を突いて通貨危機が勃発したこと，さらには震源地・タイの危機が次々とアジア各国に伝播したことから，通貨・金融面での投機アタックに対しては1国で対処することが難しく，地域的な通貨・金融協力が不可欠なことを教訓として得たからである。その結果，ASEAN＋3を新たな舞台として，再びアジアで通貨危機を引き起こさないために通貨・金融協力が推進されることとなった。

　しかし，2008年9月のリーマン・ショックを契機にしてアメリカで金融危機が表面化し，瞬く間に世界中が危機の波に飲み込まれてしまった。幸い，アジアは金融機関が直接巨額な損失を被ることは避けられたものの，韓国等一部の国では通貨アタックを受けるとともに，アジアの全ての国が世界同時株安，世界同時不況の余波を受け呻吟することとなった。これを機に，改めてアジアの通貨・金融協力の有用性が再認識されるとともに，さらなる協力の推進が再

検討されつつある。とりわけ，世界の各地で頻発する通貨・金融危機の中でも，基軸通貨国であり，最も強固な近代的金融システムを保持していると思われていたアメリカが危機の震源地となったことは，ドルを単一基軸通貨とした現在の国際通貨システム自体への疑念を生じさせ，アジアの通貨システムのあり方を再考させることとなった。すなわち，ドルの単一基軸通貨体制への信認が揺らいだとはいえ，世界規模でその改革を推進することは難しく，アジアは次善の策として地域的な協力によって，アジア全体の通貨制度・政策を改革し，ドル不安にも耐えうるアジア独自の通貨システムを構築する道である。このアジアの通貨システムの改革は，現時点までに比較的順調に進展してきたアジアの通貨・金融協力の中でも各国の利害が対立しうるため，まったく手がつけられてこなかった領域であるが，超長期的にはアジアの通貨統合につながる壮大な夢でもある。

　以上のようなアジアを取り巻く国際金融情勢の下で，アジアが直面し検討を迫られている問題は少なくない。まず第1は，アジア通貨危機を教訓にして，現在推進されているアジアの通貨・金融協力はどのようなもので，いかなる問題点や解決すべき課題を抱えているかという点である。再びアジア通貨危機のような苦い経験をしないために，種々の通貨・金融協力が推進されているが，それは単なる思い付きでなされているわけではない。アジア通貨危機の原因を分析したうえで，理論的な裏づけを持って実行されている。したがって，10年以上にわたる通貨・金融協力の実情を改めて検討し直し，理論的な裏づけを持った目的を達成するために，さらに何が必要かを考察することは意義あると考えられる。

　第2は，世界金融危機を経験し，その原因から考えてアジアの通貨・金融協力に何が必要かという点である。結論的にいえば，世界金融危機によってもたらされた最大の教訓は，グローバル金融資本主義の世界では「金融大国」アメリカといえども磐石ではなく，アメリカの経済力を基盤としたドルの単一基軸通貨体制の維持は困難さを増しており，今後ともドルの乱高下や暴落の危険性が高まっていることにある。これに対して，1国で対応することには限界があるし，逆に世界全体で国際通貨システムの抜本的改革に着手するというコンセンサスを得ることも難しい。したがって，次善の策としてアジア地域全体でド

ルの不安定性に耐えうる通貨システムの構築を迫られているといえよう。ヨーロッパの経験からいえば，それは通貨統合に通じる壮大な実験かもしれないが，アジアでのその可能性および道筋を検討してみる必要があるといえる。

第3は，アジアの通貨統合を実現しドルからの脱却を図るために，日本は何をすべきかという問題である。そもそも，ヨーロッパでさえ長い道のりを経てようやく夢を実現したうえ，今日ではギリシャやアイルランドの問題が表面化してることを考えると正しい選択だったのかという疑問があり，ましてやアジアでは実現不可能であるし，目指すべきでないという見解も多い。しかし，少なくとも現在の各国ばらばらの通貨システムには問題が多いことは疑いの余地がなく，何らかの調和的な通貨システムへの改革が有用なことは否定しえないであろう。したがって，その改革の延長線上に通貨統合を見据えた時に，何が障害となり，日本はどのような対応をすべきかを考察して見なければならない。

このような課題に取り組むべく，本書は次のような構成からなる。

まず第1章では，アジア通貨危機の教訓に基づき推進されているアジアの通貨・金融協力を検討する前提として，通貨危機の原因を改めて考察した。そこでは，通貨危機の基礎的な理論とその理論から得られる分析の視座を明確にしたうえで，現実のアジア通貨危機の原因について実証的分析を試みた。特に，アジア通貨危機にとどまらず，近年の種々の通貨・金融危機には基本的な背景として，グローバル金融資本主義の世界における投機があるため，そのメカニズムの解明から始めた。そのうえで，アジア通貨危機において為替投機を招来した独自の原因を抽出した。

第2章では，前章で抽出したアジア通貨危機の原因をさらに突き詰めて，本源的な原因は何だったのかを究明した。そうすることによって，本源的な問題点に対して，その解消あるいはその制御のための対策として，何をすればよいかが浮かび上がってくるからである。換言するならば，アジア通貨危機の教訓として，その本源的原因，問題点に対応すべく，どのような通貨・金融協力が必要なのかを分析した章である。その結果，アジアでは「経済サーベイランス」「セーフティーネットの構築」「為替政策・制度の改革」「アジアの債券市場育成」「金融機関および金融当局による金融システムの効率性，健全性，透明性

の確保」が求められていることを析出した。

　第3章では，理論的裏づけを持ったアジアの通貨・金融協力が，実際にどのように推進されているかを分析した。ASEAN＋3およびEMEAPにおいて実行されているそれぞれの対応が，どのような進展を見せているかを検討したうえで，アジア通貨危機の本源的な問題点への対応という観点から残された課題は何かを明らかにした。そこからは，若干の課題を抱えながらも，アジアの通貨・金融協力は一定の成果をあげつつある中で，アジア全体として何らかの調和的な通貨システムを構築するという「為替政策・制度の改革」は，まったく手付かずの状態にあることが浮かび上がってくる。

　第4章では，今回のアメリカ発の世界金融危機を受けて，アジアの通貨・金融協力はどうあるべきかを検討し直した。そのために，まず今回の世界金融危機の原因を分析したが，やはりその基本的背景にはグローバル金融資本主義の暴走があるものの，堅固で近代性を誇っていたアメリカの金融システムにも欠陥があり，脆さが同居していたというアメリカ独自の原因を明らかにした。それによって得られるアジアの通貨・金融協力への教訓を考察したが，もたらされた結論でも特に重要なのは，アジアはこれまでの諸策をさらに進展させるだけでなく，超長期的視点に立って「ドルからの脱却」を図り，独自の通貨圏の創出に向けた1歩を踏み出すべきという示唆である。

　それを受けて，第5章ではアジアが通貨危機から得た教訓である「過剰なドル依存の軽減・解消」から，さらに超長期的に「ドルからの脱却」をも図るために，どのような道程を辿ればよいかを描いてみた。それは，アジアにとっての壮大は夢ともいうべき共通通貨による通貨統合へ向けてのロードマップに他ならないが，アジアの場合はヨーロッパ以上に長く困難な道のりであり，2段階を経てようやく達成可能かもしれないというものである。したがって，第1段階では何を目指して通貨システムを改革すべきかを検討したうえで，ヨーロッパが辿った道程をほぼ踏襲する第2段階に至るための条件を提示した。もし，アジアが現在まったく進展のない通貨システムの改革に関して，一定の経済的合理性を目指した協調ができるならば，アジアの経済関係や経済構造がどのように変わり，かつアジアがどのような政策遂行努力をすればよいかを示し，それによってヨーロッパの欧州通貨制度成立後に見立てた第2段階に入り，

さらに通貨統合というゴールに達するまでの道のりを描写してみた。

第6章では，アジアの通貨統合という壮大なシナリオを実現するために，日本は通貨・金融協力において積極的にリーダーとしての役割を果たさなければならないが，自らは円の国際化に再度チャレンジすべきであり，その具体的な方策の提言を試みた。アジア通貨危機によって過剰なドルへの依存が危険であることが認識され，アジアでの円の国際化が大義名分を得たが，今日まで期待された進展は見られない。しかし，アジアがドルから脱却し，独自の共通通貨によって通貨統合を成し遂げる過程では，アジアの中心的通貨として円が国際化することは必要条件のひとつであり，日本はこの課題に再チャレンジすべきである。そのためには抽象的な議論ではなく，実際に円の国際化を阻んでいる要因を把握したうえでの具体的対応策を講じることが不可欠であり，その提唱を試みた。

最後に終章として，現段階では詳細な研究の裏づけに基づくものではないが，アジアの通貨統合の成否を左右する要因として，中国の通貨戦略を看過できないことを強調した。将来，アジアの超大国にのし上がる可能性が強いと予想される中国が，人民元の国際化の先に人民元圏の誕生を目指したならば，共通通貨による通貨統合の夢は頓挫せざるを得ない。その場合のアジアのデメリット，とりわけ日本への打撃は大きく，日本としては中国と対等な交渉力を発揮しうる今こそ，戦略的な通貨外交によって，通貨統合へのアジアのコンセンサスを形成すべきことを提言した。

以上の各章の論述うち，
第2章は，「タイの通貨危機と為替政策――円の国際化への可能性」『国民経済雑誌』2000年，第181巻第1号
第3章は，「東アジアの通貨・金融協力の現状と展望」馬田啓一・木村福成編著『検証・東アジアの地域主義と日本』文眞堂，2008年5月
第3章補論は，「アジア通貨危機と通貨・金融協力」青木健・馬田啓一編『日本の通商政策入門』東洋経済新報社，2002年12月
第5章は，「アジアにおける通貨システム改革の道筋」『経済学論纂（中央大学）』2008年，第48巻第1・2合併号
第6章は，「アジアにおける円の国際化」『経済学論纂（中央大学）』2001年，

第42巻第1・2合併号をそれぞれ初出としたものである。しかし，内容的にはほとんどが一部の使用であるか，大幅に加筆，修正したものとなっている。

　1984年に大阪市立大学で研究職について以来，筆者は前職の商社調査室での経験を生かし，為替レートの決定論およびその予測を踏まえた企業の為替リスク・マネジメントを研究対象としてきた。しかし，1996年に中央大学で国際経済学を担当することになった翌年に，アジアで通貨危機が勃発したのを契機に，アジアの通貨・金融システムを研究テーマに加えた。以来10年以上が経過したにもかかわらず，その研究成果を体系的に取りまとめる機会に恵まれなかったが，2010年度に1年間というサバティカルの期間を得ることができ，その作業に着手することができた。まずもって，中央大学経済学部に対して研究活動に専念できる機会を与えてくれたことへの感謝の意を表したい。

　ここに至る研究過程では，日本国際経済学会，日本貿易学会，神戸大学六甲フォーラム，中央大学経済研究所・学振プロジェクト等において，研究報告の場を与えていただき，報告に対する貴重なコメントやアドバイスをいただいた。特に，同じ中央大学の田中素香教授，長年関西での研究会でご一緒させていただいた神戸大学の藤田誠一教授，中央大学経済研究所・学振プロジェクトに参画いただいた一橋大学の小川英次教授，龍谷大学の村瀬哲司教授，中国・吉林大学の李暁教授，中国・復旦大学の孫立堅教授，さらには中国語の文献の翻訳に協力いただいたアモイ大学の鄭甘澍教授に，この場を借りて御礼を申しあげたい。

　最後に，サバティカル期間に入ると同時に，頚椎変形による首の痛みに見舞われたため作業が遅々として進まず，ともすれば頓挫しかねなかった中で，出版を強力に促してくださった文眞堂(株)の前野隆専務，執筆作業をサポートしてくださった編集部の山崎勝徳氏にも深甚なる謝意を表したい。

　2010年師走

著　　者

目　次

はしがき……………………………………………………………………… i

第1章　アジア通貨危機の発生原因：理論と現実 …………………… 1

はじめに……………………………………………………………………… 1
第1節　通貨危機の理論と原因分析の視座………………………………… 1
　1-1　第1世代モデル …………………………………………………… 2
　1-2　第2世代モデル …………………………………………………… 3
　1-3　バランス・シートモデル ………………………………………… 4
　1-4　伝染の理論 ………………………………………………………… 5
　1-5　通貨危機の諸理論から得られる分析の視座 …………………… 6
第2節　アジア通貨危機の根底にある金融のグローバル化……………10
　2-1　グローバル金融資本主義の暴走：資本収支危機の背景………10
第3節　アジア通貨危機の直接的原因：資本収支危機はなぜ起こったか…22
　3-1　アジア通貨危機の特徴とその背景………………………………22
　3-2　危機の引き金を引いたものは何か………………………………27
　3-3　投機の広範化，双子の危機の深刻化，伝染 ……………………30
小括……………………………………………………………………………33

第2章　アジア通貨危機の本源的原因とその教訓 ……………………36

はじめに………………………………………………………………………36
第1節　3つの本源的原因…………………………………………………36
第2節　為替政策・制度の失敗……………………………………………39
　2-1　実効為替レートの上昇の実証分析 ………………………………39
　2-2　過剰なドル資金流入の実証分析 …………………………………45
　2-3　実物経済依存関係と通貨・金融面でのミスマッチ ……………51

第3節　金融政策の失敗と金融システムの脆弱性……………………………52
　第4節　アジア通貨危機の教訓から見た通貨・金融協力のあり方…………55
　小括……………………………………………………………………………………58

第3章　アジアの通貨・金融協力の現状と課題 ……………60

　はじめに………………………………………………………………………………60
　第1節　為替政策・制度の改革………………………………………………………61
　第2節　セーフティーネットの構築と経済サーベイランス………………………65
　　2-1　チェンマイ・イニシアティブの推進 …………………………………65
　　2-2　経済サーベイランス ……………………………………………………70
　第3節　アジアの債券市場育成………………………………………………………75
　　3-1　2つの取組み ……………………………………………………………75
　　3-2　アジア債券市場育成イニシアティブ …………………………………76
　　3-3　アジア債券基金 …………………………………………………………79
　　3-4　アジアの債券市場育成の課題 …………………………………………81
　小括：今後の通貨・金融協力の展望と課題…………………………………………83
　補論：新機関設立構想………………………………………………………………88

第4章　世界金融危機を踏まえたアジアの通貨・金融協力……94

　はじめに………………………………………………………………………………94
　第1節　世界金融危機の原因…………………………………………………………94
　　1-1　政策運営の失敗と金融当局の規制・監督体制の不備 ………………95
　　1-2　証券化による住宅ローン審査の杜撰化 ………………………………96
　　1-3　高度な証券化によるリスクの複雑化・不透明化 ……………………96
　　1-4　証券投資の水膨れをもたらしたレバレッジ …………………………99
　　1-5　危機発生のメカニズム：政策とシステムの問題が露呈 ……………100
　第2節　世界金融危機からの教訓と対応……………………………………………101
　　2-1　世界金融危機から得られた教訓 ………………………………………101
　　2-2　世界金融危機への対応 …………………………………………………103
　第3節　アジアの通貨・金融協力への教訓…………………………………………112

3-1　通貨・金融協力推進の必要性を再認識 …………………… 113
3-2　超長期的視点に立った「ドルからの脱却」への始動を ………… 116
3-3　実物経済面でもアメリカへの過剰依存の危険性を認識 ……… 120
3-4　アジアの金融システムの改革と強化の必要性 …………………… 124
小括 ………………………………………………………………………………… 128

第5章　アジア通貨統合へのロードマップ …………… 131

はじめに …………………………………………………………………………… 131
第1節　アジアにおける人民元の過小評価問題 …………………………… 132
1-1　アジアの分業関係の議論で欠落している為替レート問題 …… 132
1-2　アジアでも問題な人民元の過小評価 ……………………………… 135
1-3　人民元の為替政策改革は中国にとってもメリット ……………… 139
第2節　通貨危機とその後の推移を踏まえた通貨システムの改革 … 143
2-1　希求すべき2つの為替政策目標 ……………………………… 143
2-2　考えられる2つの通貨バスケット制 …………………………… 144
第3節　第2段階（固定的通貨システム）への移行のための条件 …… 150
3-1　域内経済依存関係の深化と「自己完結的貿易」構造への転換 … 151
3-2　国際資本取引の活性化，多様化，地域化 ………………………… 154
3-3　円の国際化の可能性と人民元等の国際化 ……………………… 159
3-4　経済サーベイランスの充実と政策協調の進展 ………………… 161
第4節　AMS下の域内通貨固定化から通貨統合へ ……………………… 163
4-1　アジア通貨制度（AMS）の構築 …………………………………… 163
4-2　ドルの駆逐と基軸通貨の交代 ……………………………………… 166
4-3　アジア共通通貨の創出 ……………………………………………… 169
小括 ………………………………………………………………………………… 172

第6章　アジアにおける円の国際化への再チャレンジ …… 178

はじめに …………………………………………………………………………… 178
第1節　アジアにおける円の国際化の現状 ………………………………… 180
1-1　尻すぼみの円の国際化気運：それでも必要な円の国際化 …… 180

1-2　後退気味のアジアにおける円の国際化 ………………………… 181
　第2節　アジアにおける円の国際化の具体的阻害要因………………… 188
　　2-1　円建て取引の為替リスクが大きかったこと ………………… 189
　　2-2　輸出入における企業の交渉力（バーゲニング・パワー）の弱さ… 192
　　2-3　両為替を保有する機会，特に円建て債権の取得機会の欠如 … 194
　　2-4　外国為替市場および金融・資本市場の未整備 ……………… 197
　　2-5　ドル中心の為替リスク管理体制の確立，構築が多いこと … 199
　小括：アジアにおける円の国際化対策のあり方……………………… 206

終章　通貨統合か人民元圏の誕生か ……………………… 214
　はじめに………………………………………………………………… 214
　結語：問われる日本のアジア通貨戦略・通貨外交…………………… 227

　参考文献………………………………………………………………… 229
　索引……………………………………………………………………… 238

第1章
アジア通貨危機の発生原因：理論と現実

はじめに

　アジア通貨危機以前にも，アジアの地域協力は行われていたが，それはASEANやAPECを舞台にした貿易や投資といった実物経済面での協力であった。地域をあげての通貨・金融協力がなされていなかったという間隙を突かれたのが，1997年の通貨危機であったといっても過言ではない。そのため，通貨危機を契機にアジアの通貨・金融協力の機運が高まり，今日まで一定の成果をあげつつある。

　そこで最も重要なことは，具体的に遂行されている通貨・金融協力の諸策は，単なる思い付きや脈絡なく実行されているわけではなく，通貨危機の原因を分析し，そこから得られた教訓を踏まえて考案，実行されているということである。したがって，アジアの通貨・金融協力のあり方を議論する前提として，本章ではまずアジア通貨危機の発生原因を解明すべく，基礎的な通貨危機の理論とそこから得られる分析の視座を明確にしたい。そのうえで，現実のアジア通貨危機の原因についての実証的分析を試みたい。

第1節　通貨危機の理論と原因分析の視座

　アジア通貨危機の発生原因を分析するうえで，通貨危機の理論といわれる諸理論は，貴重な視座を与えてくれる。その意味で，ここでは各理論の内容を詳細に紹介するということではなく，理論の概要とポイントを押さえ，そこから得られるいくつかの分析視座を見出すことを目指したい。具体的には，第1世代モデル，第2世代モデル，バランス・シートモデル，伝染の理論を簡単に紹

介し，そのうえでアジア通貨危機の発生原因を探求するに当たって，そこから何が分析視座として示唆されうるかを考えてみたい。[1]

1-1　第1世代モデル

　為替投機によって，通貨危機が発生するメカニズムを最初に提示したモデルは，Krugman（1979）らによる第1世代モデルである。
　そのエッセンスは，70年代に頻発した中南米などでの通貨危機における為替投機の発生を念頭においたモデルで，当事国の経済政策によるファンダメンタルズによって適正と考えられる為替レート水準と現実の固定為替レートの間に矛盾がある場合に為替投機が発生することを明らかにしたことにある。すなわち，固定相場制の下で，当事国政府が放漫な財政政策を採り，その財政赤字のツケを国債の中央銀行引受という形で補填するならば，国内信用残高が膨張し，インフレ期待ないしは実際にインフレが発生する。したがって，外国為替市場では自国通貨への下落圧力が高まるが，政府は固定相場制維持のために自国通貨買い・外貨売り介入をせざるを得ず，外貨準備の減少を余儀なくされる。つまり，国際金融のトリレンマ論からいえば，国内信用残高膨張分に等しい外国為替市場での自国通貨買い・外貨売りで，国内の貨幣供給量が一定に保たれること（金融政策の自立性放棄）によって，資本移動の自由と為替レートの安定（固定相場制）が維持されるというわけである。
　何も為替投機がなければ，外貨準備が減少し続け，底をついた時点で固定相場制が崩壊し，通貨危機に見舞われることになるが，このモデルではその前に為替投機が発生することを示している。外貨準備がゼロになる時点まで待っていたのでは，固定為替レートで自国通貨売り・外貨買いの投機をして，崩壊後安くなった自国通貨を買い戻すことによる投機益を得られないからである。したがって，投機家はもし固定相場制が放棄されて変動相場制であったとしたら成立していたと想定される為替レート，すなわちこのシャトー・レートが固定為替レートを下回った時点で，固定相場制が崩壊すれば安くなると予想される自国通貨への売りアタックをかけることになる。それも，多くの投機家がいっせいに為替投機に走る可能性が高いといえる。なぜならば，自国通貨のシャトー・レートが固定為替レートを大きく下回るまで待てば，予想される投機益

は大きくなるが，その前に他の投機家がアタックをかけ，変動相場制に移行してしまえば，利得を得られなくなりかねないからである。

このシャトー・レートは，放漫な財政赤字を補填するための国内信用残高の膨張＝外貨準備減少を勘案して想定されると見られるが，一般的にいえば，当事国の経済運営によるファンダメンタルズ全般によって規定されるということができる。したがって，第1世代モデルはファンダメンタルズの悪化によって，いずれ外貨準備が枯渇して固定相場制を放棄せざるを得なくなるという投機家の予想に基づく行動によって，為替投機が起こりうることを明らかにしたものである。

1-2　第2世代モデル

これに対して，1992年のヨーロッパ通貨危機を経験し，当時投機アタックを受けた国々が放漫な財政政策を採っておらず，通貨膨張やインフレ高進も起こっていなかったことを受け，ファンダメンタルズの悪化によらず，何らかのきっかけで，多くの市場参加者の為替レートの先行き予想が変化すると，為替投機が発生し，自己実現的に通貨危機が起こりうることを説いた第2世代モデルが登場し，Obstfeld (1986, 1994) らによって，具体的にモデル化された。

このモデルの特徴のひとつは，投機家は将来の為替レート予想に基づいて投機行動をとることを想定し，固定為替レートに比べ自国通貨の為替レートの下落が予想され，多くの投機家が自国通貨売りを行うことによって，現時点で自己実現的に自国通貨が下落して通貨危機が発生するというものである。もうひとつの特徴は，投機家がどのような投機行動に出るかによって，自己実現的に通貨危機が発生する場合と投機が控えられ固定為替レートが維持される複数均衡（ナッシュ均衡）が存在しうることを示したことにある。

このモデルは，ゲームの理論の考え方によって説明できる。すなわち，通貨当局と2人の投機家が存在する中で，通貨当局がどれだけの外貨準備を保有しているか，各投機家がどれだけ自国通貨での投機資金を保有し，協調して投機アタックをかけるか否かによって，通貨危機が発生するか否かが分かれるというものである。例えば，通貨当局が十分な外貨準備を保有し，両投機家が協調してアタックをかけても突き崩せない状況下では，通貨危機は発生しないが，

1人の投機家でもアタックに成功しうるほど通貨当局の外貨準備が少ない場合は通貨危機が発生する。

しかし，最も注目すべきは外貨準備が10単位であるのに対して，各投機家が6単位の資金を保有しているような場合は，1人の投機家がアタックをかけても成功せず，投機コスト分の損失を被るだけである。したがって，この場合は相手の投機家がどのような行動に出るかを勘案し，相手が投機をしない戦略を採ると見れば，自らも同様の行動をするため，固定相場制は維持される。逆に，相手が投機行動に出ると見た場合には，自らもそれに同調することによって，外貨準備を上回る投機アタックがなされ，通貨危機が発生することになり，両投機家とも大きな利得が得られることになる。つまり，多くの投機家の間で，通貨当局は外貨準備を使った自国通貨の買支えが維持できないだろうとの期待が形成されれば，その期待は自己実現的に現実のものになるというものである。

この説明で，通貨当局の保有する外貨準備としているところをファンダメンタルズに置き換えて議論すれば，より現実的に通貨危機を分析しやすい。つまり，投機家は経済のファンダメンタルズを分析し，明確に多くの投機家が良好と判断できれば，投機アタックは行われず固定相場制が維持され，逆であれば通貨危機が発生する。そして，ヨーロッパ通貨危機のように，明確なファンダメンタルズの悪化が確認できないような場合でも，投機家数に反比例するアタック・コストと予想投機利益の下で，他の投機家がどう行動するかを予想して自らの意思決定をする。その結果，他の投機家が投機行動を起こすとの期待が高まれば，自己実現的に通貨危機が発生するというものである。

1-3 バランス・シートモデル

1997年に，通貨危機と金融危機という「双子の危機」が併発したアジア通貨危機を経験することによって，その発生メカニズムを解明するいくつかの理論モデルが登場した。バランス・シートモデルと呼ばれるもので，Krugman (1999)，Chang and Velaso (2000) などに代表される一群の理論モデルである。それらの特徴は，第2世代モデル同様，自己実現的な複数均衡の可能性を示すとともに，金融機関または企業のバランス・シートに着目すること，バラン

ス・シートと通貨価値の増減は相互作用があることという点で共通している。

まず，通貨危機が金融危機に発展する経路は，何らかの理由によってその国から資本が流出し，自国通貨の為替レートが下落すると，外貨建て債務が多い金融機関や企業のバランス・シートが悪化をきたすことになる。その際には，外貨建て債務が自国通貨建てで評価した場合に，為替レート下落分だけ膨張してしまうという問題と外貨建て債務が短期で，その運用が長期であると，短期の外貨建て債務の回収に応じることができず，流動性不足をきたしてしまうという問題に直面する。いわゆる後述のダブル・ミスマッチ状態にあった場合，金融システムへの不安が広がり，金融危機を併発する危険性が高い。

逆に，その国における資産バブルの発生・崩壊などにより金融危機が発生した場合，通貨危機に至るいくつかのチャンネルが提示されている。バブル崩壊による不良債権増大で金融機関等のバランス・シートが悪化をきたし，金融不安から海外資本の逆流や資本逃避が起こり通貨危機に発展すると考えられる。さらには，金融危機の中で，金融機関や預金者保護のために投入される公的資金が，中央銀行の国内信用拡大によって調達された場合は，国内金利の低下あるいはインフレ期待などをもたらし，外国為替市場での自国通貨売りを誘発するということも指摘されている。

特に，通貨危機から金融危機，金融危機から通貨危機への発生経路は，双方向で繰り返され悪循環に陥る危険性を有しているという点が重要である。

1-4 伝染の理論

1994年のメキシコの通貨危機でいわれたテキーラ効果に始まり，アジアの風邪といわれたアジア通貨危機に代表されるように，1990年代以降の通貨危機の大きな特徴は，1国で発生した危機が周辺国へと波及したことである。この伝播メカニズムを解明しようというモデルが多数提示されている。しかし，危機の経験の中で伝染（contagion）は多くのチャンネルを通じて波及しており，一般化した統一モデルの提示は難しい。[2]

大まかに分類化をしようとすれば，Mason（1998）が行ったように，今回のアメリカ発の世界金融危機のように先進国経済の大きな変化が多数の途上国に衝撃を与える monsoonal effects，途上国同士の経済相互関係から伝染が起きる

spillovers，そのいずれでもなく，ファンダメンタルズとは無関係に，したがって複数均衡が起こりうる pure contagion との区分ができるかもしれないが，それぞれの中でもいくつかの原因，チャンネルがありえる。あえて，できるだけ共通的原因別に整理してみたい。

まず第1は，マクロ的経済状況の類似性や実際の経済依存関係から危機が伝播をするという考え方である。その際には，アメリカのような経済大国であるが故に，世界的伝播を示した monsoonal effects とは異なり，一般的には近隣の周辺国への波及となろう。具体的には，同じような経済ファンダメンタルズや経済構造，それらに関する問題点等を抱えていれば，危機震源国と同じような将来期待が形成されやすく，同様の投機アタックから危機の伝播を招く可能性が高まる。例えば，Goldstein（1998）のウェイクアップ・コール仮説は，そのひとつの具体的仮説ということもでき，もしギリシャ危機が他の財政事情の悪いユーロ導入国への懸念を喚起し，ユーロの動揺を深刻化させるとすれば，この仮説の事例といえるかもしれない。

もちろん，単なる連想だけでなく実際に貿易や金融面で，深い依存関係を有しているならば，周辺国は危機震源国に対して輸出が減少したり，投資関係があるならば，債権回収不能といった事態に陥る危険性があり，より投機アタックを受けやすい。そのひとつのモデルとしては，Gerlach and Smets（1995）により提示された貿易リンクの強い国同士の競争的通貨切下げ理論をあげることができる。

第2に，通貨危機の伝染を世界的，あるいは特定地域的に広く投資活動をしている貸し手側の行動に原因を求める理論がある。Kyle and Xiong（2001）らによる共通の貸し手仮説と呼ばれる考え方であり，国際的な投資活動をしている貸し手はある国で通貨危機が発生し，損失を被った場合，他の国への投資評価をも変更し，リスク資産を中心に資金回収に走るため，それらの国々にも危機が伝播するというものであり，実証的にこの存在を支持する研究が見られる。

1–5 通貨危機の諸理論から得られる分析の視座

以上のように，極めて簡単に為替投機や危機の伝染という通貨危機の理論を

サーベイすることによって，本書でアジア通貨危機や世界金融危機の原因を分析する視点，視座がいくつか浮かび上がってくる。

まず第1は，アジア通貨危機はそれまでの中南米等で頻発してきた通貨危機とは発生原因が大きく異なり，「21世紀型通貨危機」とも称されてきた。別の言い方をするならば，中南米等で発生してきた通貨危機は「経常収支危機」，アジア通貨危機は「資本収支危機」との区分をすることがかなり受容されているが，それは国際流動性としての外貨準備の枯渇をもたらした決定的要因がどちらにあるかで呼び習わしているに過ぎないと認識すべき点である。

中南米での通貨危機を念頭に置いた第1世代モデルでも，経済運営の失敗から国内信用残高の膨張に相当する外貨準備減少（経常収支赤字）が起こる中で，それが臨界点を迎える前に，自国通貨売りの為替投機が起こり，通貨危機が発生するメカニズムを示している。事実，「経常収支危機」と呼ばれた中南米の場合でも，ファンダメンタルズの悪化を受けた海外金融機関の融資の回収，現地資本逃避の拡大の方が，通貨当局をしてデフォルトや為替相場制度の変更に多大な影響を及ぼしたことを想起するならば，いずれの通貨危機，あるいは金融危機であれ，投機的な資本の動きが重要であることに変わりがないことを，改めて再認識させられる。

第2に，その資本収支動向がより重要性を増した90年代以降の危機を説明するために登場した第2世代モデルやバランス・シートモデルから，明確なファンダメンタルズの悪化がなくとも，自己実現的に通貨危機が発生する場合とそうでない場合がありうることを理解し得た。そこでのポイントは，前記の単純な第2世代モデルでは，通貨当局の保有外貨準備と投機家の保有投機資金の関係，投機家同士の協調の成否によって決まるということで，極めて簡潔である。しかし，この理論をベースに現実の通貨危機の原因分析をするとすれば，実際には為替レートの期待形成がどのようになされ，市場参加者がどのようにして協調的投機行動を起こし，市場全体として潮流化するかを考察しなければならないことを看過すべきでない。つまり，市場での投機家の期待形成のメカニズムとそれが市場で支配的になり，危機発生という大きなうねりになるメカニズムを，前記のように分類した一群の具体的モデルを参考にして筆者としての見解をまとめ，次のような分析視座を設定しておきたい。

(1) 単純な第2世代モデルでは，通貨当局の外貨準備が投機家の意思決定の象徴的指標とされているが，基本的にはファンダメンタルズあるいは政治等も含むあらゆる情報，それも将来の動向に関する情報を織り込んで合理的に期待が形成されるとしており，効率的市場における合理的期待形成仮説が根底にあると見られる。[3] しかし，現実の分析に当たっては，外国為替市場といえども，完全な効率性を有しているとはいい難く，往々にして経済的合理性があるとは思われない特定の情報によって，人々の相場観が形成され，市場の失敗が起こりうることを認識する必要がある。さらにいうならば，将来も含めありとあらゆる情報を勘案して合理的に期待が形成されるということでは，その原因を特定できず，まったくの人々の突発的なパニックが起こったと誤解されかねない。そうではなく，それが経済的に合理性があるないにかかわらず，「火のない所に，煙は立たない」というように，現在の為替レートの維持に不安を抱かせる期待（市場の相場観）を生み出す何らかの要因が必ず存在すると確信している。

つまり，現実は合理的期待形成仮説が成立するような効率的市場ではありえないし，逆に何らの事由がまったくなくパニックによって危機が発生することも信じがたい。したがって，現実の通貨危機の分析においては，明確なファンダメンタルズの問題があった場合はもちろん，そうでなくして危機が発生した場合でも火種を究明し，それへの対応を考察することに十分な意義があることを強調しておきたい。

(2) 第2世代モデルの単純型では，明確なファンダメンタルズの悪化が観察されなくとも，投機家同士の駆引き次第で，為替投機へと発展する場合とそうでない場合がゲームの理論の応用によって説明されているが，このままでは現実の通貨危機の分析に応用はしにくい。金融・資本市場，外国為替市場では，古くはケインズの「美人投票」，今日のゲームの理論の応用に見られるように，他の市場参加者の期待や行動を読んだ行動が全体としての相場の流れを決定付け，個別の利益を左右することを改めて認識しておく必要があると思料される。

したがって，経済的合理性を有するか否かにかかわらず，何らかの火種によって燻ぶり始めた心理的期待が，大河の流れへと膨れ上がり，自己実現的に危機が勃発するいくつかの可能性を代表的具体的モデルから予見しておくこと

が，危機への対応上重要であるということも看過してはならない。

　その代表的理論は，効率的市場における合理的期待の形成ではなく，不確実な情報や非対称的な情報が支配する市場を前提としており，より現実的と考えられる。国宗（2006）にサーベイされた群集行動の理論が極めて有用であり，投機家の非合理的で心理的な行動，他に追随するという付和雷同的行動，先行する他者の行動から未知の情報を類推してなされる行動といった諸理論が公表されているという。[4] さらには，伝染の理論モデルとして分類した共通の貸し手仮説やウェイクアップ・コール仮説の中にも，正確な情報を有する特定の金融機関や他の投機家の行動に触発されて，付和雷同的追随が起こる可能性が包含されていると思われる。したがって，実際の通貨危機の原因分析に当たっては，非合理的で心理的要因の強い群集行動によって，いわゆるパニック現象が起こりうることを念頭に入れておかなければならない。

　要約するならば，我々は現実の通貨危機，あるいは金融危機の原因分析をするに当たって，先行的理論モデルの中から，次の視点を認識しておくべきと考える。

（1）いかにマクロ経済運営が杜撰で，経常収支の悪化に伴う外貨準備の減少があったとしても，グローバルな金融資本が増大し，その移動の自由が増すとともに，通貨危機における投機アタックの存在は拭えず，資本収支の動向から目を離せないこと。さらに，新しいモデルになればなるほど，為替投機を目指した巨額な資本の動きの解明が重視されていること。

（2）市場参加者（特に，後述のように外国為替理論における機能的区分での投機家）の期待形成については，効率的市場の下で合理的期待形成がなされているとの仮説には賛同しかねる。幅広くファンダメンタルズが考察対象にはなりうるが，経済的合理性だけではなく心理的要因によっても，その時々の関心事が期待形成を左右する傾向が強い。ただし，論理性は乏しくとも何らかの要因が期待形成の根底にあること，それに基づく将来の予想が自己実現しうるとの考え方は示唆に富んでいること。

（3）アジア通貨危機におけるヘッジ・ファンドの行動，今回の世界金融危機における共通の貸し手としての欧州先進国銀行，それも情報の豊富な銀行行動への追随といった事例などからも，極めて市場での注目度の高い経済主体，情

報の非対称性の存在する中での特定機関の行動がバンドワゴン・エフェクトをもたらし，パニック的現象を生むことが理解できる。[5] まさしく，伝染の理論モデルや群集行動モデルが想定しているような情報の非対称性，先行的投機家の行動からの情報推察期待，他の投機家への追随による心理的安心感などが，今日の危機を必要以上に深刻化していることは否定し難い。現実の通貨危機の分析には，完全な効率的市場ではなく，市場の不完全性を前提にした分析が不可欠であること。とりわけ，ファンダメンタルズの悪化が明白な場合は，多くの投機家が同じ期待を描き，危機は避けられないであろうが，必ずしもそうでない場合でも，一部あるいは曖昧なファンダメンタルズの情報に基づく行動がパニック的現象へと深化，拡散し危機に至ることを予知しうる。

第2節 アジア通貨危機の根底にある金融のグローバル化

通貨危機の諸理論を簡単に整理することによって，実際の原因分析をするとすれば，古くからあったとはいえ，1990年代以降とみに顕著になっている為替投機の背後にある国際資本移動の存在，実際にアジアで為替投機を誘発した要因，その動きを加速し，周辺国にまで伝播させた要因を究明する必要があることを知った。まず，アジア通貨危機も含め，近年の危機の背景にあるグローバル金融資本主義の脆弱な実情を探ってみたい。

2-1 グローバル金融資本主義の暴走：資本収支危機の背景

後ほど本書でも取り上げる世界金融危機の震源地は，基軸通貨国・アメリカであったがため，深刻かつグローバル化したといえる。しかし，特に90年代以降頻発している欧州，メキシコ，アジア，ロシア，ブラジル，アルゼンチンといった一連の通貨危機，さらには2008年の相場商品市場での資源価格の暴騰・暴落，そして今回の世界金融危機も含め，根底には世界の金融資本の暴走，狂宴があり，同根のものと捉えるべきである。

特に，グローバル金融資本主義と称される今日において，アメリカでは市場原理主義が信奉され，市場メカニズムによる効率化，安定化に経済運営を委ねる傾向が強かったが，金融の世界ではわずかな欠陥が心理的要因によって増幅

され,市場が暴走し,大混乱をきたすことが明白となってきている。ここでは,やや一般論になるが,近年の世界の金融・資本市場において,いかに投機的行動が起こりやすい素地が形成されているかを解明し,それがアジア通貨危機の根底にもあったことを示唆したい。その際に,多くの文献が金融資本の規模の肥大化を指摘するにとどまっているが,それでは不十分である。ここでは,さらに資本取引・外国為替取引の中で,機能的意味での投機的取引が重要であり,かつ国際ビジネスのいたるところでなされうること,最先端金融技術・商品には裏と表があり,投機の巨額化を招いていること,投機の価格平準化機能が万能でないことを論述し,いかに今日の世界経済は通貨・金融危機が頻発しやすい土壌の上にあるかを強調したい。

金融資本の規模の肥大化

 まず第1に,Wolf (2007) がグローバル金融資本主義の定義の第一にあげているように,世界の金融資産の激増,すなわち実物経済に対する金融経済の肥大化がその暴走の根底にあることは間違いない。[6] しかし,正確にそれをデータによって示すことは難しい。よく引合いに出される世界のGDP,世界貿易額と世界の金融資産,国際資本取引額,世界のデリバティブ取引額を図示すると,図1-1のようになる。これを見ても,金融経済が実物経済の数倍になっており,その影響力が大きくなっていることは想像に難くないが,データ的にはフロー・データとストック・データの比較であり,経済学的に問題があることは否定しえない。

 しかし,このデータに実情を斟酌するならば,現実にはさらにこの何倍も金融の世界が大きいことが理解しうる。各国国内での,財・サービスの取引と金融取引規模の比較は不可能に近いが,国際取引であれば全世界の国際収支表の経常取引(輸出等または輸入等)と資本取引(資産側または負債側)を合計すればよいが,残念ながらその結果は,世界の貿易額の方が国際資本取引額より大きくなってしまう。[7] それは,IMF方式による国際収支表の資本取引のデータが,作成・把握上の困難さからひとつひとつの資金の流れをほとんど捉えていないからである。月次の期間中に,流出し戻ったものは相殺されているし,多くの資本取引項目が報告機関における期末値と期首値の差額として計算され

図 1-1　グローバル金融資本主義の世界

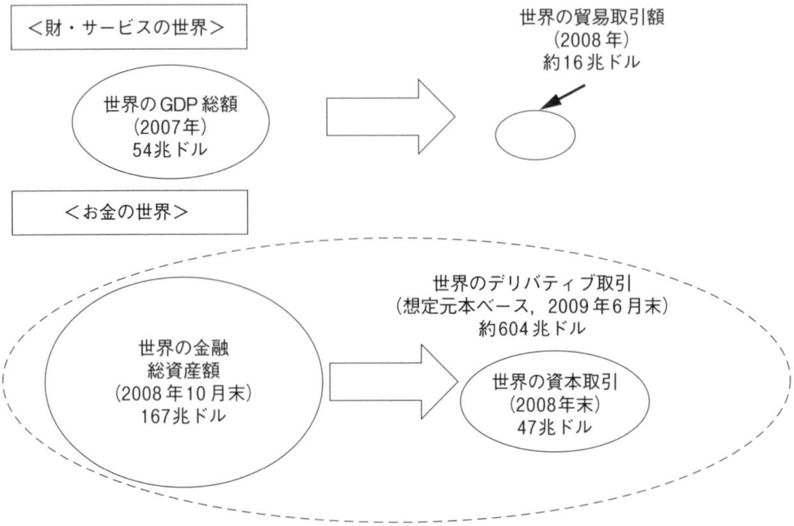

<財・サービスの世界>
世界のGDP総額（2007年）54兆ドル
世界の貿易取引額（2008年）約16兆ドル

<お金の世界>
世界の金融総資産額（2008年10月末）167兆ドル
世界のデリバティブ取引（想定元本ベース，2009年6月末）約604兆ドル
世界の資本取引（2008年末）47兆ドル

出所）世界銀行，IMF，三菱UFJ証券，BISのデータより作成。

たものであるからである。しかし，図 1-1 の中の BIS 統計によるデータで，ストックとしての国際的金融機関の国際融資残高と国際債発行残高の合計が 2008 年末で 47 兆ドルにものぼるということは，その間の融資の返済，期間内の短期の融資・返済，発行された国際債の国際証券市場での流通を考えただけで，国際資本取引がこの数倍にのぼることは想像に難くない。ましてや，ヘッジ・ファンドや企業間信用などによる資金の動きも加味するならば，フローで見たグローバルな金融の世界は，約 16 兆ドルの実物の世界（実際は，この財貿易の金額に，サービス貿易を加えなければならない）を大きく凌駕していることが容易に想像されよう。

　この膨大な国際資本移動の根源には，次の 2 点が背景として指摘される。
　(1)　先進国を中心に，各国では経済が発展する過程で貯蓄・投資がなされ，それに伴って巨額の金融資産が形成されてきたこと。かつ資本取引の自由化によって，各国間で国境を越えた資産の持替えが可能になり，国際間の資本移動が頻繁に行われるようになったことである。後述のように，1990 年代に至り，

アジア各国も急速に資本取引の自由化を図り，この拡大の一端を担うとともに，気まぐれな国際資本移動の波に翻弄されるという危険を負ったといえる。

　(2)　周知のように，ニクソン・ショックによって，IMF体制が崩壊して以降，「金の縛り」から開放されたアメリカはドルを垂れ流し続け，過剰国際流動性問題が一段と深刻化している。アメリカの経常収支赤字は累増してきており，対外純債務残高は約3.5兆ドル（2008年末）にも膨れ上がっている。このアメリカの巨額な経常収支赤字と対外純債務残高の対極に，アジアを中心とした国々の経常収支黒字があり，それがアメリカに資本還流することによって，経常収支のファイナンスが可能となり，基軸通貨・ドルの価値が維持されているというグローバル・インバランス問題，サスティナビリティの問題が存在することは多くを語るまでもない。その中で，国際流動性の具体的数値として使用されるアメリカの短期対外ポジション（各国がアメリカの金融機関に持つ預金残高）は，1971年末の678億ドルから2007年末には4.4兆ドルへ，また世界各国の外貨準備保有高は，1971年末のわずか1,291億ドルから2008年末には6.7兆ドルに拡大しており，国際貿易の決済やそれに備えた準備資産としての必要金額を超えて急膨張していると推測される。

　上記のように，この国際流動性を手段やベースにして，世界で経常取引を上回る膨大な国際資本取引がなされていると推測されるが，もうひとつ別の角度から傍証を示しておきたい。世界各国で財やサービス取引と資本取引がなされる度に発生する外国為替の取引額は，BISの調査（2010年4月で1日4.0兆ドル）から試算すれば，年間およそ960兆ドルにも及んでいる。残りが全て資本取引に関わるものとはいえないが，先ほどの世界の年間貿易額をはるかに上回ることからも，国際資本取引の巨大さがある程度は推測がつくということである。[8]

外国為替市場における投機的取引の重要性と日常化

　今日では，世界の外国為替市場で1日4.0兆ドルの取引がなされているが，太宗は資本取引から派生しており，したがって為替レートはストック市場での各種通貨建て金融資産の需給均衡をもたらすように決定されるというアセット・アプローチ理論が示す世界にある。そこで，重要なのは理論的意味での

「投機」であり，それは何もギャンブラー的イメージの強い投機家だけがなすものではなく，日常的なビジネスに伴って広範に行われる行為であることを，まず認識すべきである。そして，この広義の投機が為替レートを決定しており，場合によっては通貨危機をもたらすことを強調したい。

ツィアン・ゾーメン流の取引動機，ないしは機能的な外国為替取引の分類をベースに，外国為替市場の姿を大胆に図示すると，図1-2のようになる。日々，種々の経済取引がなされていても，それに伴う外国為替取引は，機能的に見れば（貿易業者等がリスクをとらない場合の）決済，投機，金利裁定の3つしかありえない。[9] ここでいう決済とは，貿易業者などが経常取引を行い，契約と同時に電信決済をするか，契約と同時に決済日の先物予約をするケースをいう。つまり，為替リスクを負うことなく，本来の経常取引利益を確実に確保するための外国為替売買のことである。多くの企業が包括予約方式によって，自社の経常取引による為替ポジションを日々操作している今日では，極めて微量であるといわざるを得ない。

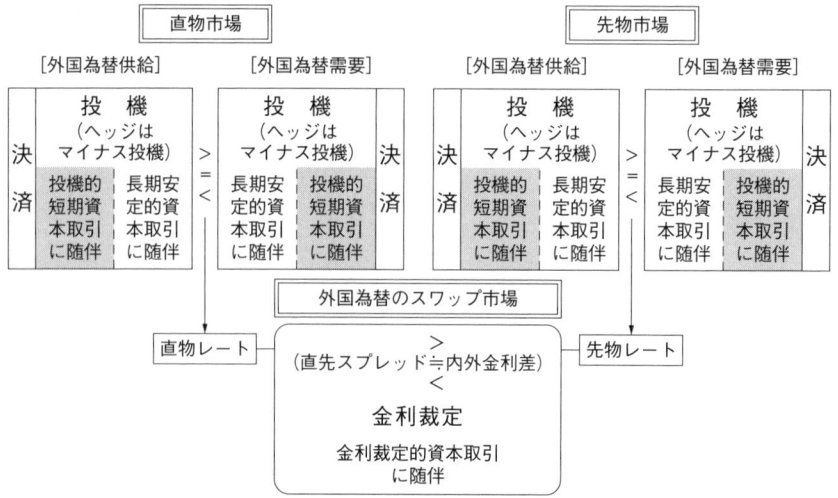

図1-2　外国為替市場の概要

注）■最も重要な短期為替レート決定要因。
出所）筆者作成。

重要なのは投機であるが，それは「自らの為替レート見通しに基づいて，リスクを負いながら変動益を追及するもの」をいう。しかも，予想に反して為替レートが不利に動きそうな場合，その投機によるリスクを回避するために，ヘッジをする行為（マイナスの投機需給）も投機に含めて区分している。となると，貿易業者も契約後，有利に為替レートが変動すると予想すれば，オープン・ポジションのまま保有し，為替レート変動の推移を見ながらヘッジ操作を行うのは投機ということになる。その典型的事例が，為替レートの激変が予想される中で，しばしば話題となってきた貿易業者のリーズ・アンド・ラグズに他ならない。もちろん，資本取引での投機はほとんどの短期の対外証券投資売買，ヘッジ・ファンドなどの為替差益を狙った直物や先物売買等，枚挙にいとまがない。代表的な通常の金融ビジネスである国際的な銀行融資や企業間信用なども，金利格差だけでなく，リスクのある為替レートの予想変動率を勘案してなされるが故に，投機的外国為替需給となる。例えば，2000～2008年頃まで話題を呼んだ円キャリー・トレードさえも，円金利の低さだけで意思決定されているわけではない。運用期間中には，金利格差以上に円高が進展しないことに賭けた投機ということである。

要するに，ヘッジ・ファンドのようなハイリスク・ハイリターンを追及する経済主体だけではなく，銀行，資金調達者，機関投資家，個人投資家，さらには貿易業者に至るまで，為替リスクを負った外国為替の売買，あるいはそのリスクを解消するヘッジのために外国為替売買をする者が，全て投機家ということになる。投機家といった場合の一般的なイメージと混同しないように，以下本書では理論的な広い意味での投機を議論する時には，投機家・投資家と呼ぶことにしたい。とすると，図1-2に示されるように，安全確実に経常取引の本来の利益を追求する決済のための需給がわずかながらあるが，外国為替市場は，いわば「一億総投機家・投資家」状態にあり，彼らによってヘッジも含めた投機的外国為替需給が直物市場か先物市場にもたらされ，それぞれの需給関係によって直物レートと先物レートが決定されているということである。

これらの投機家・投資家が，より高い予想収益を享受すべく行動するに当たっては，内外金利差だけでなく，為替レートの先行き予想（期待）を重視する。したがって，多くの投機家・投資家の期待によって形成された市場の相場

観次第で，現実の為替レートも決定され，場合によっては通貨危機にも発展しかねないといえる。まさしく，今日の外国為替市場（基本的には，株式市場，債券市場，相場商品市場も同様）は投機家・投資家の心理戦の場であり，多くの投機家・投資家がどのような期待，相場観を抱くかで揺り動かされていることを理解する必要がある。

ただし，ツィアン・ゾーメン流の外国為替理論では，長期資本取引にも実行前の資金確保における先物予約の選択，実行後の長期にわたるアンカバー状態の維持などに投機性を認識し，小宮・須田の短期為替レート決定理論などでは期間の細分化をし，そこでいくつかの為替売買の組合せ（先物外貨買い投機＋金利裁定）としており，一般的理解が難しい。政府借款，直接投資，さらには長期の民間銀行融資などは，為替リスク認識が無いとはいえないが薄く，他の動機が強いという実情を勘案し，上図のように曖昧な形で，長期安定的資本取引に伴う外国為替需給として別区分で考えてもよい。それらは，安定的な外国為替需給要因となっており，少なくとも短期的な変動，したがって通貨危機の主因とはなりえないと理解した方が分かりやすいかもしれない。

投機の場は，次に紹介するように，いわゆる通常のイメージどおりの典型的な投機がなされる先物市場と必ずしもそうではない直物市場があるため，それぞれで決定される先物レートと直物レートが一定の関係から乖離することが往々にして発生する。いわゆる金利平価（内外金利差≒直先スプレッド）説が成立しないディスパリティの状態であるが，その時にはまったくリスクを負うことなく，資本取引によって薄利ながら確実に鞘を取ることができる。これが金利裁定という行為であり，これは直物市場と先物市場において，同時に逆の外国為替売買（外国為替のスワップ取引）をもたらす。したがって，金利裁定的資本取引は直物レートや先物レートの方向性を決めるものではなく，両レートが内外金利差幅で，あたかも電車の軌道のごとく並行して動くように調整する役割を果たしている。よくいわれるように，為替レート決定にはニュートラルということであり，通貨危機の引き金にはなりえない。

ただし，金利裁定的な資本取引は，現実には膨大なものであると推測される。この取引は上記のように外国為替のスワップ取引を伴うが，それは先ほどのBIS調査では全外国為替取引の約半分にものぼっているからである。このこと

から，いかに現実の外国為替市場が理論的にいう効率的市場ではなく，絶えず歪みを生じさせ，安全確実な鞘取りのための資本取引のチャンスを与えているかをうかがい知ることができる。さらに，外国為替のスワップ取引規制がない国では，先物外貨買い投機による外貨の先物レートの上昇で，ディスパリティが発生すれば，当該国では国内資金を外貨運用する，外国では当該国通貨を調達するという方向への金利裁定が起こるため，当該国の外貨準備が尽きるのを早めるという効果があることを忘れてはならない。通貨危機国では，先物投機アタックを受け，それが期日を迎えると予約が実行されるため外貨準備の枯渇を招くといわれるが，為替管理規制がなければ必ずしもそうではなく，期日前に起こりうるということである。

とはいえ，通貨危機の発生因としてより重要なことは，長期安定的資本取引を別にしても，残りの外国為替取引の太宗は種々の経済主体が投機家・投資家として投機的な資本取引を行い，直物レートや先物レートを揺り動かしていることであるといえる。その過程で発生する歪みを狙った金利裁定的資本取引も膨大な規模に膨れ上がっていると見られるが，あくまでもそれは為替レートの変動や混乱をもたらすものではなく，両レートの調整をする役割を担っていること，そして先物投機による危機の表面化を早めるかもしれないということに他ならない。

最先端金融技術・商品の裏と表

膨大な国際金融資本の移動は，公的借款，直接投資，さらには民間銀行の長期借款のように長期安定的資本取引ばかりでなく，種々の経済主体がリスクを負いながら短期的為替レート変動益を狙った行動を取るという投機的短期資本取引が大量に含まれている。その動きによって，しばしば通貨・金融危機が発生しているが，それを一層助長しているのが先端的な金融技術・商品ともいえるデリバティブ（金融派生商品）や証券化商品の登場であることも，指摘しておかなければならない。図1-2に示したデリバティブ取引額（約604兆ドル）はクロス・ボーダーだけのものではないし，あくまでも想定元本ベースであり，金融派生商品の国際取引による資金移動がさしたる金額でないことは，国際収支統計を見れば容易に理解される。しかし，実際に移動する資金はわずか

でも，その数10倍の先物，オプション取引等がなされ，それが現物価格に大きな影響を与え，実物経済を混乱に陥れたことは，2008年の原油を始めとする資源価格の暴騰・暴落で記憶に新しい。本来は，リスク・ヘッジのための先物市場で，実際の手持資金の数10倍の先物買い投機がなされ，先物価格が高騰し，それを受けた裁定取引によって，現物価格も上昇を余儀なくされた。その後，リーマン・ショックによる先行き予想の転換により，逆転現象が見られたからである。

　原油の事例だけで容易に想像がつくが，改めて外国為替市場での先物投機の仕組みを紹介し，いかに最先端金融技術・商品の発達が市場を揺り動かし，不安定にしかねないかを見てみたい。図1-3のように，手持ち資金10億円を保有する投機家・投資家が，外貨預金や対外証券投資，融資といった具体的な現物運用（直物投機・現物投機）ではなく，大きな賭けをして，巨額の投機益を

図1-3　外国為替の先物市場での投機の仕組み

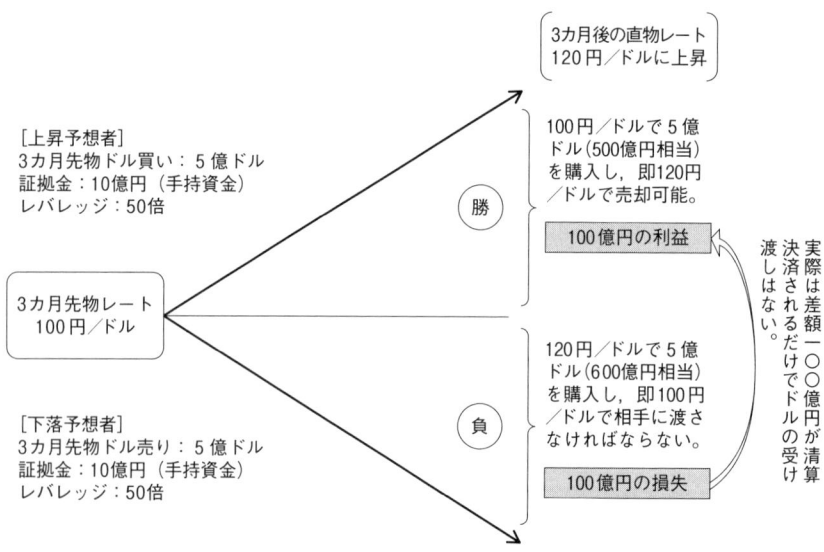

注）相対の先物市場ではなく，通貨先物市場をイメージして作図。
　　ただし，現実には途中で手仕舞いにされることがほとんどであるが，分かりやすいように3カ月後の決算日に清算決済されるケースを図示した。
出所）筆者作成。

得たいと希望したとすれば，先物市場は有用な場となりうる。そこでは，10億円を証拠金として，レバレッジ次第で，例えば50倍ならば500億円分の先物ドル売りや買いが可能となる。したがって，まさしくギャンブラーとして，現在の3カ月先物レート（100円／ドル）に比べ，3カ月後の直物レートがドル上昇と予想する者は5億ドルの先物買い，逆の下落予想者は同額の先物売りをするだけである。その結果，期日に直物レートが120円／ドルに上昇したとすれば，清算決済が可能な先物市場では，ひとつひとつ先物取引を実行するわけではなく，下落予想をして負けた者が勝った者へ100億円を支払うことで，全てが完結してしまう。そこでは，取引の対象商品であるドル（原油先物市場では原油）が受渡しされるわけではなく，為替レートのドル上昇か下落か（原油先物市場では原油価格の上昇・下落）を巡って，少額の資金で大きな賭けをしているに過ぎない。結果は，ハイリスク・ハイリターンであり，勝ち負けは天国か地獄かというほど大きな差を生じる。

　後ほど，世界金融危機に関する章で再度紹介するが，証券化技術も含めた先端的な金融技術・商品には，次のような本質があることを認識すべきである。まずは，先端的金融技術・商品の本来の使命は，個々のビジネスにおけるリスクの回避，すなわちリスク・ヘッジ機能にあり，しかも資金的な制約がほとんどなく効率的に可能であるという有用性を持つ。ただし，それは後述するようにマクロ的に見た場合，リスクの消滅を意味するわけではなく，リスクはどこかには依然として残存する。リスクの転化，分散化，さらにいえば高度化された商品であるが故に，そのリスクの存在が不透明化するに過ぎないということを忘れてはならない。

　そのうえさらに，先端的金融技術・商品の機能はヘッジと同時に，投機，裁定機能を持つという点である。特に，前記の機能的な外国為替の分類で，ヘッジを投機に包含（外国為替需給のプラスとマイナス）したことから理解されるように，ヘッジと投機は裏腹の関係にある。ということは，デリバティブのような高度で効率的なヘッジ手段になればなるほど，上記の先物投機の事例のように極めて射倖性の強い典型的な投機が可能になることを意味する。資金の制約を伴う直物（現物）投機に比べ，少ない手持資金で極めて積極的に，巨額な投機が行いうるということであり，多くの投機家・投資家の予想が一方向に

偏れば，その方向の取引が膨張し，相場が異常な方向に捻じ曲げられうる。現実にそうした事態が散見されたことは，周知のとおりであろう。

換言するならば，先端的金融技術・商品が積極的に投機に使用された場合は，新たに膨大なリスクを創出するものであることも看過すべきではない。先ほどの Wolf は，「デリバティブの出現によるリスク管理」をグローバル金融資本主義の特徴のひとつとして指摘しているが，その意味はデリバティブといった新しい金融技術・商品は，本来のリスク・ヘッジ手段として使用されたとしても，それが高度化することによって，リスクの所在が不透明化するだけでなく，典型的な投機に使用されるならば新たなリスクが膨れ上がるという2面性を有しており，それ自体のリスク管理が極めて重要であることを示唆しているのではなかろうか。

万能でない投機の価格平準化機能

最後に，認識すべきことは，いかに最先端金融技術・商品の膨張によって投機的取引が横行しても，市場原理主義者のいうように，投機に価格平準化機能が作用していれば問題はない。しかし，変動相場制への移行，金融の自由化が進展するとともに，為替レートのオーバー・シュートや乱高下，株価や債券価格，さらには相場商品価格の暴騰・暴落等を経験し，必ずしも投機の価格平準化機能が現実経済において作用していないことが認識されつつあるという事実である。

Friedman（1953）は，投機家は安い時に買って，高い時に売るか，高い時に売って，安い時に買い戻すことによって利益を得ており，そのような合理的でない投機家は市場から淘汰されるはずであり，その結果として，積極的に投機がなされる市場では，価格は実需の需給による変動よりも，平準化，安定化されるとして，市場メカニズムに全面的な信頼をおいた。アメリカの市場原理主義者の間では，それをベースにした市場の効率的資源配分を重視している。

しかし，現実には投機家の先行き予想が一方方向に偏った場合は，オーバー・シュートが発生し，最終的に最高値で買った人，または最安値で売った人が大きな損失を被っている。それでも，なぜフリードマンのいうように，市

場からの退出が起こらず，暴騰・暴落が繰り返されるのかを，理論的には DeLong et al.（1991）が検討し，合理的でない投機家が淘汰されずに生き残るだけでなく，かえって繁栄しうるとの結論を得ている。[10]

ここでは，理論的論争を展開するより，現実において投機で損失を被った投機家が市場から退出しない理由を紹介しておきたい。ひとつは先物市場では投機家同士の売買だけでなく，投機家と貿易業者などの実需をベースとしたヘッジが需給の相方になる場合が多いことが考えられる。この場合，貿易などの実需のヘッジのための取引者は予想に反した結果になっても，それは棚ボタの余計な利益機会を失っただけであり，悔しい思いはしても，市場から退出するわけではないからである。

もうひとつ考えられることは，国際金融ビジネスの収益源は，投機だけでなく金利裁定もあることに関連している。前述のように，外国為替取引におけるスワップ取引が巨額にのぼっていることは，国際資本取引において，金利裁定が盛んになされていることを示唆している。これは，内外金利差と直先スプレッドの極わずかの差を狙うものであるが，年金基金，生保，損保等の機関投資家，銀行，一部の個人投資家，ヘッジ・ファンドといった巨額の資金を動かしうる者にとっては，安全で確実なうえ，相当の額の収益をもたらす。こうした投機家・投資家の投資戦略は，世界中に見られるこの歪み（ディスパリティ）を狙って，絶えず資金を動かし，一定の収益を確実に確保し，その範囲内で，あるいはそれをベースにハイリスク・ハイリターンの投機に挑戦していると見られる。前述のように，金利裁定的資本取引に伴う外国為替のスワップ取引は，為替レート決定にはニュートラルである。とすれば，同じ投機家・投資家がそれを一方の収益源として，非合理的な投機をして失敗したとしても，市場からの退出にはつながらない。現に，投機的為替差損を被ったからといって，機関投資家や銀行が理論的な意味で投機色の強い国際金融業務から即撤退しているかといえば，否である。

こうした理由から，現実の金融の世界では，常に投機が市場で価格平準化機能を果たしうるとは信じがたい。心理的要素の強い先行き予想に基づく投機によって，むしろ必要以上の暴騰・暴落が起こりうることを認識しなければならない。

以上のように，現代のグローバル金融資本主義の世界では，巨額の過剰資金が蠢き，それが最先端の金融技術・商品を活用し，大掛かりな投機を繰り返すことによって，金融・資本市場，さらには相場商品市場で混乱を引き起こし，ひいては実物経済をも揺るがす土壌が備わっているということである。特に，1990年代以降，その色彩が濃くなっており，本書で取り上げるアジアの通貨危機も世界金融危機も根底には同根の病巣を有しており，その中で両危機を教訓にアジアの通貨・金融システムの構築・強化のための協力を考察する必要がある。それ故，あえてここで詳細に検討した。

第3節　アジア通貨危機の直接的原因：資本収支危機はなぜ起こったか

近年のグローバル金融資本主義の世界は，不安定かつ脆弱であり，資本の暴走により世界の各地に混乱が起こりうる状態になっているが，アジア通貨危機もそのひとつであると推察される。では，なぜアジアが狙われ，グローバル金融資本の暴走を招くことになったのであろうか。アジアにおける通貨危機の直接的原因の究明を目指さなければならないが，改めて分析し直すまでもなく，多くの先行研究がなされ，かなりのコンセンサスを得ている。ここでは，できるだけ本書の課題であるアジアの通貨・金融協力を考察するうえで，重要な原因に焦点を絞って整理をするにとどめたい。さらに，危機に見舞われた各国の差異は認識しながらも，原因分析の中心的対象は震源地・タイとし，周辺国への伝染に若干触れるにとどめたい。

3-1　アジア通貨危機の特徴とその背景
大量な外国資本の流入と逆流

アジア通貨危機がどのようにして発生したかという研究は多くの学術研究者によってなされているが，その特徴は，「21世紀型通貨危機」あるいは「経常収支危機ではなくて資本収支危機である」といった表現に代表されるように，それまでも世界各地で頻発してきた旧来型の通貨危機とは発生原因に大きな相違があるという点であろう。外国為替等審議会（1998）は，「このアジア通貨危機は，金融・資本市場のグローバル化や巨額の資本移動を背景にして生じ，

市場参加者の投資環境の評価（パーセプション）の変化が民間資本の急激な逆転をもたらし，通貨や株価の急落を招くという特徴を持つため，21世紀型通貨危機といわれる」と述べている。吉冨（2003）は，中南米等で発生してきた従来型通貨危機を経常収支危機と呼び，それとは大きく異なり，大量の資本流出入が起こり，その資本構成にダブル・ミスマッチにあったことが，現地金融機関または企業のバランス・シート問題をもたらし，金融危機と通貨危機の双子の危機を発生させ，経常収支の赤字から黒字への急転，周辺国への伝播をもたらしたことに特徴であるとし，資本収支危機と呼んだ。[11] 確かに，吉冨が基本的に依拠した前記のKrugmen（1999）のバランス・シートモデルは，アジア通貨危機の特徴をより鮮明に理論化しているが，第2世代モデルはいうまでもなく，中南米等での危機を念頭に置いた第1世代モデルでも為替投機を説明したものであり，投機の引き金が何かという点と，いかに資本収支の動向の影響力が大きくなっているかの認識の違いがあるに過ぎず，必ずしも特定の危機を特定のモデルで分析する必要はないと思われる。まず，アジア通貨危機への

表 1-1　通貨危機時におけるタイ，インドネシア，韓国の資本収支動向

（単位：100万ドル）

		1993年	1994年	1995年	1996年	1997年
タイ	直接投資	1,571	873	1,182	1,405	2,497
	証券投資	5,455	2,481	4,081	3,544	3,856
	その他	3,474	8,812	16,645	14,537	-21,794
インドネシア	直接投資	1,648	1,500	3,743	5,594	4,499
	証券投資	1,805	3,877	4,100	5,005	-2,632
	その他	2,179	-1,538	2,416	248	-2,470
韓国	直接投資	-752	-1,652	-1,776	-2,345	-1,605
	証券投資	10,015	6,121	11,501	15,185	14,295
	その他	-6,047	6,263	7,459	11,084	-21,885
3カ国計	直接投資	2,467	658	3,149	4,654	5,391
	証券投資	17,275	12,479	19,682	23,734	15,519
	その他	-394	13,537	26,520	25,871	-46,149
	合計	19,348	26,674	49,351	54,259	-25,239

資料）IMF, *Balance of Payments Statistics Yearbook*, various issues より作成。

共通認識は，アジアが資本取引の自由化ということで，急速にグローバル金融資本主義の大海への防波堤を低めた中で，投機家・投資家のパーセプションが急変し，資本の潮流に翻弄された資本収支危機であるという点で認識を共有するだけでよい。

すなわち，グローバル化した国際経済，とりわけ大量かつ瞬時の国際資本移動の中で，アジアに流入していた過剰な外貨資金が突然逆流に転じ，資本面から一挙に国際流動性不足，国内金融不安に陥ったという意味で資本収支危機といえよう。つまり，表1-1に見られるように，深刻な危機に見舞われたタイ，インドネシア，韓国の3カ国においては，危機前年の542億ドルの外国資本流入から1997年には一転して252億ドルの流出と，実に795億ドルものスイングが生じており，外国為替市場，金融・資本市場への衝撃の大きさは一目瞭然であろう。

性急な資本取引の自由化

アジアは80年代後半頃から，目覚しい経済発展をとげ「アジアの奇跡」と評価されたり，「世界の成長センター」であるともてはやされ，世界の注目を浴びていた。したがって，世界の投機家・投資家の間では成長神話が浸透し，アジアに対する投資評価が高まっていたことは否めない。その世界の投機家・投資家の運用資金の通貨は，正確なデータはないが，図1-1に掲げたBISによるストック・ベースの国際資本取引データなどから推測すれば，60％強がドルと見て大きな間違いはなかろう。

それらの資金を，アジアの国々に運用するに当たって，重要になる為替リスクはアジア各国がいわゆる実質ドル・ペッグ政策を採用していたことによって，ほとんど配慮されることはなかったといえる。タイへは，海外投機家・投資家により，為替リスク・ヘッジ無しで非居住者バーツ預金や証券投資等がなされ，逆にタイ側の企業はドル建てで資金調達を積極的に行った。つまり，多くの資本取引が為替リスクに配慮する必要がほとんどないため，金利差のみで金利の高いタイへと大量に流入し得たということである。

とはいえ，資本取引が自由化されていなければ無理であるが，80年代末から90年代前半にかけて，性急ともいえるほど，アジア各国の自由化が進展し

たことが問題であった。その背景には，当時 IMF の場等で資本自由化論争が展開され，グローバル化が進展する中では国際資本移動の自由化の潮流を回避できないこと，国際資本へのアクセスが経済発展に資するとの見解が強まったことがあった。[12] 特に，1992 年の鄧小平の南巡講話を機に，中国の対外開放が加速し，公的借款（特に，円借款），直接投資といった長期安定的資本の流れが中国へと転換し始めたこと等を受けて，IMF 8 条国に移行し，経常取引の交換性を回復したばかりのアジア各国（韓国，インドネシア：1988 年，タイ：1990 年，フィリピン：1995 年）であったが，投機性の強い短期資本を含めた自由化を一気に加速させることになった。タイでは，1991 年に非居住者バーツ預金の受入れを認め，1993 年にはオフショア市場である BIBF を創設し，外－内取引を可能としたし，証券市場でも外国人売買の規制緩和を実施している。国内金融・資本市場の改革と対外的な資本取引の自由化の順序であるシークェンシングの議論を無視したかのような性急な自由化によって，アジア各国は国際金融・資本市場に大きく窓を開いたことになった。まさに，アジアの小国経済が，国際金融・資本市場の大海に小舟で乗り出した，あるいは防波堤を低めて門戸を開いたというわけであり，暴風雨や大津波の被害を受ける危険性は高まったといえよう。[13]

短期資本の流入によるダブル・ミスマッチ問題

　経済成長への期待が強く，為替リスクの危険が薄い中で，国際金融・資本市場への窓口を大きく開いた結果，特にアジア各国へ投機性の強いと見られる短期資本が大量に流入し，そのウエートが高まったことが，資本収支危機の元凶ともいえるほど大きな問題となる。特に，短期資本の流入の中で邦銀を含む外国銀行による現地地場銀行への短期融資が大きなウエートを占めていたという。その原因について，吉冨（2003）は，現地地場企業への融資は情報の非対称性が大き過ぎるため地場銀行を経由したこと，BIS 規制をクリアするためにリスクの少ないと見られる地場銀行への短期融資を優先した結果であると分析しているが当を得ていると思われる。[14]

　表 1-2 は，技術的，統計的な長期資本，短期資本の分類であり，長期資本の中にも投機性の強いものも含まれるが，危機前後におけるタイ，インドネシア，

表1-2 タイ，インドネシア，韓国の対外債務残高状況

(単位：億ドル)

タイ	1996年末	1997年末
対外債務合計	906	917
公的債務	169	249
民間債務	737	668
中長期	361	382
対外債務合計に占める比率	39.8%	41.7%
短　期	376	286
対外債務合計に占める比率	41.5%	31.2%

注）1997年末は推計値。
出所）外国為替等審議会，アジア金融・資本市場専門部会『アジア通貨危機に学ぶ』，1998年，13-15ページ。原資料は，タイ政府のIMFに対する1998年2月24日付趣意書。

インドネシア	1996年末	1997年末
対外債務合計	1,290	1,361
公的債務	601	678
民間債務	367	683
長期	986	
対外債務合計に占める比率	75.0%	
短期	322	
対外債務合計に占める比率	25.0%	

注）1996年末の公的債務・民間債務は長期債務の内訳。
出所）同上。1996年末の原資料は，World bank, Global Development Finance。
　　1998, 1997年末の原資料は，ラデイウス前調整大臣による記者会見における発表（1998年2月24日），データはインドネシア中銀による。

韓　　国	1996年末	1997年末
対外債務合計	1,575	1,512
公的債務	24	210
金融機関	1,195	895
企業	356	406
長期	575	872
対外債務合計に占める比率	36.5%	57.5%
短期	1,000	640
対外債務合計に占める比率	63.5%	42.3%

出所）同上。原資料は，韓国財政経済部による発表（1998年3月9日）。

韓国の対外債務状況である。例えば，タイでは当時（1996年末）外貨準備は387億ドルである中で，短期債務376億ドルであったし，他の2国はもっと深刻であった。[15] 単純に国際流動性の安全性という観点から見ても，いずれの国でも，何らかの理由で投機家・投資家の投資評価が悪化し，この短期債務を中心に資本の逆流が発生した場合，保有外貨準備の枯渇を招きかねない状態にあったことは一目瞭然である。さらに実際には，前述のように，この短期債務が回収されたり，残りの満期日にあわせてヘッジされた（いずれも投機をやめるヘッジ）だけでなく，他の経済主体によって先物現地通貨売り，空売り（現地通貨を借りての直物現地通貨売り），貿易業者のリーズ・アンド・ラグズ，さらには国内資産家の資本逃避など，広範に投機がなされることは避けられず，外貨準備の運営という点からいえば，すでに綱渡り的状態にあったとさえいえるかもしれない。

　金融構造上の問題としては，すでにダブル・ミスマッチとして周知の深刻な問題を抱えていたといえる。すなわち，短期の借入の長期国内運用という期間のミスマッチ，ドル借入の国内通貨運用という通貨のミスマッチに他ならない。このことが，海外投機家・投資家のパーセプションの悪化を受けた短期資金の回収によって，アジアの金融機関や企業における短期流動性不足による資金繰り悪化，通貨下落に伴う債務の膨張を招き，バランス・シートの劣化から通貨危機と金融危機の併発，その深刻化をもたらしたことは多くを語るまでもない。つまり，巨大で不安定かつ脆弱性を持ったグローバル金融資本主義の世界に，自らの金融システムを強固にする改革をなおざりにしたまま一気にアクセスしてしまい，気まぐれな短期ドル資金に大きく依存した金融構造を作り出していたことが，悲劇の背景にあったということに他ならない。

3-2　危機の引き金を引いたものは何か

　資本収支危機とも呼ばれ，資本の流れの劇的な転換という特徴を生じる素地がアジア側にあったことは理解できたと思う。次に，我々は具体的にアジアに対する投機家・投資家の投資評価を低下させ，不安を醸成したものは何だったのかを確定しなければならない。このパーセプションの変化には，経済的合理性に乏しい心理的事象も多分に含まれているが，筆者は吉冨（1999）がいうよ

うに単に「景気循環上の後退期入りとバブルの崩壊」だけではなく、少なくとも震源地・タイでは実物経済面と金融経済面でファンダメンタルズへの不安が醸成されたことにあると確信している。

輸出減退と経常収支悪化

　まず、実物経済面では産業構造が脆弱で、サポーティング・インダストリーが十分育成されていないため、急成長とともに輸入が膨張する傾向が強かった。その反面、輸出面で内外において、国際競争力を減退させる環境変化が発生した。すなわち、国内的には他の発展途上国に比べれば緩やかであったとはいえ、急速な経済成長に伴う賃金上昇、インフレ高進による実質為替レートの上昇に他ならない。しかし、より重視すべきは海外的要因である。すなわち、中国が国際市場に参入し、その激しい追上げを受ける中で、1994年に人民元が大幅に切り下げられたこと、さらに実質ドル・ペッグ政策を採用している中で、1995年以降ドルが円やヨーロッパ通貨に対して独歩高となったことである。この点は、次章で実証的に分析するが、タイの生産性上昇という自らの実力アップとは関連のないところで、実質実効為替レートの上昇を余儀なくされ、輸出競争力の減退から輸出の後退を招いたと推察される。

　この点に関しては、吉冨 (2003) では、Ohno (1999) の実証分析を加味し、実質ドル・ペッグ政策による実質実効為替レート上昇の輸出減退への影響は軽微であり、資本収支黒字によるアブソープション増大によって、経常収支が赤字化したとしているが、それはやや一面的見方といわざるを得ない。確かに、資本収支黒字による貨幣供給量増大でアブソープションが増し、いわゆる輸出玉不足状態になったかもしれないが、国内販売か輸出かの判断はどちらの収益が大きいか、販売リスクはどうかなどを総合的に勘案してなされる。当然、輸出収益を左右する為替レートの動向が影響を与えたものと思われる。とりわけ、アジアの国々のように品質等の非価格競争力で勝負するというより、まだ価格の安さで競う商品が多い中では、為替レートの不利化の影響が薄いとは考えにくい。実際に、Lee (2000) は、アジア各国の実質実効為替レートは1994年第4四半期から1997年第2四半期までに3～12％上昇しており、それがシンガポール以外は全ての国で経常収支の悪化をもたらしたと主張している。[16]

やはり，一般的に認識されているように，インフレやドル独歩高による実質実効為替レートの上昇が輸出減退に影響を与え，その結果，タイの経常収支が悪化を余儀なくされたと見るべきであろう。この経常収支赤字が，GDP 比 8%（1995-96 年）にのぼったことは無視し得ない。なぜならば，タイをはじめ，アジアの経済発展を一言でいうならば，「外資導入による輸出主導型経済発展戦略」ということに尽きるといってよい。その経済発展のエンジンともいうべき輸出に陰りが生じ，経常収支の赤字が拡大したという事実は，海外の投機家・投資家のタイを見る目を変えたものと推察される。いうまでもなく，経常収支の赤字そのものにより外貨準備が枯渇したということではなく，タイの経済発展のシンボルである輸出や経常収支状況への心理的不安が，外国資本の逆流の要因になったということに他ならない。

バブルの崩壊と金融不安

より大きな要因は，金融経済面でのインフレ高進およびバブルの発生と崩壊によって，金融不安が起こったことにあるといえるかもしれない。

タイでは，前述のように，90 年代に入っての相次ぐ資本取引の自由化により，非居住者バーツ預金，BIBF を通じての短期借入，株式市場への外国人投資といったルートで，短期のドル資金が大量に流入した。資本収支全体の黒字は経常収支の赤字を上回っており，実質ドル・ペッグ政策の下では，それに見合う不胎化政策がとられなければ，当然その分は国内の貨幣供給の増加となる。債券市場の発達していなかったタイでは，買いオペによる不胎化が十分になされず，結局過剰流動性状態をきたしてしまった。

この過剰流動性によって，インフレの高進も見られたが，この過剰ともいえる外資流入の相当部分が株式市場や不動産市場へと向かい，いわゆるバブルの発生をもたらしたことがより大きな問題であった。タイの証券取引所での外国人売買比率は，90 年代初頭の 10% 程度から 1997 年には 40% 強にまで上昇しており，株価の急騰，1994 年以降の急落に，外国人投資家が少なからぬ影響を及ぼしたことは否定しえない。ただし，株式市場のバブル崩壊は間接的には通貨危機の原因になっていたとしても，1997 年の通貨暴落の直接的要因とはなっていないと見られる。[17]

やはり，直接的には不動産市場の問題が大きい。タイの商業銀行およびファイナンス・カンパニーは80年代末頃から不動産融資を積極化しており，1996年末にはそれぞれの融資残高の8.8%，24.4%にも及んでいる。その中には，BIBFを通じて海外から取り入れられた資金がかなり含まれていた。すなわち，BIBF融資残高（1996年末）のうち，不動産部門に融資されたものは直接で4.9%，それにファイナンス・カンパニーを通じたものを合算すると約8.5%にのぼると推計される。こうして発生した不動産バブルは94年にピークを迎え，供給過剰が表面化した。1996年10月の大手不動産会社ソムプラソン・ランド社の粉飾決算に象徴される不動産不況の深刻化とともに，多額の融資を抱える金融機関，とりわけファイナンス・カンパニーの経営が悪化。1997年3月に，商業銀行による大手ファイナンス・カンパニーのファイナンス・ワンの吸収合併が発表されるなど，相次いで経営が破綻し，92社中58社が営業を停止するに至り，金融機関全体に対する不安へと広がった。1998年9月に至って，タイの中央銀行が3カ月以上の利払い延滞にあるものを不良債権と定義したうえで，地場の商業銀行だけで6月末の不良債権を1兆7,800億バーツ，不良債権比率35.85%と発表したが，それまでは実体が不透明であったことが，一層金融不安を助長したと見られる。

バブル崩壊による不良債権の膨張で金融機関のバランス・シートが悪化，さらにはファイナンス・カンパニーの相次ぐ破綻といった事態に至り，金融不安から海外投機家・投資家のパーセプションは急速に悪化したといえる。

3-3 投機の広範化，双子の危機の深刻化，伝染

以上のように，実物経済面および金融経済面の双方で，投機家・投資家が実質ドル・ペッグ政策の下でのタイの経済運営に不安を抱いたことが危機の引き金であったといえる。これが，アジアを揺るがす深刻な通貨危機へと深化，広範化したのは，次の3つの理由による。

(1) 1996年頃から何波かに渡って仕掛けられた為替投機は，危機後マレーシアのマハティール首相から槍玉にあげられたソロス等のヘッジ・ファンドによるものだけでなく，まさに「1億総投機家・投資家」とでもいえるような機能的な意味での幅広い投機が一方方向に向けて具現化し，それによって通貨当

局の通貨防衛線が突破されたということにある。

　実際に、ヘッジ・ファンドらは先物バーツ売り、あるいはバーツの借入による直物バーツ売り（空売り）を行ったといわれているが、その取引額だけでは限界がある。ヘッジ・ファンドに関する正確なデータは乏しいが、図1-4に見られるように、全体でも資金規模はそれほど大きくないし、多数のファンドが存在していることがうかがわれる。アジア通貨危機当時では、3,000近いファンド数で、2,000億ドル強の資産規模と見られ、いかにデリバティブでレバレッジを利かせた投機を行ったとしても、特定のヘッジ・ファンドだけで相場を動かせないことは容易に想像がつく。

　市場で注目される存在である彼らの行動が、ウェイクアップ・コールやバンドワゴン・エフェクト、群集行動といわれるような効果を発揮し、上述のようなパーセプションを市場に醸成するきっかけとなったということに他ならない。株式市場での外国人投資家のグローバル・ポートフォリオの組換え、日本も含め欧米商業銀行による新規融資の手控えと既存の融資の回収促進、貿易取引におけるリーズ・アンド・ラグズ、さらにはインドネシアで最も深刻であったが、国内の有力資産家による資本逃避等々、あらゆる投機家・投資家の行動が一方方向に向けて足並みを揃えたといえる。

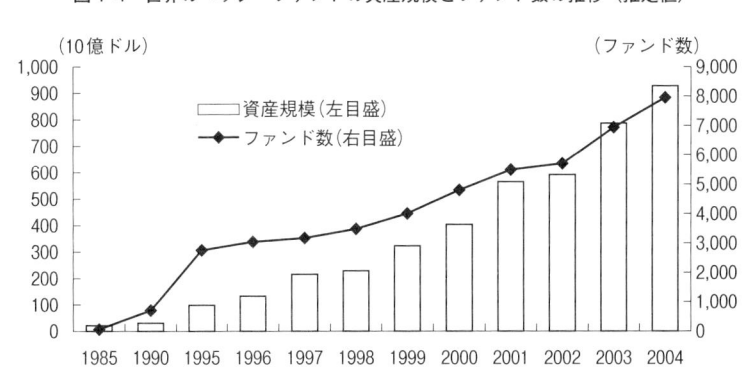

図1-4　世界のヘッジ・ファンドの資産規模とファンド数の推移（推定値）

原資料）Hennessee Group LLC, Hedge Fund Research, International Financial Services, London.
出所）日本銀行信用機構局・金融市場局,「ヘッジファンドを巡る最近の動向」『日本銀行調査季報』, 2005年7月号, 8ページ.

（2）タイで発生した危機は，バランス・シートモデルによって示されたとおり，金融危機と通貨危機がスパイラルに進展するという双子の危機を招いたといえる。タイの場合は，実物経済面での不安と同時に，バブル崩壊による金融不安が投機家・投資家の期待を転換させる大きな要因になった。インドネシアでは，クローニー・キャピタリズムといわれる金融システムの構造的問題が不安視されたし，韓国では重複投資・過剰投資への銀行融資の不良債権化が問題視されたが，いずれにせよ金融不安が投機家・投資家のパーセプションを悪化させ，資本の逆流をもたらした。それが，すでに見たようなダブル・ミスマッチの下で，短期流動性のショートや債務残高の膨張を招き，一段と金融機関のバランス・シートを毀損し，さらに金融不安を助長するという悪循環に陥ったことが，危機を深刻化させたことは疑いの余地がない。

（3）アジア通貨危機の特徴のひとつが，急速な伝染であったことは周知のとおりであるが，このチャンネルはひとつに特定できないこと，どちらかというと震源地・タイとは異なり，心理的パニックの様相が強いということができよう。

危機の伝播が深刻であったインドネシア，韓国では，タイほど実物経済面，とりわけ輸出や経常収支面での状況悪化は鮮明ではなかった。にもかかわらず，瞬く間に伝染したのは，心理的パニックの色彩が強いとはいえ，何らかの理由があったと思われる。最も強く主張されているのは，当時アジア各国間の貿易依存関係が緊密化しつつあったことから，タイの通貨暴落が貿易リンクの強い国々の競争的通貨切下げにつながるとの連想をもたらしたとの見方であろう。しかし，それだけではなく，タイの経験からダブル・ミスマッチや構造的な金融システムの前近代性，脆弱性という金融・資本市場の類似性を認識し，いわゆるウェイクアップ・コールが生じたという面も否定できない。さらには，韓国で顕著であった外国銀行の短期融資のロール・オーバー拒否が，タイやインドネシアでの資金回収の困難に直面した影響であるとすれば，共通の貸し手仮説が当てはまるかもしれない。

すでに論述したように，為替投機の理論モデルには，いずれも心理的パニック性が内包されており，ADB（1999）がいうような第1世代モデルに基づくファンダメンタルズ論，第2世代モデルを背景にするパニック論という単純な区分

は必ずしも適切ではないが，タイから周辺国への通貨危機の伝播はタイほど実物経済，金融経済面での問題が明快でないという意味で，心理的パニックの様相がより強いということが可能であろう。[18] すなわち，経済的合理性の強弱という面でいうならば，タイは上述のように，一定の明快な経済的論拠を持っておりファンダメンタルズ論的色彩が強く，他の周辺国は金融経済面でタイと似たような構造的問題点があったが，それだけでなくタイの危機を目の当たりにし，心理的パニックをきたした側面も否定できない。

小括

あえて，13年も経過したアジア通貨危機の原因を，ここで改めて再論した結果，これから本書でアジアの通貨・金融協力を考察するうえで，いくつかの有用な示唆を得た。

まず第1に，種々の為替投機や伝染に関する理論モデルがあるが，特定のモデルによって，通貨危機全般を説明することが難しいということである。それは，通貨危機は投機家・投資家の心理的な期待に基づく投機行動によって起こり，その期待形成は経済的合理性を欠くものもありうるからである。とはいえ，非合理的行動によるものであっても，何らかの火種があることは間違いなく，それを究明することには意義があるといえる。

第2に，近年の通貨危機，金融危機の基本的背景には，グローバル金融資本主義の暴走という側面があり，いつでも，どこでも危機は起こりうることを認識しなければならない。金融の世界は肥大化し，かつ先端的金融技術・商品により，容易に大々的投機が可能であり，その投機の価格平準化機能には多くを期待できないからである。

第3に，アジア各国は80年代末から90年代前半に，性急ともいえる資本取引の自由化を推進し，世界の金融・資本市場に大きく窓を開いたため，過剰な資本，とりわけ巨額な短期ドル資金が流入し，ダブル・ミスマッチと呼ばれる脆弱で，不安定な金融構造を呈していたといえる。

第4に，タイではそこに，実物経済面では実質ドル・ペッグ政策下でドルの独歩高が起こり，実質実効為替レートの上昇→輸出減退，経常収支赤字拡大，

金融経済面ではバブル発生・崩壊→不良債権の拡大，金融不安が表面化し，投機家・投資家の投資評価が一挙に悪化し，資本の逆流を招いたことが分かった。

第5に，アジア通貨への投機アタックは特殊な一部投機家だけによるものではなく，幅広い投機家・投資家に及んだからこそ大河の流れとなったこと，バランス・シートモデルのいうような金融危機と通貨危機のスパイラルにより，危機の深刻化が起こったこと，タイから周辺国への伝染は種々のチャンネルを通じてなされたと見られるが，タイの悪夢からの連想によるパニック的側面がより強いということであった。

注
1) 第1世代モデルは Krugman（1979），第2世代モデルは Obstfeld（1986, 1994），バランス・シートモデルは Krugman（1999），Chang and Velasco（2000）を代表的モデルとして参照。なお，それらを含むモデルのサーベイ論文として，国宗（2006），矢野（2008）が参考になる。
2) 伝染に関する理論モデルは，多数の文献の中から，ごく一部の Mason（1998），Goldstein（1998），Gerlach and Smets（1995），Kyle and Xiong（2001）を参照した。
3) なお，Obstfeld（1994）のエスケープクローズ・モデルという発展型では，通貨当局の為替政策に関する意思決定において，変更のための費用に影響を与えるものという形で，通貨危機の原因として，より広くファンダメンタルズが斟酌されている。
4) 国宗（2006）参照。
5) ヘッジ・ファンドの資金量はアジア通貨危機時では，図1-4に見られるように2,000億ドル強と機関投資家の約20兆ドルには遠く及ばなかった。しかも，ひとつひとつのファンドははるかに少額であり，それにレバレッジをかけても市場の取引を左右する力になりうるかは疑問であるという声もあった。
6) Wolf（2007）には，グローバル金融資本主義の5つの指標が指摘されている。
7) IMF（2008b）の世界の資本取引額データによると，2006年で6.5兆ドルに過ぎず，また徳永（2009）によると，2006年7月のオーストラリア準備銀行の報告書では，グロスの国際資本移動額は2005年で世界のGDPの約17%程度（約7兆ドル程度）とされ，世界の貿易額より少ない。いずれも，現実から考えて信じがたい規模であり，指摘したような統計作成上の限界によるものと考えられる。
8) 厳密には，財の貿易額やサービス貿易額を超過している分が，全て資本取引によるものということはできない。例えば，貿易企業では，貿易取引を巡って先物予約による為替操作が繰り返されているし，銀行は顧客取引に応じるべく，銀行間市場で反対の取引をするだけでなく，為替媒介通貨によって，2つの取引を行うことが多いために，外国為替取引はひとつの原取引から幾重にも膨張するという要因があるからである。
9) 外国為替の機能的分類の理論に関しては，原典として Tsiang（1959），Sohmen（1961）を参照。それをベースに，小宮・須田（1983）はストックとフローの両面から外国為替市場の需給を検討した混合型モデルを提示した。それらを踏まえ，中條（1990）において，現実の国際的な経済取引から生じる外国為替の需給をどのように機能的に分類すべきかを詳述してあるので，参照願いたい。
10) Friedman（1953）を参照。それへの理論的反論は，DeLong et al.（1991）でなされている。

11) 外国為替等審議会，アジア金融・資本市場専門部会（1998），1ページより引用。吉冨（2003）参照。
12) 長年に渡って，IMFの資本自由化論争が展開された結果，アジア通貨危機の勃発した1997年の9月の年次総会において，これまでの経常勘定だけでなく，資本移動の自由化推進をもIMFの目的に加え，かつ資本移動に関する特定の権限をIMFに付与するためのIMF協定改正で合意した。論争については，Princeton University（1998）に詳しい。
13) 同じような文脈で，アジア通貨危機を捉えている先行研究に高坂（1999）がある。すなわち，国際資本市場には「市場の失敗」が内在しており，そこへアジアの新興市場がリンケージを深める中で起こったミスマッチングであると結論付けている。
14) 吉冨（2003），42-45ページ参照。
15) タイの短期借入れの期間は，一般に6カ月であることを考えると，毎月約60億ドル強のロール・オーバーが必要なことになる。それが滞った場合，タイは半年以内に，外貨資金繰りが不能に陥るという不安定な対外債務状態にあったといえよう。
16) Ohno（1999），吉冨（2003）の29-33ページは懐疑的であり，Lee（2000）は影響があったとしている。なお，熊倉（2003）では，要因分析（ただし，実効為替レート要因が残差として捉えられていることは問題）により，1995～97年のアジア諸国の輸出不振は実効為替レートの上昇より，ITバブルの崩壊等による需要の減退の影響が大きかったとしている。世界需要の減退というマイナスの所得効果が作用したことは事実であり，その中で，実効為替レートの上昇がその影響を増幅したというのが実情と考えられる。そうした理解から，一般的には影響があったとの見方が浸透しているように思われる。
17) 大和（1999）によれば，アジア通貨危機ではポートフォリオ投資による通貨への売り圧力は限定的であり，むしろ為替レートへのスタビライザー機能があったとしている。
18) ADB（1999）参照。そこでは，キャピタル・フライトの突発性やスピードはパニック的であるとしながらも，アジアには本源的に構造的脆弱性があったとして，ファンダメンタルズ論に軍配をあげている。IMF（1999）でも，金融システム，ガバナンスの脆弱性，金融当局の監督の不十分さといった構造問題を重視している。その他，ファンダメンタルズ論かパニック論かという議論は，Radelet and Sachs（1998），荒巻（1999），伊藤（1999），小田（2000），宮尾（2003）などに見られるが，タイ以外では伝染に当たって，パニック的要素が加わったことを認めているものが多い。

第2章
アジア通貨危機の本源的原因とその教訓

はじめに

　第1章において，アジアの通貨危機がなぜ起こったかは，おおむね理解できたと思う。本章では，さらに原因を掘り下げて，本源的原因は何かを整理してみたい。その目的は，再び危機を引き起こさないためには，最も本源的な問題点を見極め，その解消あるいはその制御のための対応を講じることが必要であるからである。つまり，経済問題への対処や適正な経済運営には，そのメカニズムを理解したうえで，ポイントになるところにコントロールのための調節弁や安全弁を設定することが肝要であり，アジア通貨危機について，それを検討するのが本章の課題である。

　その意味で，アジア通貨危機の発生メカニズムのどこに再発防止の対応をとるべき決定的原因があったのかを分析，整理し直してみたい。そのうえで，そこから得られるアジアの通貨・金融協力への教訓として，どのような調節弁や安全弁としての施策が希求されているかを導くことにしたい。

第1節　3つの本源的原因

　第1章で検討したアジア通貨危機の原因を因果関係を含めて再度整理すると，図2-1のように図示することができる。
　ここで，再発を防止するための対応を考察するうえで，重要な点は図中の□□□□で囲った部分ということができる。換言するならば，次の3つがアジア通貨危機の本源的原因といっても，過言ではない。
　すなわち，まず第1は，すでに第1章で詳細に検討したが，世界的な金融経

第1節 3つの本源的原因　37

図2-1　アジア通貨危機の発生メカニズム

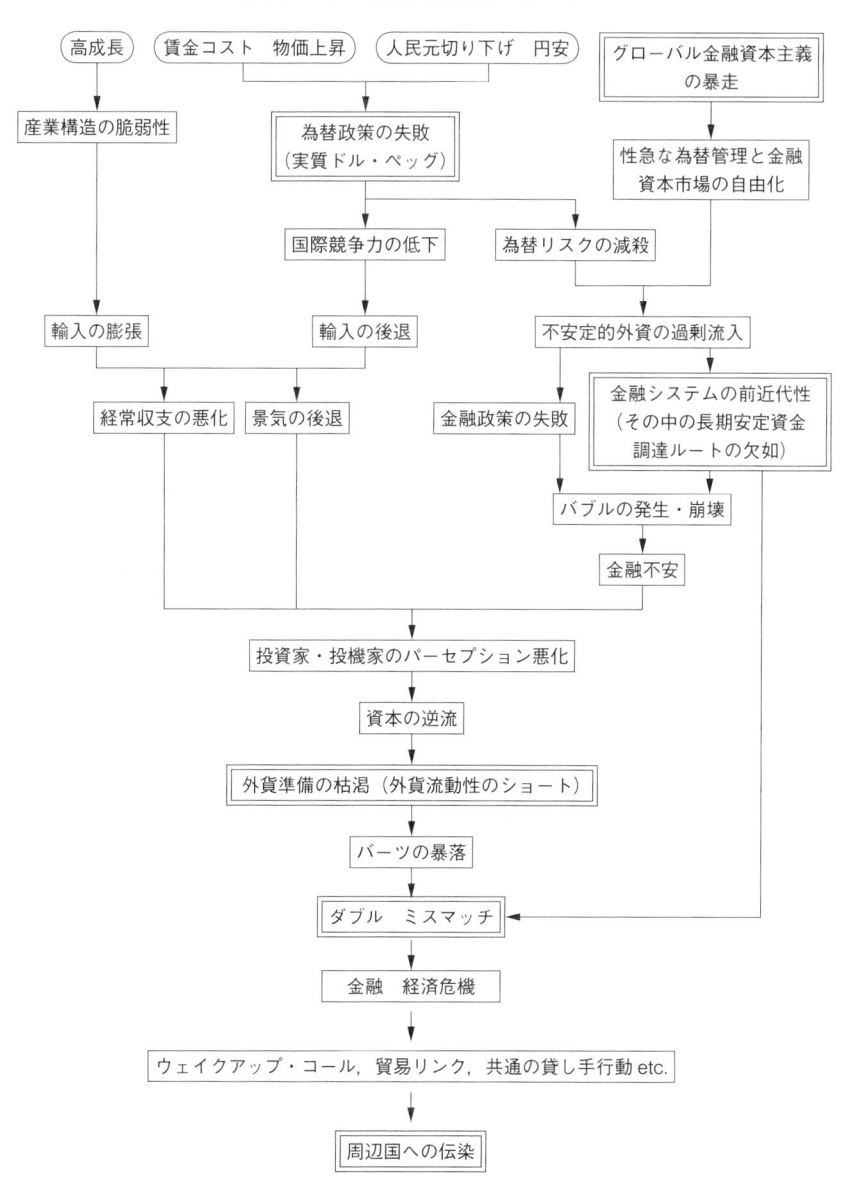

```
┌─────┐ ┌──────────────┐ ┌──────────────┐   ┌──────────────┐
│高成長│ │賃金コスト 物価上昇│ │人民元切り下げ 円安│   │グローバル金融資本主義│
└──┬──┘ └──────┬───────┘ └──────┬───────┘   │　　の暴走　　│
   │           │                │            └──────┬───────┘
   ▼           ▼                ▼                   ▼
┌──────────┐  ┌──────────────────┐         ┌──────────────────┐
│産業構造の脆弱性│  │　為替政策の失敗　│         │性急な為替管理と金融│
└────┬─────┘  │（実質ドル・ペッグ）│         │資本市場の自由化　│
     │        └────┬─────────┬───┘         └────────┬─────────┘
     │             ▼         ▼                      ▼
     │     ┌──────────┐ ┌──────────┐         ┌──────────────┐
     │     │国際競争力の低下│ │為替リスクの減殺│         │不安定的外資の過剰流入│
     │     └─────┬────┘ └─────┬────┘         └───────┬──────┘
     ▼           ▼            │                     ▼
┌──────┐    ┌──────┐         │              ┌──────────────┐
│輸入の膨張│    │輸入の後退│         │              │金融システムの前近代性│
└──┬───┘    └──┬───┘         ▼              │（その中の長期安定資金│
   ▼           ▼          ┌──────────┐      │　調達ルートの欠如）　│
┌──────┐    ┌──────┐    │金融政策の失敗│      └──────┬───────┘
│経常収支の悪化│  │景気の後退│    └─────┬────┘             │
└──┬───┘    └──┬───┘         ▼                     ▼
   │           │          ┌──────────┐
   │           │          │バブルの発生・崩壊│
   │           │          └─────┬────┘
   │           │                ▼
   │           │          ┌──────┐
   │           │          │金融不安│
   │           │          └──┬───┘
   │           ▼                ▼
   │      ┌──────────────────────────┐
   └─────▶│投資家・投機家のパーセプション悪化│
          └─────────────┬────────────┘
                        ▼
                   ┌──────────┐
                   │　資本の逆流　│
                   └─────┬────┘
                        ▼
          ┌──────────────────────────┐
          │外貨準備の枯渇（外貨流動性のショート）│
          └─────────────┬────────────┘
                        ▼
                   ┌──────────┐
                   │　バーツの暴落　│
                   └─────┬────┘
                        ▼
                 ┌──────────────┐
                 │ダブル　ミスマッチ│◀─────
                 └─────┬────────┘
                        ▼
                 ┌──────────┐
                 │金融　経済危機│
                 └─────┬────┘
                        ▼
    ┌──────────────────────────────────┐
    │ウェイクアップ・コール，貿易リンク，共通の貸し手行動 etc.│
    └─────────────────┬────────────────┘
                        ▼
                 ┌──────────────┐
                 │周辺国への伝染│
                 └──────────────┘
```

出所）筆者作成。

済の肥大化，最先端金融技術・商品による投機の横行，投機の価格平準化機能の欠如によって「グローバル金融資本主義の暴走」が，いつでも，どこでも起こりうる素地があること。まさしく，アジア通貨危機はその暴走・狂宴の典型的事例であり，アジアがグローバルな金融の世界に向けて，一挙に門戸を開いた中で，まずタイが投機家・投資家に付け入る隙を与えてしまったこと，そして伝染の理論が示唆している種々のチャンネルを通じて，周辺国も投機アタックの対象となり，伝播したと理解しうる。

したがって，ほぼ全開の窓を閉ざすことも考えられ，マレーシアは一部それを選択したが，世界の長期的トレンドは資本取引の自由化の方向にあり，かつ外国資本をその国の経済発展に活用することは有用であることからすると，むしろ「グローバル金融資本主義の暴走」を抑制すること，その大津波を受けないように予防を怠らないこと，さらには大津波に見舞われたときに備えた安全弁を構築することがより重要であるという発想に立って，対処すべきことを示唆しているのではなかろうか。

第2は，実質ドル・ペッグ政策ともいうべき「為替政策・制度の失敗」という重要問題が指摘される。この点に関しては，第1章の説明から分かるように，2つのルートを通じて，最終的に投機家・投資家のパーセプションの悪化をもたらし，資本の逆流，通貨暴落へつながったといえる。すなわち，ドル独歩高による実効為替レートの上昇→輸出減退→経常収支悪化というルートと過剰な短期ドル資金の流入→バブル発生・崩壊→金融不安という2つである。

これらの点は，アジア通貨危機の最も象徴的教訓といっても過言ではない「過剰なドル依存の軽減・解消」に通じる問題であり，次の第2節で詳細な分析を試みることにしたい。

第3は，十分な外貨準備保有がなく，資本の逆流で「外貨準備の枯渇」が起こり，実質ドル・ペッグの維持が不可能になったこと，「ダブル・ミスマッチ」の存在により，通貨危機と金融危機の悪循環が起こり，危機が深刻化したこと，「金融システムの前近代性」の故に，金融不安が深刻化したことであるが，これらを一言でいえば，「金融システムの脆弱性」としてひと括りすることができる。

こうした金融システムの構造的問題まで含めるならば，タイだけでなく危機

に見舞われた国々には，広い意味でのファンダメンタルズ上の問題が根底にあったという議論も成り立ちうる。また，投機家・投資家の投機アタックを受けたとしても，アジア各国の金融システムが強固なものであったならば，あれほど危機を深刻化させることはなかったといえるかもしれない。したがって，ダブル・ミスマッチに象徴されるような「金融システムの脆弱性」はアジア通貨危機の本源的要因として，等閑視することはできない。若干の具体的説明は，第3節に委ねたい。

第2節　為替政策・制度の失敗 [1]

2-1　実効為替レートの上昇の実証分析

　危機の本源的要因の一つと考えられる実質ドル・ペッグという為替政策・制度の失敗のうち，まずは，実効為替レートの変化を通じたルートの実証を試みたい。ここでは，実質ドル・ペッグの為替政策と他のより弾力的な為替政策が採用されていた場合とで，タイの国際競争力にいかなる相違があったかのシミュレーションをしてみよう。

　タイは1984年以来，通貨バスケット制を採用してきたが，プラザ合意によるドル安の経験を踏まえ，バスケットの構成比をおおむねドル8割強，円1割，マルク等1割弱とし，実質的にはドル・ペッグ政策を採用してきた。そうした為替政策・制度の下でのバーツの実質実効為替レートの現実値を，対ドル，対円，対マルクレートに限定し，1990年の対米国，対日本，対ECとの貿易額でウエートをつけたものとして試算してみた。図2-2の中の現実値がそれであるが，その動きは実質ドル・ペッグであることと対日本のウエートが大きいことを反映し，円・ドルレートの変動の影響を相当受けていることが確認できる。すなわち，プラザ合意後の円高・ドル安を受けてバーツの実質実効為替レートの現実値は大幅に下落し，タイの輸出競争力が上昇した反面，95年春以降の円安・ドル高局面ではそれが急速に上昇し，輸出競争力が低下しているからである。

　ただし，意外なことに90年代前半にも円高・ドル安が相当進行したにもかかわらず，現実値の下落幅は小幅にとどまり，さほど国際競争力が向上してい

図 2-2　為替政策の相異によるバーツの実質実効為替レート

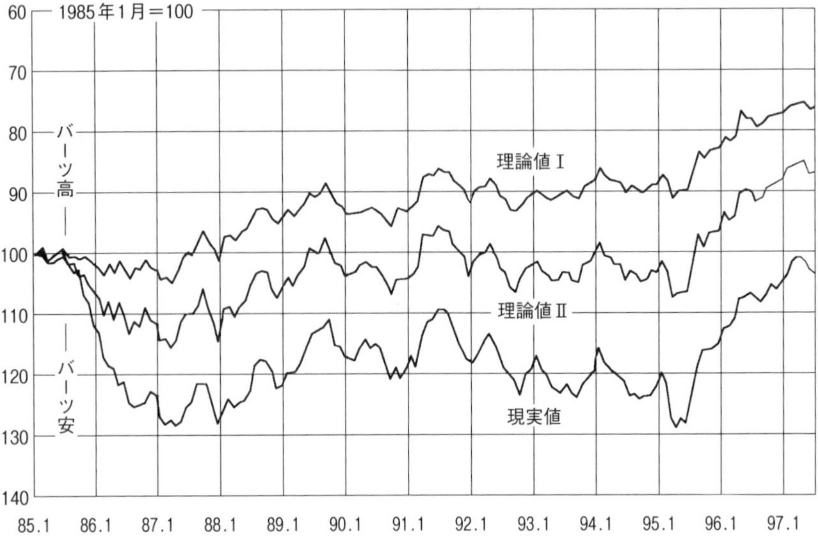

資料) IMF, *International Financial Statistics*.

ないという事実が見られた。この点は，後ほど再論するように，95年春以降の国際競争力の減退が予想外に大きいことにも通じるが，前掲の図2-1から容易に理解されるとおり，日本をはじめ先進国の物価が安定化する中で，タイの物価上昇が87年中頃から顕著なため，実質為替レートの上昇が続いた結果であると推論される。

以上の現実値の動きを踏まえて，次にタイが異なった為替政策を採用していたと仮定した場合のバーツの実質実効為替レートの理論値ともいうべきものを試算してみた。その際，タイが対アジアとの貿易取引もほとんどドル建てであることに配慮し，ドル58.0%，円25.1%，マルク16.9%というウエートの通貨バスケット制を採用した場合（為替政策I）の値を理論値I，タイが対外経済関係に配慮し，恣意的にドル40.0%，円40.0%，マルク20.0%のウエートの通貨バスケット制をとった場合（為替政策II）の値を理論値IIとし，二つのケースについて次のような試算を行った。

第一段階として，為替政策Iと為替政策IIを採用した場合に，バーツが

図 2-3 バーツの対 SDR レート

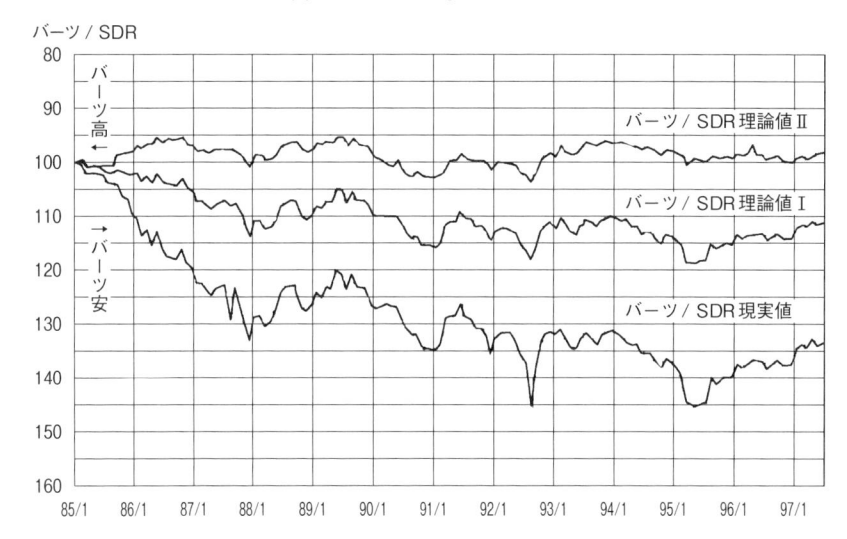

資料) IMF, *International Financial Statistics*.

SDR に対してどのような動きをしたかを算出した。すなわち，それぞれ次の試算を行ってみた。

［バーツ・SDR 理論値 I］

$B_{SDR\,I} = 0.58\$_{SDR} + 0.251¥_{SDR} + 0.169 DM_{SDR}$

［バーツ・SDR 理論値 II］

$B_{SDR\,II} = 0.4\$_{SDR} + 0.4¥_{SDR} + 0.2 DM_{SDR}$

$B_{SDR\,I}$：為替政策 I の下でのバーツ・SDR 理論値 I
$B_{SDR\,II}$：為替政策 II の下でのバーツ・SDR 理論値 II
$\$_{SDR}$：ドル・SDR レート
$¥_{SDR}$：円・SDR レート
DM_{SDR}：マルク・SDR レート
ただし，いずれも 1985 年 1 月 = 100 とした指数値

その結果は，図 2-3 に示されている。そこから，バーツは対 SDR レートで見る限り，実質ドル・ペッグをした場合の現実値に比べ，円にも配慮した為替政策をとることによって，極めて安定化することが見てとれる。しかし，それ

だけでタイの実質的な国際競争力の動向を判断できない。

そこで，第二段階として，次の一連の計算を行い，バーツの実質実効為替レートの理論値Ⅰと理論値Ⅱを導出した。

［バーツの実質実効為替レート理論値Ⅰ］

$$\left.\begin{array}{l}B_{\$ Ⅰ}=B_{SDR Ⅰ}/\$_{SDR} \\ B_{¥ Ⅰ}=B_{SDR Ⅰ}/¥_{SDR} \\ B_{DM Ⅰ}=B_{SDR Ⅰ}/DM_{SDR}\end{array}\right\} \cdots\cdots\cdots (1)$$

$$\left.\begin{array}{l}\bar{B}_{\$ Ⅰ}=B_{\$ Ⅰ}*P_T/P_U \\ \bar{B}_{¥ Ⅰ}=B_{¥ Ⅰ}*P_T/P_J \\ \bar{B}_{DM Ⅰ}=B_{DM Ⅰ}*P_T/P_D\end{array}\right\} \cdots\cdots\cdots (2)$$

$$\bar{B}_Ⅰ=0.272\bar{B}_{\$ Ⅰ}+0.435\bar{B}_{¥ Ⅰ}+0.293\bar{B}_{DM Ⅰ} \cdots\cdots (3)$$

　　$B_{\$ Ⅰ}$：バーツ・ドル理論値Ⅰ

　　$B_{¥ Ⅰ}$：バーツ・円理論値Ⅰ

　　$B_{DM Ⅰ}$：バーツ・マルク理論値Ⅰ

　　￣付きはそれぞれの実質為替レート

　　P_T：タイの卸売物価

　　P_U：米国の卸売物価

　　P_J：日本の卸売物価

　　P_D：ドイツの卸売物価

　　$\bar{B}_Ⅰ$：バーツの実質実効為替レートの理論値Ⅰ

［バーツの実質実効為替レートの理論値Ⅱ］

　　$\bar{B}_Ⅱ$：バーツの実質実効為替レートの理論値Ⅱについては，上記の理論値Ⅰの試算の（1）において，$B_{SDR Ⅱ}$：為替政策Ⅱの下でのバーツ・SDR理論値Ⅱを使用するだけで，導出の手順は同じである。

結果は，前掲の図2-2の中に理論値Ⅰ，理論値Ⅱとして表示したとおりである。そこからは，タイが実質ドル・ペッグではなく，円等にも一定の配慮をした為替政策を選択していたならば，95年春以降の国際競争力の減退は多少緩やかであったといえるかもしれない。しかし，円のウエートが高ければ高いほど，80年代後半からの国際競争力の向上はなく，輸出主導型の経済成長は

ありえなかったといってよい。となると図2-2の結果だけでは，タイが実質ドル・ペッグに代わる為替政策を採用すべきだったと主張する論拠を得ることはできない。

ただし，理論値ⅠとⅡに期待したほどの安定化効果が得られなかった理由が，現実値に関して予想外の動きが見られた前述の理由と同じと考えられることからすると悲観すべき結果とはいえない。今回の試算では，国際競争力を緊密に反映しやすいという理由から消費者物価でなく，卸売物価を使用した。しかも，相当の貿易関係を持つ日本以外のアジア諸国を無視し，内外インフレ格差の大きい先進国との実質実効為替レートで国際競争力の動向を分析しようとしたため，内外インフレ格差の動きが結果を左右し過ぎたきらいがあるからである。

そこで，内外インフレ格差の影響を完全に除外したバーツの名目実効為替レートについて，実質の場合と同様に現実値，理論値ⅠとⅡを算出してみた。図2-4に示した結果から分かるように，現実値に比べ，理論値Ⅰさらには理論値Ⅱとなるにつれ，国際競争力の優位性の度合いはある程度少なくなるもの

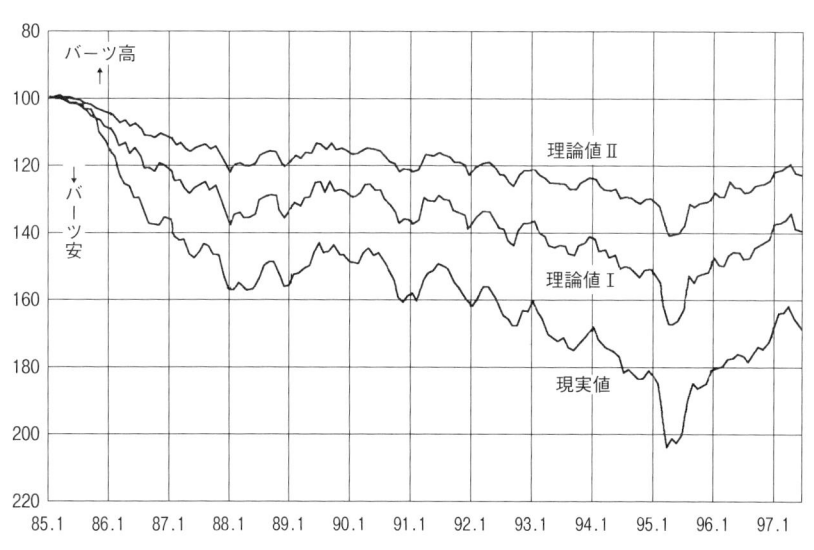

図2-4 為替政策の相異によるバーツの名目実効為替レート

資料）IMF, *International Financial Statistics*.

の，明らかに安定化効果が高まっていることが読み取れる。とりわけ，95年春以降の国際競争力の急速な後退が緩和しえている点は刮目に値する。

　以上のバーツの実質および名目の実効為替レートの実証分析から，タイは国際競争力の保持，安定化という観点からいかなる為替政策をとるべきであったと結論づけられるであろうか。確かに，実質実効為替レートの試算結果からすると，タイが円等にも配慮した弾力的為替政策を採用していたとしても，安定化効果が期待したほど大きくなく，過去の輸出主導型経済成長の実現さえ危ぶまれるのに対して，名目のそれは過去の輸出主導型経済成長のうえに，先の通貨危機への安定効果があった可能性を示しているが，現実は両者の中間にあったと推論される。理由は，すでに指摘したとおり，実質化に当たり卸売物価を使用し，主要先進国との間のインフレ格差だけを考慮したことにあり，他のアジア諸国等も入れた現実の実質実効為替レートの推移はもう少し名目のそれに近いものであったと見られるからである。厳密には，タイとの貿易関係の深い他の国々も考慮した実質実効為替レートを試算したうえでなければならないが，タイは実質ドル・ペッグではなく弾力的な為替政策の採用，あるいは適当なタイミングでの転換ができていれば，急激な国際競争力の後退を回避し得たという意味で，先のような通貨危機に陥らなかった可能性があったといえよう。

　さらに，仮に内外のインフレ格差が大きかったとしても，円等にも配慮した弾力的な為替政策を採用したうえで，そのインフレ格差分をある程度調整するためのバーツ切下げを行う方法もありえる。つまり，インフレ格差の調整を伴った通貨バスケット制によって，バーツの実質実効為替レートを図2-4の名目の理論値IやIIの形状に誘導できれば，タイにとってこのうえない効果が得られからである。ただし，この方法で問題となるのは，産業構造の脆弱なタイ経済は資本財，中間財の多くを輸入に依存しているため，インフレ格差の調整のためのバーツ切下げが一段のインフレ高進を招き，スパイラル現象に陥る危険性があることであり，この点に最善の注意を払いながら遂行しなければならないことはいうまでもない。

　このようなタイに関する簡単な試算によっても，実効為替レートの安定化が通貨危機の抑制に意味があることが分かるが，より精緻な研究成果は，Ito et

表 2-1 アジア各国の通貨バスケットの最適構成比率

(単位：％)

| | 現実値 || 最適構成比率 |||||||
| | ドル | 円 | モデル A-1 || モデル A-2 || モデル B-1 || モデル B-2 ||
			ドル	円	ドル	円	ドル	円	ドル	円
タイ・バーツ	91	5	42.9	57.1	4.3	95.7	61.3	38.7	35.3	64.7
インドネシア・ルピア	95	16	40.5	59.5	47.7	52.3	71.2	28.8	77.9	22.1
韓国・ウォン	96	-10	10.5	89.5	10.9	89.1	47.4	52.6	45.7	54.3
シンガポール・ドル	75	13	22.6	77.4	12.4	87.6	57.4	42.6	51.0	49.0
フィリピン・ペソ	107	-1	-2.9	102.9	27.6	72.4	67.3	32.7	72.8	27.2

注）モデルA-1は，モデルAにおいて輸出価格の回帰式に定数項を含む。モデルA-2は定数項を含まない。モデルB-1は，モデルBにおいて輸出価格の回帰式に定数項を含む。モデルB-2は定数項を含まない。
出所）T. Ito, E. Ogawa and Y. N. Sasaki(1998), "How Did the Dollar Peg Fail in Asia ?" *Journal of The Japanese and International Economies*, December, p.298.

al.(1998) や Ogawa and Ito (2000) によってもなされている。特に，前者ではアジア諸国について，より具体的な最適通貨バスケットを推定しており，興味深い結論を導出している。すなわち，アジア各国が為替レートの変動から生じる貿易収支の変動を最小化することを為替政策の目標とし，アジアの企業が日米両市場で日本企業と寡占的競合関係にあることを想定したモデルAとアジアの企業が日本市場では日本企業，米国市場では米国企業と競合していることを想定したモデルBについて，それぞれ最適通貨バスケットを試算し，表2-1のような結果を導出している。これより明らかなように，Frankel and Wei (1994) が推計した実質ドル・ペッグ政策の下での現実値に比べ，すべての国において円の最適構成比率が高くなっている。特に，韓国とシンガポールについては，産業構造や技術水準が日本と似通っていることから，両国の輸出品が日米両市場で日本品と激しく競合していることを反映し，円の最適構成比率が最も高く，円との連動性の強い為替政策が望ましいことを示している点は現実性が高く，看過しえないものがある。[2]

2-2 過剰なドル資金流入の実証分析

次に，実質ドル・ペッグの為替政策が通貨危機につながった第2のルートに

図2-5 為替政策の相異によるバーツの対ドルレートの推移

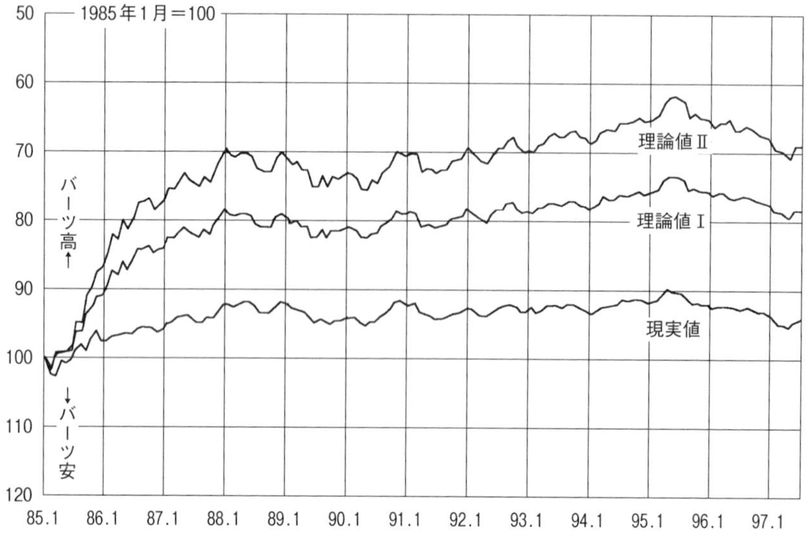

資料）IMF, *International Financial Statistics*.

　関する実証分析に移りたい。ここでは，タイが実質ドル・ペッグでなく，より弾力的な為替政策を採用していた場合，ドルを中心とした不安定的外資の過剰流入が抑制され得たかという点について，簡単な検証を試みたい。そのために，まず先ほどの実質実効為替レートの理論値ⅠとⅡを試算する過程で導出した為替政策ⅠとⅡを採用したときのバーツの対ドルレート理論値ⅠとⅡ，さらには対円レート理論値Ⅰと理論値Ⅱをそれぞれの現実値と比較してみた。バーツの対ドルレートはタイが実質ドル・ペッグでなく，通貨バスケットの中で円等のウエートを高めていたならば，円やマルクの動きに引きずられ，バーツ高方向への変動幅が拡大していたことは自明の理である。図2-5に示されるように，バーツのドルとの連動性が後退することが明示的に確認できる。

　逆に，実質ドル・ペッグの為替政策の下では，円・ドルレートの動きをもろに受ける形で大きく変動してきたバーツの対円レートが，図2-6に見られるように，通貨バスケットの中で円等とのウエートを高めていたならば，バーツ安方向への乖離幅を縮小しており，バーツの円に対する連動性が高まることが明

図 2-6 為替政策の相異によるバーツの対円レートの推移

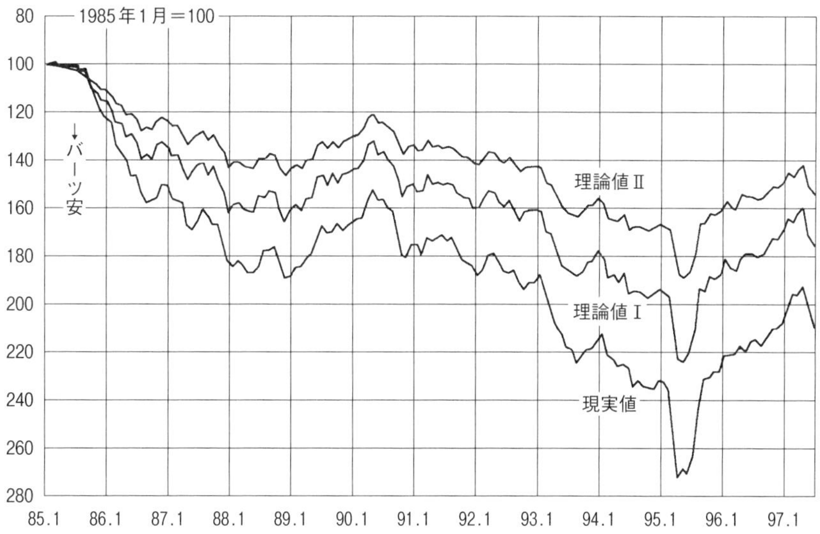

資料）IMF, *International Financial Statistics.*

白となる。

以上のように，タイが弾力的な為替政策によって円等に配慮すればするほど，トレンドとしてバーツはドルとの連動性が薄れ，円との連動性が高まることはあたかも自明の理のごとく確認できるが，短期的な変動度合いはどうであろうか。この点を検証すべく，バーツの対ドルおよび対円レートの現実値，理論値ⅠとⅡのそれぞれについて，ボラティリティを前年同月比変化率の標準偏差として算出してみたものが，表 2-2 と表 2-3 である。これより，タイが弾力的な為替政策をとればとるほど，バーツの対ドルレートのボラティリティは高まり，対円レートのそれは低下していることが一目瞭然である。特に，実質ドル・ペッグという現実の硬直的な為替政策の下では，バーツの対ドルレートのボラティリティが対円レートのそれに比べて，いかに小さかったかという点と，タイが円にもドルと同等のウエートをつけた通貨バスケット制，すなわち為替政策Ⅱをとっていたとすれば，全期間を通じた対ドルレートのボラティリティと対円レートのそれが，かなり近似化していたことを看過するわけにはいかない。

表2-2 為替政策の相異によるバーツの対ドルレートのボラテリティ

	1986年1月~1989年12月	1990年1月~1997年6月	全期間
現 実 値	0.02095	0.01505	0.01939
理 論 値 I	0.05085	0.02190	0.03828
理 論 値 II	0.07470	0.03690	0.05818

注)ボラテリティは,図2-5のバーツの対ドルレート現実値,理論値I,理論値II(いずれも1985年1月=100)の前年同月比変化率の標準偏差として算出。

表2-3 為替政策の相異によるバーツの対円レートのボラテリティ

	1986年1月~1989年12月	1990年1月~1997年6月	全期間
現 実 値	0.16737	0.10225	0.13904
理 論 値 I	0.12092	0.09627	0.11167
理 論 値 II	0.08949	0.08280	0.08912

注)ボラテリティは,図2-6のバーツの対円レート現実値,理論値I,理論値II(いずれも1985年1月=100)の前年同月比変化率の標準偏差として算出。

　対ドルレートのボラテリティが極小で,為替リスクをほとんど意識せずに済んだことが,前述のようにドルを原資とした投機家・投資家にキャリー・トレイドやタイの株式取得等を促したことは疑いの余地がない。海外の投機家・投資家のみにとどまらず,タイの企業サイドでも資金調達に際して,BIBFを通じたアンカバーのドル資金調達を選好する傾向を強めたことも間違いない。事実,タイの日系企業でさえ,借入資金の6割弱をドルに依存し,かつその14%強しかヘッジをしていなかったというドル漬け経営状態に陥っていたことが表2-4により確認されよう。なお,パーセプションの変化から投機アタックをかけ通貨暴落の引き金を引いたのは,ヘッジ・ファンドなどの典型的な投機家であったかもしれないが,過大なアンカバーのドル債務を抱えたタイの企業が彼らに追随し,いっせいに先物ヘッジに走ったことが通貨暴落を増幅したし,時すでに遅く,十分なヘッジができずに債務の急膨張に坤吟せざるをえなくなったことも周知のとおりである。いずれにせよ,実質ドル・ペッグの為替政策が長期にわたった結果,海外の投機家や投資家はもちろん,タイの企業側でも為替リスクへの意識が麻痺していたため,過大なドル依存と危機に伴う混

表 2-4 タイの日系企業における借入通貨の構成比とリスクヘッジ比率 (%)

		借入通貨				リスクヘッジしていた割合			
		ドル	円	バーツ	その他	ドル	円	バーツ	その他
製造業	食料品	46.9	10.1	43.0	0.0	33.0	0.0	—	0.0
	繊維	53.5	2.2	43.9	0.4	11.6	0.0	—	0.0
	化学	61.3	8.6	30.1	0.0	5.7	0.0	—	0.0
	鉄鋼.非鉄	60.9	7.9	31.2	0.0	13.4	0.0	—	0.0
	一般機械	92.3	6.7	1.0	0.0	32.3	0.0	—	0.0
	電気.電子機械	68.4	6.6	25.0	0.0	6.4	0.0	—	0.0
	輸送用機械	52.8	19.4	27.9	0.0	7.5	0.0	—	0.0
	精密機械	60.9	31.4	7.0	3.0	28.0	40.0	—	0.0
	その他	76.7	1.7	21.6	0.0	14.3	0.0	—	0.0
	製造業全体	62.2	9.4	28.0	0.0	8.5	0.1	—	0.0
非製造業	商社	48.9	15.2	0.0	0.0	44.3	7.4	—	0.0
	小売	51.8	16.6	0.0	0.0	48.9	5.0	—	0.0
	金融.保険.証券	75.9	0.0	0.0	0.0	75.7	0.0	—	0.0
	建設.土木	25.9	1.0	1.9	1.9	3.8	0.0	—	0.0
	運輸.通信	42.7	34.6	0.0	0.0	33.3	100.0	—	0.0
	その他	—	—	—	—	—	—	—	—
	非製造業全体	47.7	12.2	39.7	0.4	27.6	2.7	—	0.0
	全体	57.7	10.3	31.9	0.1	14.4	0.9	—	0.0

注) 1. 借入通貨比率, リスクヘッジ比率は企業の回答比率の単純平均。
注) 2. リスクヘッジの割合は当該通貨の借入額を100%とした場合の割合。
注) 3. 時点は為替切下げ直前。
注) 4. 回答企業は製造業14社, 非製造業64社の合計208社。
出所) バンコク日本人商工会議所「バーツ下落の影響調査報告」, 1997年10月。

乱を増幅したと断言できそうである。

　ところが, 円等にも配慮をした弾力的な為替政策であったならば, バーツの対ドルレートとの連動性は薄れ, 絶えず変動を繰り返す可能性が高まり, 内外資本取引に伴う為替リスクを強く意識せざるをえなくなろう。確かに, 事後的に見れば, 図2-5のようにプラザ合意後の3年間や90年代前半は趨勢として, バーツの対ドルレートは上昇基調を示しており, かえってドル資金の過剰流入

を助長したのではないかとの批判があるかもしれない。しかし、それは主にトレンドとして円高・ドル安が長期化した結果であり、事前にまたはその渦中で正確に予想できたか疑問であるし、それにもまして近視眼的な投機的行動の意思決定を大きく左右するのは、トレンドではなく短期的なボラティリティであり、それが高まっていたはずだとの検証結果からして、却下できると考える。つまり、弾力的な為替政策の採用は、投機的で不安定なドル資金の過剰流入を抑制する効果を持ち得たというのが、筆者の第2のルートに対する結論である。

　さらに、ここでも念のため、筆者の結論をより明確に補強してくれる実証分析を紹介しておきたい。すなわち、Ogawa and Sun（2001）の研究において、タイと韓国、インドネシアのそれぞれについて、現実の実質ドル・ペッグ政策下と通貨バスケット制であった場合とで資本流入がどのように異なったかをシミュレーション分析し、タイと韓国では通貨バスケット制を採用していたならば、資本流入が抑制された可能性があることが導出されている。[3]

　さらに、この実質ドル・ペッグ政策の失敗による過剰なドル資金の流入に関連し、若干敷衍しておくべきことがある。それは、実質上のドル・ペッグであっても、為替管理・資本取引の自由化が早計になされず、適切に遂行されていたならば、防止できた可能性があるという点で、「為替政策・制度の失敗」にはこのことも含め、広く認識すべきであるということに他ならない。

　具体的にいうならば、理論的には金利裁定を除くほとんどの資本取引、およびそれに伴う外国為替取引が、広い意味では投機であると説明したが、現実にはその濃淡に相違があることも事実である。したがって、資本は資本ということではなく、投機的短期資本に対しては、為替管理・資本取引の自由化に関しての配慮が必要であったということも看過してはならない。この点では、アジア通貨危機の伝染の中でも、ほとんど混乱を回避できた原因として、チリの短期資本を対象とした資本規制が話題を呼んだ。[4] その後も、中国ではアジア通貨危機の教訓を踏まえて、慎重かつ漸進的な自由化を推進している。要点のみをいえば、性急な為替管理・資本取引の自由化も含めて「為替政策・制度の失敗」があったということであり、その自由化は、国内金融システムの強化、国際金融のトリレンマ論に基づく政策選択との兼合いで、遂行すべきことを補足しておきたい。

2-3 実物経済依存関係と通貨・金融面でのミスマッチ

タイを中心に，ドルと実質的にペッグしていたことが，対外貿易の不安定化と不安定な短期ドル資金の過剰流入につながったことを実証したが，他の研究も踏まえれば，タイ以外のアジア各国にもほぼ妥当すると推察される。過剰な短期ドル資金の流入が「ダブル・ミスマッチ」という本源的問題をもたらしたことはいうまでもないが，前の2つの項の実証分析の結果を別の角度から，次のように解釈することも可能である。

すなわち，アジアは図2-7の上段の表に見られるように，中南米の国々とは異なり，アメリカだけでなく日本，EUとも均等な対外経済関係を持った地域である。にもかかわらず，通貨面ではドルへほとんどペッグするという為替政策・制度を採用してきている。その結果，後述するように，アジアの貿易業者はアジア域内取引を含め，貿易の表示・契約通貨，決済通貨として，ドルを選択しているし，資本取引もドルでの調達・運用が圧倒的であるばかりでなく，域内各国間の直接的融通は少なく，欧米金融・資本市場を経由して取引されて

図2-7 アジアの対外経済依存と為替政策・制度

【アジアにとっての日本，米国，EU】 （単位：億ドル）

	日本		米国		EU	
貿易	3,045	16%	3,347	17%	2,664	14%
対内直接投資	183	15%	162	14%	240	20%
与信残高	1,825	31%	292	5%	2,927	49%
二国間支援	47	69%	1	2%	16	24%

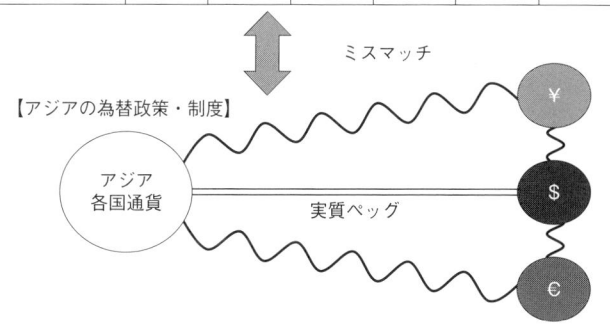

【アジアの為替政策・制度】

ミスマッチ

アジア各国通貨 — 実質ペッグ — ¥ / $ / €

出所）大蔵省・外国為替等審議会資料と筆者の作図。

いるというのが実情である。まさしく、アジア各国は実物経済面でのアメリカ依存を大幅に超えて、通貨・金融面では「ドル圏」といわざるを得ない。

このミスマッチが、実効為替レートの不安定化、過剰な短期ドル資金依存による「ダブル・ミスマッチ」をもたらしたことに鑑みるならば、アジア通貨危機の本源的原因をさらに突き詰めて一言で象徴的にいうならば、「実物経済面での対外依存関係を越え、通貨・金融面でドル圏であるというミスマッチ」とさえ集約することも可能である。したがって、アジア各国は、実物経済面での対外依存関係に見合う形で、「過剰なドル依存の軽減・解消」を目指すべきことを共有の認識とした。とりわけ、アジア通貨危機からの教訓としては、後ほど第4章で議論する世界金融危機からの教訓である「ドルからの脱却」ではなく、あくまでも「過剰なドル依存の軽減・解消」であるという点を強調しておきたい。

第3節　金融政策の失敗と金融システムの脆弱性

もし、タイにおいて前節で見たような為替政策・制度の失敗があって、大量の短期ドル資金が流入し、それが外国為替市場におけるドル買い介入によって、国内でバーツのマネーサプライの増加を招いたとしても、適正な金融政策が採用されていれば、バブルの発生・崩壊は防げたかもしれない。いわゆる不胎化政策であるが、債券市場、とりわけ基本的に均衡財政が維持されてきたため国債市場が未発達であり、十分な買いオペができないこと、あるいは買いオペによる金利の上昇がさらなる外資流入を助長するといったことから、十分機能しなかった。さらに、他の金融政策として、日本のバブル期の対応を参考にして総量規制等を実施したが、タイミングを逸しており、教訓を生かすことができなかった。

こうして、バブルの発生・崩壊を余儀なくされることになったが、その場合でも、金融システムが強固であったならば、金融不安から通貨危機を招くことはなかったかもしれないし、通貨危機と金融危機の悪循環であれほどの深刻化は避けられたかもしれない。まさしく、ダブル・ミスマッチを始めとする金融システムの脆弱性こそ、アジア通貨危機の本源的原因の最たるものかもしれ

ない。

　すでに，ダブル・ミスマッチに象徴される短期対外債務の状況とそれがもたらしかねない国際流動性のショートと債務の水膨れという潜在的危険性は説明済みであるため，その弊害については若干の補足にとどめたい。まず，短期対外債務の膨張が，投機家・投資家の投資評価の悪化によって，国際流動性不足問題として表面化する原因には，期間のミスマッチがあったことはいうまでもないが，もう一点補足すべきことは，情報の不透明性があったことも否めない。いよいよタイ等がIMFの支援を要請するに当たって，前掲の表1-2のような公式データが発表されたが，それまでは先物予約済み分を除いて実際に市場介入に投入できる外貨準備に関するデータとともに，期間のミスマッチをもたらしている短期債務の正確な情報が得られなかったことが疑心暗鬼を生み，広く投機アタックを誘発したといえよう。

　むしろ，金融・資本市場でのダブル・ミスマッチ構造が，アジアでどうして形成されたかが重要である。発展途上にあるアジア各国では，余剰資金は短期の運用という形態が圧倒的に多いが，その資金は経済開発のために長期投資として需要されている。市場が未成熟で，情報の非対称性が著しい中では，この問題を克服しやすい銀行主体の間接金融に依存せざるをえない。ここに，期間のミスマッチが発生するが，この状態でアジア各国は前述のように外国資本に門戸を開放したため，短期外国資本が流入し，通貨のミスマッチも同時に抱えることになったといえる。つまり，裏を返していえば，アジア国内，あるいは域内に長期の現地通貨建て資金の融通をする証券市場，とりわけ債券市場が発達していなかったことが，本源的原因であるということに帰着する。

　次に，吉冨（2003）が対外開放前にはモラルハザードの問題は生むが，企業金融が国内金融・資本市場での資金調達主体の場合は，ラストリゾートとしての国による救済策が可能であるが，国際的な短期外国資本の融資に大きく依存した場合には，それが不可能になると指摘している点は拝聴に値する。[5]　まさに，気まぐれなグローバル金融資本主義の世界に巻き込まれたアジアは，危機に見舞われる危険性があったというだけではなく，その対処は1国ベースでは難しいということを示唆しており，ここに地域協力の必要性の論拠を見出すことができる。

ダブル・ミスマッチにも関連するが，もっと広く金融システムの前近代性，あるいは脆弱性の問題が横たわっていたことを整理しておきたい。周知のように，アジア各国の金融・資本市場は銀行主体の間接金融が圧倒的なウエートを占めていた。この銀行部門が中核をなす金融システムには，効率性，健全性，透明性といった面で多くの問題を抱えており，それが資本取引の自由化の中での異常な外国資本流入・逆流によって，表面化したと推察される。[6]

まず，コーポレート・ガバナンスの面で，民間商業銀行といえども家族経営であったり，クローニー・キャピタリズムと呼ばれ，多くの縁故企業群の中に銀行が位置付けられていたり，国家，家族経営企業や財閥，銀行の三者に癒着関係ともいえる特殊な関係が存在しており，銀行融資が効率的な審査によってなされていたとはいい難い。特に，韓国で不動産バブルの発生・崩壊がなかったにもかかわらず，金融不安が起こったのは，全銀行融資の4割に及ぶといわれる政府の産業政策に基づく指令融資（官治金融）と財閥企業間の相互信用保証によって，財閥の重複投資・過剰生産が推進された中で，輸出環境が悪化したため，財閥が相次いで倒産し，融資銀行の不良債権増加を招いたことにあるといえる。

次に，危機にも耐えうる自己資本比率の確保が十分でなかったうえ，今回の危機ではダブル・ミスマッチ状態に陥っていたこと，すなわち外貨建て債務比率が大きい反面，流動性比率が低かったといえる。さらには，銀行部門ないしは融資先の現地企業において，為替リスクに対する対応がほとんどなされていなかった。こうした銀行部門および現地企業の財務の健全性が欠如していたこと，さらにはそれを監視する金融当局の監督体制に不備があったことが，相次ぐ金融機関の破綻を招いたといえよう。さらに，その金融機関等の破綻によるシステミック・リスクを回避するための制度的インフラが整えられていなかったことも，混乱を助長し，金融不安に輪をかけてしまった。すなわち，預金者保護制度，決済システム，倒産法等に不備があったことである。

すでに，通貨当局による正確かつ迅速な外貨準備や対外債務データの開示に問題があったことを指摘したが，銀行部門自体の経営の透明性にも問題があったといえる。会計報告自体に不透明な部分があったといわれているが，上記の健全性を示す重要データが十分開示されなかったことが，かえって疑心暗鬼を

生み，危機を深刻化させたことは疑いの余地がない。とりわけ，銀行部門が抱える不良債権の額について，分類基準自体が曖昧で，公表も遅れたため，投機家・投資家の不信を買ってしまったことの悪影響は大きいといわざるをえない。

　セミマクロ的な金融市場構造，ミクロ的な銀行部門や企業財務部門およびそれを監督する金融当局に，以上のような欠陥を抱えていたことが金融不安を発生・増幅し，金融危機と通貨危機という双子の危機を生じさせた本源的原因であったと考えられる。

第4節　アジア通貨危機の教訓から見た通貨・金融協力のあり方

　以上のように，アジア通貨危機の本源的原因を突き詰めて考察するならば，再発を阻止するために，どこに，どのような調整弁，安全弁を取り付けたらよいかはおのずと定まる。ここで，通貨危機を教訓としたアジアの通貨・金融協力のあり方を取りまとめてみたい。

　まず第1は，金融資本が肥大化し，かつ最先端金融技術・商品を駆使しながら虎視眈々とアタック先を窺うグローバル金融資本主義の世界に対して性急に門戸を開放したため，ファンダメンタルズに基づくものか自己実現的な投機パニックであるかは別にしても，投機家・投資家のパーセプションの変化や通貨アタックを受けて国際流動性不足に陥ったという事実への対応が不可欠である。特に，この対応に当たっては，そもそも自国金融当局がラストリゾートたりえないこと，地域的伝染性を持った危機であること，さらには世界的国際金融機関IMFだけでは限界があったことに鑑み，地域的取組みの重要性が指摘されうる。

　具体的にいうならば，再び資本収支危機と呼ばれるような激しい資本の流れの逆転を引き起こさないために，アジア各国が健全な経済政策運営を心掛けることはいうまでもないが，地域全体として，国際資本の動きや各国経済動向を相互にサーベイランスし合い，付け入る隙を与えないことが肝要である。さらには，こうした事前の対応にもかかわらず，通貨アタック等を受けた場合にも，国際流動性不足に陥らずに通貨暴落を阻止するために，地域的なセーフティー

ネット作り，あるいは「最後の貸し手」機能の確立が必要である。つまり，アジア地域として，通貨危機に対する事前予防としての「経済サーベイランス」，事後的な対抗策としての「セーフティーネットの構築」を進めることが求められているといえよう。

　第2は，第2節での実証分析から2つの意味で，実質ドル・ペッグ政策という為替政策・制度の失敗を認識し，「為替政策・制度の改革」を推進することである。為替政策・制度の失敗については，実質ドル・ペッグ政策下で，ドルが円やヨーロッパ通貨に対して上昇した結果，アジア各国通貨が過大評価となり，輸出減，経常収支悪化がもたらされたという評価には反論がないわけではないが，筆者は前述のように，2つの問題があったと理解している。

　したがって，まずは各国とも2つの政策目標を達成しうるように，為替政策・制度の改革に取り組まなければならない。すなわち，ひとつはアメリカのみでなく，日本，ヨーロッパといった域外の主要貿易依存国・地域との全体的関係を安定的に維持しうる為替政策・制度であり，もうひとつは対ドル・レートが一定の伸縮性を持ち，過剰ドル資金の流入を抑制しうるものということに他ならない。

　ただし，アジア各国が個別に為替政策・制度の改革を推進することは難しいし，新たな問題を発生させかねないともいえる。ここに，アジア地域としての為替政策・制度の変革に関する協調の必要性が存在する。すなわち，第3章で論述するような「協調の失敗」により，1国だけで為替政策・制度の変更に踏み切ることに困難が伴うこと，あるいは独自の制度の採用がミスアライメントをもたらし，アジア地域の調和的・補完的分業関係を阻害しかねないことから，地域全体としての対応が求められる問題でもあるといえる。

　第3は，金融システムの改革の必要性であるが，これは本源的原因をあえて2つに分けて考えたことに対応して，セミマクロ的側面におけるダブル・ミスマッチの解消，すなわち「アジアの債券市場育成」とミクロ的側面における金融システムの前近代性の解消，すなわち「金融機関および金融当局による金融システムの効率性，健全性，透明性の確保」という双方が希求されなければならない。

　アジア各国は証券市場，なかんずく債券市場を育成し，かつアジア域内を中

心にそのクロスボーダー化を図ることが，ダブル・ミスマッチの解消，短期ドル資金への過剰依存を脱却し，アジア域内の資金を安定的に有効活用するために極めて重要であるといえる。もし，各国に債券市場が育成されるならば，各国企業は国内的に長期安定資金の調達が可能となることはいうまでもないし，そのクロスボーダー化が進展すれば，アジアの資金を安定的に呼び込んで経済開発に有効活用でき，通貨危機時のような銀行や企業の不安定なバランスシートを解消できるからである。

　とはいえ，発展途上にあるアジア各国は，短期的資金運用の選好が強いこと，情報の非対称性が大きいこと，制度的インフラ整備が遅れていること等，債券市場の育成には大きな困難が伴っている。したがって，アジアにおけるセミマクロ的金融・資本市場の構造改革の基本的方向性は，吉冨（2003）が指摘しているように，銀行部門が依然として支配的存在であるが，そこではプルーデンシャル規制が制度化された中で，十分なモニタリング機能が作用すること，さらにそれを補完する証券市場，とりわけ債券市場が育成されているという「中間的金融市場」構造であるという点では同感である。[7]

　ここにも，アジア各国の金融協力の必要性，有用性があるといえるが，特にクロスボーダー債券市場のインフラを整備し，情報の非対称性の溝の深さを埋めるべく，債券発行主体の信用力の補完，投資家の育成・保護等の面で，積極的な協力推進が求められているといえよう。

　今後とも銀行部門による間接金融が主体になるとはいえ，金融システムの近代化により通貨危機の再発を防ぐべく，会計，監査，金融法制などが確立された適切な金融制度や金融行政の下で，事業会社をも含め各金融機関がガバナンスを確立すること，財務の健全化，透明化を図り，効率的に金融仲介機能を発揮しうるように，融資に当たっての十分な審査能力を確保していくことが不可欠である。こうして，金融不安を引き起こさないように，危機に対する耐震性の強い金融システムを構築する努力は，主としてアジア各国が独自に推進していかなければならないことはいうまでもないが，地域協力として取り組む要因がないわけではない。とりわけ，アジアでは最も近代的金融システムを備えていると思われる日本は，資金的協力，ノウハウの供与などの面で協力すべき余地は大きいといえる。

こうして見ると，結局のところ，アジア通貨危機の教訓を踏まえるならば，アジアでは「経済サーベイランス」，「セーフティーネットの構築」，「為替政策・制度の改革」，「アジアの債券市場育成」，「金融機関および金融当局による金融システムの効率性，健全性，透明性の確保」といった面で，地域的な通貨・金融協力が希求されているという帰結が導かれる。

小括

アジア通貨危機以降，次章で紹介する通貨・金融協力が具体的に進展している。しかし，それは明確な理論的根拠を持って推進されていることが，やや長い説明になったが，理解できたと思われる。すなわち，アジア通貨危機の原因を突き詰めて考察するならば，次のような再発防止のための教訓が得られたからである。

(1) 肥大化したグローバル金融資本主義の世界で，いつでも，どこでも起こりうる通貨アタックに対して，付け入る隙を与えない予防措置およびアタックに耐えうるセーフティーネットが必要なこと。

(2) 2つの意味で，実質ドル・ペッグともいえる「為替政策・制度の失敗」があったことから，その改革が必要なこと。さらに，実質ドル・ペッグであるが故に，アジアでは実物経済面での対外依存関係と通貨・金融面では完全にミスマッチをきたしており，あえて象徴的な言い方をすれば，この通貨・金融面での「過剰なドル依存の軽減・解消」をすることこそ最重要課題といえる。

(3) 過剰ドル依存の一面として，特に短期ドル資金に依存したが故に，「ダブル・ミスマッチ」が危機の発生と深刻化をもたらしたといえる。これを解消するために，アジアの余剰資金をアジアで長期・安定的に活用する手立てが必要なこと。

(4) アジア各国の金融システムは前近代的で，脆弱であったことも危機の本源的原因であり，これを近代化し，強固なシステムに改革する必要があること。

以上の教訓を踏まえて，アジアでは「経済サーベイランス」「セーフティーネットの構築」「為替政策・制度の改革」「アジアの債券市場育成」「金融機関および金融当局による金融システムの効率性，健全性，透明性の確保」に向け

て，通貨・金融協力がスタートしたといえる。

注
1) ここでの実証分析は，中條（2000）によるものである。
2) Ito et al.（1998），Ogawa and Ito（2000），および Frankel and Wei（1994）を参照。
3) Ogawa and Sun（2001）を参照。
4) 第1章のIMFの資本自由化論争に関する文献，Princeton University（1998）に収録されたカルロス・マサド「チリの資本規制」にその有効性が強調されているので，参照されたい。
5) 吉冨（2003），206-207ページ参照。
6) アジアの金融システムの脆弱性に関する実情を知るうえでは，Goldstein（1998）が参考になる。また，そこでは周辺国への伝染についても，ウェイクアップ・コール仮説，競争的切下げ説等に基づいて，実情が紹介されている。
7) 吉冨（2003）の第3章および山上（2009）参照。

第3章
アジアの通貨・金融協力の現状と課題

はじめに

　前の2章において，アジアの通貨危機の原因，とりわけ本源的原因を検討し，そこから得られる教訓として，再び危機を引き起こさないための通貨・金融協力のあり方と希求される具体的対応策を導出した。本章の課題は，それらの具体的な通貨・金融協力が10年以上に渡って，どのように推進されてきたかを検討し，その問題点ないしは課題を明らかにすることにある。

　ただし，アジアが取り組むべき対応策のうち，「金融機関および金融当局による金融システムの効率性，健全性，透明性の確保」は，アジア全体の地域協力課題という側面がないわけではないが，どちらかといえば，当面は各国独自の国内的取組みという色彩が強いため，ここでは詳述は控えたい。通貨危機直後から各国で，金融危機に対する緊急的流動性確保策，金融監督体制の構築，健全性規制の強化，公的資本注入スキームや資産管理会社設立による銀行の資本増強および不良債権処理，金融機関の再編・統合といった危機の事後処理的処置が講じられてきた。その結果，各国の金融機関は再編・統合され，不良債権の処理が進み，健全性や収益力，貸出残高といった面で回復し，おおむね危機の事後処理は完了したと評価されている。[1]

　しかし，与信審査能力やノウハウの向上，先端的金融技術・商品の修得等を図り，金融仲介機能を一段と効率化するとともに，経営基盤の強化のために一層の再編・統合，さらには外資系金融機関の受入れや提携などを図り，金融システムの強化，近代化を，今後とも不断に進めていかなければならないことはいうまでもない。そのためには，各国自身の努力はいうまでもないが，地域的な協力の余地もないわけではない。今のところ金融監督機関や中央銀行間にお

ける情報交換や人的能力向上の努力が，ASEAN＋3の研究・研修プログラムと東アジア・オセアニア中央銀行役員会議（Executive' Meeting of East Asia Pacific Central Banks：EMEAP）の場で行われているが，十分とはいい難い。

さらに，今後は本章で詳述するASEAN＋3におけるアジア債券市場育成イニシアティブのような直接金融面での協力にとどまらず，間接金融面でも，最先端金融技術・商品の導入や開発，健全性規制や為替管理・資本取引の自由化などの地域的調和といった面で，アジア全体で相互に近代化に向けた金融システムの強化やシステムの調和を図るべきである。それによって，アジア各国の銀行間での資金交流，クロスボーダーの金融仲介機能の向上，さらにはアジアにおけるクロスボーダーの金融業務の展開等を促進することが望まれる。すなわち，超長期的に通貨統合を目指す場合には，幅広い金融統合のための協力が必要となるが，ここではそのことを記すにとどめたい。[2]

以下では，残りの具体的対応策について，「為替政策・制度の改革」「セーフティーネットの構築」「経済サーベイランス」「アジアの債券市場育成」の順で，現状と問題点を明らかにしたい。

第1節　為替政策・制度の改革

まず，為替政策・制度の改革から見てみると，学術的には議論が進展し，一定の方向性が示されてきたと思われるが，通貨当局による取組みに大きな前進は見られない。とりわけ，この問題に関する地域協力の成果は皆無に等しく，足並みの乱れが新たな「協調の失敗」をもたらしてさえいるというのが実情であろう。そればかりでなく，この問題については，近年の世界金融危機を経験することによって，さらなる改革への超長期的課題が加わってさえいる。そのため，アジアにおける為替政策・制度の改革については，第5章において，改めて当面の課題と具体的改革案，超長期的な改革の道程表，それを可能にするための必要条件等を詳細に検討することにしたい。ここでは，アジア通貨危機から世界金融危機に至るまでの現状と，そこで希求されている改革の課題を改めて明確にし，若干の具体案を提示するにとどめたい。

実際の通貨危機後のアジア各国の為替政策・制度はどうであったろうか。周

知のとおり，通貨危機直後は，IMF（2001）が為替制度改革の世界的潮流として指摘していた，いわゆる両極の為替制度改革（two corner solution）への動きがアジアでも垣間見られた。すなわち，カレンシー・ボード制という厳格な固定相場制である香港に加え，中国とマレーシアが固定相場制を選択し，危機が深刻であったタイ，インドネシア，韓国は自由なフロート制に近い状態に二極化したからである。しかし，後者の措置はやむを得ない中での選択であったし，いわゆるフロートへの恐怖も抱いており，再びドルへと回帰しているとの実証研究結果がいくつか発表された。その中で特に，Fukuda（2002）では，ASEANの間の強いリンクによって，シンガポールとタイはマレーシアの対ドル固定相場制採用を契機に，事実上のドル・ペッグ回帰を始めたことを実証している。つまり，隣国がドル・ペッグ政策を採用しているために，シンガポールなどの国はドルとの伸縮性を高める反面，円やユーロとの連動性を強めて，実効為替レートの安定を目指すような通貨バスケット制を導入し難いという意味での「協調の失敗」が作用しているとの主張である。[3]

しかし，より注目すべきは，時間の経過とともに，アジア各国通貨はドルとの伸縮性を強めているとの研究が目立ってきている点である。例えば，大野・福田（2006）においては，やはりマレーシアの固定相場制導入，さらにはインフレーション・ターゲティング導入を機に，各国通貨がドル・ペッグへの回帰を始めているものの，危機以前のような強固なドル偏重ではないとしている。あるいは，アジア各国では，危機以前に比べると一層伸縮的為替政策・制度を採用しつつあり，事実上ドルだけではなく，円さらにはユーロなどに配慮した通貨バスケット制，すなわち実効為替レート指向の為替政策運営を強めているという主張さえ見られる。[4]

以上のような一連の先行研究結果，さらには2005年7月の中国およびマレーシアの為替政策・制度の改革を勘案すると，明らかにアジア全体として，為替レートの伸縮性，とりわけドルに対する伸縮性が高まっていることは間違いない。ただし，各国が明確にドル，円，ユーロ（以下，G3と呼ぶ）からなる通貨バスケット制を採用したことは確認し難いし，少なくとも，地域的に調和の取れた通貨システムのあり方を話し合い，それに向けて協調がなされている兆候は見られない。むしろ，図3-1に見られるように，近年では各国は隣国の実

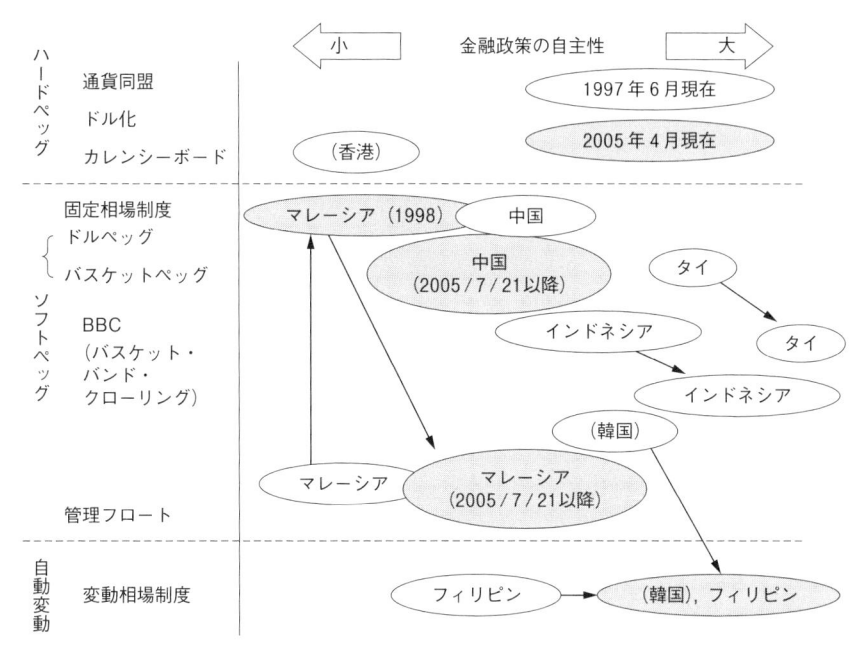

図3-1 アジア各国の通貨制度

ハードペッグ	通貨同盟 ドル化 カレンシーボード	(香港)	金融政策の自主性 1997年6月現在 2005年4月現在	
ソフトペッグ	固定相場制度 ドルペッグ バスケットペッグ BBC (バスケット・バンド・クローリング)	マレーシア(1998)	中国 中国(2005/7/21以降) インドネシア	タイ タイ インドネシア (韓国)
	管理フロート	マレーシア	マレーシア(2005/7/21以降)	
自動変動	変動相場制度	フィリピン		(韓国),フィリピン

矢印: 小 ← 金融政策の自主性 → 大

備考)マレーシアは1998年9月に管理変動相場制度から1ドル3.8リンギの固定相場制度に移行,2005年7月22日から変動幅制限の存在しないバスケット制度へ移行。中国は対ドルレートで±0.3%の変動幅が制限された管理変動相場制度を採用しており,2005年7月21日の制度変更後も変動幅制限は変わらない。
資料)IMF (2005) *Annual Report* を基に各種資料から作成。
出所)経済産業省『通商白書2005』。

質ドル・ペッグ政策に拘束され,ドル回帰をしているというよりは,それぞれが独自に為替政策・制度を選択しており,統一性,調和性を持っていないというのが現状であるといえる。つまり,今日の「協調の失敗」は過去に Ogawa and Ito (2000) や Fukuda (2002) で主張されていた意味とは異なり,隣国の為替政策・制度にかかわらず,各国が独自のものを採用し,協調性が見られないということであろう。その結果,Ogawa and Shimizu (2005) は,アジア各国間で貿易や直接投資に影響を与える価格競争力に大きな不均衡,すなわちミスアライメントが発生していることを警告したが,近年の世界金融危機を経て,そのミスアライメントのさらなる拡大を指摘している。とりわけ,依然と

して実質上ドルとのペッグを採用しているといえる国と弾力的な為替レート運営をしている国との間のバイアスが拡大しているということである。[5]

アジア通貨危機後のこうした現状も踏まえるならば,アジアの為替政策・制度は,次の2つの政策課題を目指して改革すべきと考えられる。まず,第1は前章で論証したように,アジア通貨危機からの教訓としては,実質ドル・ペッグ政策の問題点を認識したうえで,主要先進国を中心とした域外との経済的安定化と過剰なドルの流入の抑制という課題を達成することである。しかし,通貨危機後の現実の為替政策・制度の推移を見てみると,各国が独自の為替政策・制度を採用している結果,アジアの貿易,投資活動に悪影響を及ぼすミスアライメントが生じているということであり,アジアの為替政策・制度の改革においては,アジア域内通貨の適正な関係を確保する制度を希求するという新たな課題が不可欠となっている。それを検討するに際しては,すでにアジアが最適通貨圏の条件を満たしているか否かが重要になる。なぜならば,その条件が十分充足されているとすれば,域外とは第1の政策課題を満たすべくドルとの柔軟性を確保しつつ,ドル,円,ユーロなどとの全体的安定化を図り,域内では固定的な意味での安定化を模索すればよいからである。しかし,第5章で再論するが,今のところ最適通貨圏の条件を確実に充足しているとはいえないアジアでは,域内では固定的安定化を求めることはできない。したがって,アジアにとっての為替政策・制度における第2の政策目標は,ばらばらの為替政策・制度によるミスアライメントを回避し,統一性,調和性を確立することではあるが,それは固定的安定化ではなく,各国間の景気のズレや国際競争力の変化を反映した合理的伸縮性を持った通貨システムを創出することであるといえる。

繰返しになるが,結局アジアは,①域外(ここでは,日本を含む)とは過剰ドル資金の流入抑制も含めた対外経済関係の安定,②域内ではミスアライメントを回避し,調和的・補完的分業関係を形成しうるような合理的伸縮性を持った為替政策・制度を確立すべく通貨協力をすべきであるが,今のところ,具体案は学術研究者による提案の域を出ていない。ここでは,この2つの課題に対する具体案として,筆者の提案の結論だけを記すならば,Williamson(1999)が提案しているように,BBCルールに則り,G3共通通貨バ

スケットの中心レートから一定のバンドの中での変動でアジア各国間の短期的不均衡を調整し，なおかつ各国間の経済発展の違いで生じかねない国際競争力格差には中心レートのクローリングで対処するという案が最も合理的と考えている。[6] その際に，いかに域内の通貨間の合理的伸縮性，調和的変動を実現するかが重要であるが，円も含むアジア各国通貨で構成されるアジア通貨単位（Asian Currency Unit：ACU ないしは Asian Monetary Unit：AMU）を基準として，一定の変動幅を許容し，それ以上の異常な乖離を是正していくという方法，[7] あるいは何らかの国際競争力に関する指標を勘案して，調整していくといった通貨システムを確立すべきであることを強調しておきたい。

第2節　セーフティーネットの構築と経済サーベイランス

2-1　チェンマイ・イニシアティブの推進

　グローバル金融資本主義の世界が肥大化，かつ不安定化している中で，海外投機家・投資家のパーセプションの変化によって，一挙に外貨流動性不足に陥るという「資本収支危機」対して，アジア地域全体としての取組みが重要であることは危機直後から強く認識され，セーフティーネットの構築，経済サーベイランスの実施および両者の一体化に向けて，実際に具体的対応が進展してきたといってよい。この2つの対応策は，前章で述べたとおり，経済サーベイランスが事前予防策，セーフティーネットの構築が事後的対処策の意味を持っているが，前者を後者の実行のための条件として統合化する動きもあり，本節で一緒に取り上げたい。まずは，セーフティーネットから見てみることにしよう。

　危機に直面して，IMF による支援だけでは，資金力，機動性といった観点から十全でないことが認識され，タイ，インドネシア，韓国いずれに対しても，日本をはじめアジア各国や国際機関などが協力する形で，緊急支援パッケージが組成されたことは周知のとおりである。さらに，1997年秋には，日本がアジア通貨基金（Asian Monetary Fund：AMF）構想を提案したが，IMF 等の既存機関との機能の重複性，IMF と異なる融資条件が適用されることによるモラルハザードの助長懸念から，アメリカや IMF からの強い反対があり，実現に至らなかった。結局，1997年11月の APEC 14カ国の蔵相・中央銀行総

裁代理による会合で，マニラ・フレームワークが合意され，国際金融システムにおける IMF の中心的機能を認め，アジアの通貨・金融協力は既存の国際的枠組みを補完するものとすることとなり，AMF のようなアジア独自の金融協力機関設立構想は後退した。

アジアでの地域的通貨・金融協力の必要性が明確化されたのは，1999 年 11 月にマニラで開催された ASEAN＋3 の非公式首脳会議における「東アジアにおける協力に関する共同声明」であり，そこにおいてアジアにおける自助・支援メカニズムの強化が明確に打ち出された。それを受け，地域的通貨・金融協力を具体化すべく設置された財務大臣会議で，「セーフティーネットの構築」「経済サーベイランス」「アジアの債券市場育成」「各種研究・研修プログラム」などが推進されている。その中で，セーフティーネット作りは，2000 年 5 月にチェンマイで開催された財務大臣会議で，「チェンマイ・イニシアティブ」(Chiang Mai Initiative：CMI) として合意されたことによって，進展を見た。[8] すなわち，CMI は「既存の国際的枠組みを補完するという大前提のうえで，アジアで危機に陥った国の緊急的外貨流動性不足に対処」する目的で，2 国間で通貨スワップ協定を締結し合い，域内にネットワークを構築しようというものである。具体的には，既存の ASEAN 通貨スワップ協定を拡大するとともに，ASEAN 諸国，日本，中国，韓国の間で，新規に 2 国間通貨スワップ協定網を構築しようというもので，2003 年末に総額 365 億ドル規模のネットワークが一応完成された。

その後，2004 年の済州島の財務大臣会議で，CMI の強化に向けて見直し作業を行うことが合意されたのを受けて，2006 年 5 月のハイデラバードでの財務大臣会議までに，次のような改革がなされてきた。

(1) 意思決定の迅速化・一体的発動

大量かつ急速な資本移動による市場の混乱に対処するためのセーフティーネットは，意思決定が迅速になされ，確実に発動されうるものでなければ，有効に機能しない。この点，当初の CMI には，大きな制約が課せられていた。すなわち，ひとつは通貨スワップ協定が 2 国間で個別に締結されているため，発動には 2 国間ごとの協議が必要であるという点である。もうひとつは，上記の CMI の中核的目的に鑑み，特にモラルハザードの助長になることを避ける

べく，発動に当たって相当部分が IMF プログラムとリンクされている点である。

この制約を緩和すべく，2005 年 5 月のイスタンブールでの財務大臣会議において，① 通貨スワップ発動プロセスの明確化と集団意思決定メカニズムの確立，② 通貨スワップ引出しメカニズムの改善が共同声明に盛り込まれた。具体的に，後者に関しては，IMF プログラム無しに発動可能な上限枠が 10% から 20% に引き上げられた。前者に関しては，翌年 5 月のハイデラバードの財務大臣会議で集団意思決定メカニズムの導入が合意され，幹事国（財務大臣代理会議の共同議長国）が幹事会議（全通貨スワップ提供国）を召集し，そこで通貨スワップ総額，各国への割振り，付帯条件を決定したうえで，発動となるとスワップは同時に実行されることとなった。ただし，場合によっては，通貨スワップによって外貨資金を提供する国は，その支援を拒否することができるオプト・アウト権を有している。

(2) 通貨スワップ協定の規模の拡大・双方向化

前述のように，アジア通貨危機が資本収支危機ともいわれ，795 億ドルもの資金的スイングがあったこと，危機に直面した 3 カ国に対して，IMF を中心に取りまとめられた支援パッケージの総額が 1,167 億ドルにのぼることから見て，365 億ドルでは十分とはいい難い。そこで，既存取決めの拡大，新規取決めの締結，片務的取決めの双方向化により，規模の拡大が図られてきた。その結果，2009 年 5 月時点では，ASEAN スワップ協定（10 億ドルから 20 億ドルに増額）以外での 2 国間スワップ網の総額は 900 億ドル，実質合計 640 億ドルへと大幅に拡大されるとともに，双方向化がなされた。

(3) 経済サーベイランスの CMI の枠組みへの統合・強化

イスタンブールでの財務大臣会議はその共同声明で，「市場の不規則な動きを早期に発見し，政策面での是正措置を速やかにする。既存の国際金融機関の取組みを補完するような効果的な域内サーベイランス能力の向上を目指す」と述べて，経済サーベイランス自体の強化を謳っているが，同時に CMI の枠組みとの統合をも打ち出した。[9]

CMI が，既存の国際的枠組みの補完をするという位置づけの中で，地域的な外貨流動性問題に対処するとなると，モラルハザードの問題に直面せざるを

得ない。それを助長させないためにIMFプログラムなどを尊重すれば，迅速な意思決定による臨機応変な対応ができないということになりかねないし，逆にあまりに緊急性を重視し，無節操な資金供与を地域独自に実施するならば，中心目的である既存の国際的枠組みから逸脱し，モラルハザードを招来しかねないというジレンマに陥るということである。この問題の解決に向けて，CMIの枠組みに経済サーベイランスを統合するという方針が打ち出されたと理解される。

　近年，この改革の方向性の延長線上で，マルチ化を中心に，CMIは実際の機能性を向上させるための改善がなされてきており，完成の域に近づいてきていると評価できる。特に，世界金融危機が勃発し，アジアでも一部の国で通貨危機の再発に直面したことを受けて，一挙に具体化が進捗した。すなわち，マルチ化は図3-2に示されるように，ASEAN＋3の13カ国が全て参加をした1本の契約による多国間協定となり，2010年3月4日発効。意思決定は，資金額等仕組みの見直しに関する基本的事項は全会一致であるが，資金引出しの承認等執行レベルに関する事項は執行レベル決定会合において，2／3以上の多数決とされている。また，13カ国が自ら運用を行う外貨準備をプールするという形での資金総額は，1,200億ドルに増額され，かつ各国別の貢献額および

図3-2　従来のCMIとCMIマルチ化

【現行CMI】
・複数の二国間取極（8カ国間，16本の取極）
・発動時には，二国間で各国の外貨準備を融通

【CMIマルチ化】
・一本の多国間取極
・発動時には，二国間で各国の外貨準備を融通

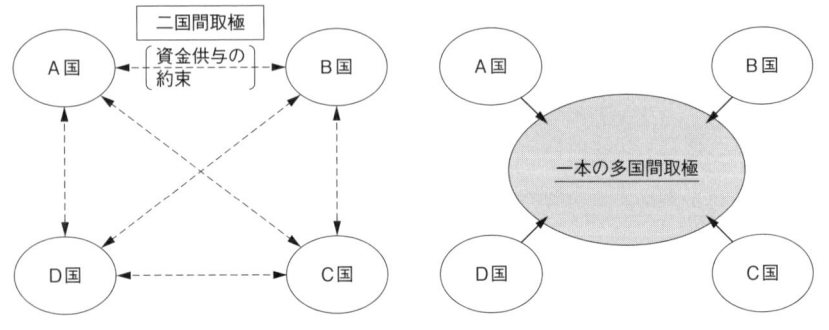

出所）西山香織（2009），「アジアの地域金融協力」『ファイナンス』，16ページ。財務省ホームページ。

最大借入可能額も表3-1のとおりに決定された。

　残された大きな課題は，モラルハザードを引き起こすことなく，機動的に発動するための経済サーベイランスとの統合・強化のさらなる推進である。この点に関して，村瀬（2007）は，集団意思決定メカニズムが確立された時点で，「二国間スワップ取り決めの集団的意思決定の主要原則は公表されていないが，スワップ発動の受益者になるためには，サーベイランスとの関連で，(イ) ERPD（経済レビューと政策対話）への参加が条件付けられること，(ロ) スワップ資金提供国が付帯条件を策定するのに必要な経済・金融関連情報の提供が求められることは間違いないと考えられる。」とし，この後取り上げる経済サーベイランスが，セーフティーネットの構築のためのCMIにとって，事前審査（due diligence）として統合されたことを明らかにしていた。[10] マルチ化にとって，経済サーベイランスの強化が目玉のひとつであり，実際に引出し要請に当たっ

表3-1　CMIマルチ化の下での各国の貢献額，借入乗数（最大借入可能額）

国名	貢献額（10億ドル）		借入乗数
ブルネイ		0.03	5
カンボジア		0.12	5
中国	38.4	香港を除く，中国　34.2	0.5
		香港　4.2	2.5
インドネシア		4.77	2.5
日本		38.4	0.5
韓国		19.2	1
ラオス		0.03	5
マレーシア		4.77	2.5
ミャンマー		0.06	5
フィリピン		3.68	2.5
シンガポール		4.77	2.5
タイ		4.77	2.5
ベトナム		1.00	5

注1）各国の最大借入可能額は，各国の貢献額にそれぞれの借入乗数を乗じて算出される。
注2）香港はIMF加盟国でないため，借入はIMFデリンク部分に限られる。
出所）財務省ホームページ。

ては，経済金融の状況に関するレビューの完了，債務不履行事由のないこと，マルチ化契約当事国は定期的なサーベイランス・レポート提出，「経済レビューと政策対話」(Economic Review and Policy Dialogue：ERPD) への参加義務が課されている。さらに加えて，地域サーベイランス・ユニットが創設され，そこでのサーベイランス・メカニズムを発展させるためのアドバイザリー・パネルも設置された。こうして域内の独自なサーベイランス体制が整えば，IMFプログラムの実施を条件にせずに発動可能なIMFデリンクを20％以上に引き上げ，さらなる機動性の向上が可能になると期待されている。

2-2 経済サーベイランス
経済サーベイランスの必要性

　以上のように，CMIが拡充・強化されるとともに，ますます経済サーベイランスの強化も重要となる。IMFという既存の国際機関の機能を補完するという基本的目的を維持しながらも，機動的に実効性がある外貨流動性の融通をし，なおかつモラルハザードを引き起こさないためには，CMIに連結された経済サーベイランスの充実以外にない。

　ここでは，改めて経済サーベイランスそのものの本来の目的から言及してみたい。そもそも，経済サーベイランスは通貨危機のような悲劇を再発させないために，資本フローや各国の経済動向などについて，常日頃から情報を交換し合い，検討・分析のうえで，自発的協調やピア・プレッシャー機能を作用させたり，一定の制度的ルールを確立することによって，適切な政策運営を可能にし，投機アタックや投機家・投資家の信認の低下防止を図り，事前に通貨危機を予防しようというものである。こうした危機の予防策としての必要性に加え，これまでの議論の過程で，他の通貨・金融協力を推進するうえでも，経済サーベイランスが不可欠なことが浮かび上がってきたと理解することができる。

　(1) 今後，アジアで為替政策・制度の改革を推進するためには，共通の場で議論し，調整することが必要であり，その有力な場として経済サーベイランスにおいて，アジアの通貨システムのあり方を俎上に載せることが期待されている。とりわけ，アジア域内で調和的・補完的分業関係を形成するために，何ら

かの指標に基づく合理的伸縮性を持った通貨システム作りやその運営は,経済サーベイランスの一環として検討されることが望まれる。

(2) いうまでもなく,いまひとつは,上述のようにIMFを中心とした既存の国際金融の枠組みと整合性を持ったアジアのセーフティーネット作りには,経済サーベイランスの強化と統合が不可欠になっていることである。セーフティーネットとしてのCMIがモラルハザードを引き起こさないためにも,事前審査としての経済サーベイランスが重要性を増すといえる。

(3) さらに,通貨危機を踏まえたアジアの通貨・金融協力のあり方という本章のテーマを超えて,世界金融危機の教訓に基づいた超長期的なアジアの経済・通貨統合を展望するならば,第5章で詳述するが,一段と経済サーベイランスの重要性が高まる。経済・通貨統合へと歩を進めるためには,アジアの為替政策・制度は合理的な伸縮性を持ったものから固定的な通貨システムへと進展しなければならない。その制度を維持して域内経済を一体化・同質化し,最終的に共通通貨による通貨統合に至るために最も重要なことは,金融政策の協調に他ならない。新たなアジアの基軸通貨国が参加国全体の経済状況をも勘案した金融政策を遂行し,各国がそれに協力することなくして,固定的な通貨システムの維持はありえない。となれば,参加国の経済サーベイランスに基づき,金融政策の協調をせざるをえないといえるからである。

つまり,経済サーベイランスは,それ自体が危機再発防止のための手段として重要であるばかりでなく,危機を踏まえた通貨・金融協力を推進し,ひいては長期的にアジアの経済・通貨統合を目指していくうえで,不可欠なものであるということを忘れてはならない。その認識のうえに立って,簡単に現状を整理することにしたい。[11]

ASEAN+3における経済サーベイランス

アジア通貨危機が発生する以前にも,アジア経済に関するサーベイランスがなされていなかったわけではない。いわゆる,IMFの第4条協議と呼ばれる為替制度の安定を維持するための相対のサーベイランスが存在した。にもかかわらず,アジア通貨危機は防止できなかったし,支援パッケージの組成に当たっての事前審査に生かされず,適切な付帯条件が提示されなかったとの批判

があることも，周知のとおりである。

　このため，アジアでは，1997年11月には前述のマニラ・フレームワークにおいて，AMF構想は頓挫したものの，域内サーベイランスなどを行うマニラ・フレームワーク・グループが設立されたが，2004年末には解消され，失敗に終わった。また，1998年10月には，ASEAN加盟国によってASEANサーベイランス・プロセスが設置され，その報告書がASEAN財務大臣・中央銀行総裁代理会議に提出され，検討されたうえで，ASEAN財務大臣会議に報告されるというサーベイランスが行われている。

　しかし，アジアの通貨・金融協力の輪がASEAN＋3へと拡大する中で，アジアの地域サーベイランスの中心も，その財務大臣会議の枠組みの中で実行されるに至っている。すなわち，2000年5月から開始され，2002年4月のヤンゴンでの非公式財務大臣・中央銀行総裁代理会議で制度化されたERPD，さらには2001年5月のホノルルでの財務大臣会議で合意された「資本フローのモニタリング」がそれに当たる。

　2002年から，年2回非公式で，財務大臣・中央銀行総裁代理会議が開催されている。そこではアジア開発銀行およびIMF（2005年以降参加）の代表が世界経済および域内経済動向，域内経済に関わるホット・イシュー，国別の問題などを報告，質疑応答の後，各国代表だけで国別のサーベイランスがなされている。さらには，財務大臣会議が年1回開催され，アジア開発銀行総裁による同様の報告や出席財務大臣による情報交換や政策対話がなされているという。まさに，アジア通貨危機の教訓に鑑み，域内各国が再び為替投機の対象にされないように，相互に経済状況や政策運営を監視し合い，仲間内でのプレッシャーを掛け合うという試みがなされ始めたといえる。

　さらに，短期資本を中心とした域内の資本の流れを把握しておくことが必要との認識の下に，2001年5月に，「資本フローのモニタリング」体制が整備されることとなった。2国間のボランタリーベースで，資本フローの情報交換を行うこととなり，わが国は現在，韓国，フィリピン，タイ，インドネシア，ベトナム，ブルネイに対して，データ提供を実施している。

経済サーベイランス強化と今後の課題

　前述のように，イスタンブールでの財務大臣会議において，経済サーベイランスを CMI に統合するとともに，強化することが打ち出された。それを受けて，翌年のハイデラバードでの財務大臣会議で，サーベイランス能力を強化すべく，地域経済について，経済・市場の専門家グループと早期警戒システムに関する技術作業グループを設置することが決定された。つまり，経済サーベイランスを適切に実行していくためには，正確な情報に基づく中立的で論理的な分析や一定の判断基準が不可欠であり，そうした面での強化がなされてきたということである。さらに，近年の世界金融危機の余波を経験し，前述のように CMI のマルチ化や拡充と連携した経済サーベイランスの強化が図られつつある。

　そもそも，経済サーベイランスとは，正確な関連情報を収集し，論理的に分析すること，それに基づいて議論し，適切なピア・プレッシャーにより政策協調を可能にすること，さらには緊急時における金融支援に際して，適切な事前審査に資することであるが，ASEAN＋3 のそれはまだ日が浅く，有効裡に運営していくための課題は多々指摘されている。[12]　その主な課題は，次のように整理できよう。

　(1)　まず，メンバー国毎の関連情報，およびアジア全体の経済動向，資本フローの動きを正確かつ迅速に把握するための体制の整備が不可欠であることは，多くを語るまでもない。

　そのためには，各国における統計整備や経済サーベイランスの場への資料やレポートの精度の向上やフォーマット化が要求されているが，それだけにとどまらず，メンバー国の代表的な経済調査機関との情報交換ネットワークの構築，さらにはアジア地域経済に精通したアジア開発銀行に大きく依存した連携体制の再検討を含め，メンバー国経済および世界経済・地域経済に関する質の高い情報の確保が可能な体制作りがさらに必要と考えられる。

　(2)　アジア開発銀行は ASEAN サーベイランス・プロセスの立ち上げ時から積極的に協力してきた経緯があり，ASEAN＋3 の経済サーベイランスにおいても，種々の技術支援，財務大臣・中央銀行総裁代理会議および財務大臣会議（特定事項のみ）への参加・報告，地域早期警戒システムの開発等への協力

を惜しまず,深く関与している。

しかし,ASEAN+3の常設事務局は存在せず,2006年には上記の専門家グループと早期警戒システムの技術作業グループを設置し経済サーベイランスの向上を図っているし,リサーチ・グループが2000年代初頭から個別テーマに関する研究を継続させている。さらに,CMIとの連携で客観性のある経済モニタリングを可能にすべく,独立した地域サーベイランス・ユニットの設立,およびアドバイザリー・パネルの設置も決まった。村瀬(2007)が指摘するように,継続性に欠け分散化された体制は,初期段階では止むを得ないとしても,正確な情報を収集・蓄積し,客観的に分析したうえで,それをERPDやCMIメカニズムに有効活用していくためには,現体制の整備,とりわけ常設事務局の設置が強く希求されるといえよう。あえて,敷衍するならば,筆者はASEAN+3に常設事務局を設けるだけにとどまらず,いずれはASEAN+3が推進している通貨・金融協力を幅広く,全般的に推進する独自機関を設置すること(本章補論で提案)がより望ましいとの考えを抱いている。

(3) ERPDの運営に当たっては,単なる情報交換の場から本来の目的である真剣な討論を通じたピア・プレッシャー,あるいは具体的な政策協調の実現へと質的向上を図っていくことが期待される。従前は,アジアでは自国の経済運営に対する内政干渉への抵抗感が強かったかもしれないが,アジア全体の協力が各国の利益につながりうることを十分認識し,真摯に政策対話を図り,そのアドバイスを各国が政策運営に生かすことが望まれる。幸い,経済サーベイランスとCMIの統合・強化によって,実際のCMIの発動に当たっての付帯条件として,必要性が高まっていることは,それを促進すると期待される。しかし,基本的には財務大臣および関係者が共通認識に立って,信頼関係を醸成していくことが不可欠であり,ERPDの開催頻度を増加することで合意しているという。

(4) IMFおよびEMEAPとの関連性についても検討し,調整や明確化する必要があると考えられる。CMI発動におけるIMFプログラムへのリンクは,ASEAN+3の経済サーベイランスの質的向上によって,その縛りを緩和し,CMIの機動性を向上させることが望まれるが,その際にいわゆるIMFの第4条協議,とりわけ相対サーベイランスとの関連をどうするかは検討の余地があ

る。重複を避け，協力して調査を実施し，それを踏まえてさらなる独自調査で質的向上を図り，CMIの発動に生かすことも考えられよう。

さらに，EMEAPでも，ピア・プレッシャーの要素は薄いが，情報交換をしているうえ，両者の関係においても，ASEAN＋3の財務大臣・中央銀行総裁代理会議には中央銀行の副総裁レベルが参加するが，財務大臣会議には参加していないし，さらには参加メンバーのずれがあるといった実情がある。ERPDがアジア各国の経済政策運営を健全なものにし，通貨アタックに付け入る隙を与えないという当初の目的を果たすためにも，組織的な統合や調整・棲み分けの必要はあるように思われる。

第3節　アジアの債券市場育成

3-1　2つの取組み

アジアの債券市場育成に関する協力の背景には，通貨危機と金融危機を併発させ，かつ経済危機へと深刻化させたダブル・ミスマッチ，すなわち間接金融部門を中心とした短期借りの長期貸し，外貨借りの自国通貨貸し状態を解消するということがあった。特に，アジアの余剰資金の多くが欧米の金融・資本市場に流出し，そこを迂回して短期的，投機的ドル資金として還流するという構図を転換し，アジア域内でアジアの資金を安定的に融通し合える仕組みを構築するということを目指したものであった。

そのために，圧倒的なウエートを持つ間接金融への過剰依存を解消し，証券市場を育成することが不可欠であるが，中でも最も立ち遅れている債券市場を育成しようということであった。その際，アジア各国は個々の債券市場の発展を促すための施策を講じると同時に，各市場間での資金移動をスムーズにすべく，クロスボーダー化を図ることでの協力が求められている。つまり，アジアでの債券市場育成は，点としての各国債券市場の育成とそれを結ぶ線としてのアジア全体のクロスボーダーな債券市場育成が同時に希求されているということに他ならない。具体的にいうならば，各国債券市場の育成のために，インフラを整備し，魅力ある発行体の増加，投資家の育成・保護を図ると同時に，アジア全体としての債券市場の統合化のために，システムや法制度の統一化に向

けて，非居住者の債券発行・購入規制，源泉徴収税制，外国為替管理，リスク・ヘッジ手段の整備，決済・保管システムの構築，格付け制度の確立，さらには資金交流を促す信用保証メカニズムの構築などを推進することである．こうした協力によって，アジア各国は国内で長期・安定的資金の調達が可能になるだけではなく，アジア域内で域内通貨による外債発行，ユーロ債発行が活発化し，アジア域内に国際債市場が形成されることが期待されている．

そのための協力は，1999年5月に新宮澤構想の第2ステージとしてなされた「アジアの民間資金活用構想」を持って，嚆矢とすべきかもしれない．潤沢な円資金を中心に，域内の民間資金を動員することを目指し，アジア各国政府が金融・資本市場で資金調達をする際の保証や利子補給，アジアの民間企業を対象とするエクエティー・ファンドなどに対する支援，アジア域内の債券市場の整備・育成等に，日本が協力するというものであった．その後，ASEAN＋3が地域協力の舞台として浮上する中で，日本が2002年12月のASEAN＋3非公式セッションで提案し，翌年8月のマニラでの財務大臣会議で合意されたのが，「アジア債券市場育成イニシアティブ」（Asian Bond Market Initiative：ABMI）であった．さらに，アジアでは東アジアとオセアニアの11ヵ国の中央銀行役員会議であるEMEAPによって，「アジア債券基金」（Asian Bond Fund：ABF）が創設されており，主としてこの2つが，アジアの債券市場の育成のための協力として機能している．

3-2 アジア債券市場育成イニシアティブ

ASEAN＋3の枠組みの中で，上記の背景に鑑み，「アジアの貯蓄をアジアの民間事業者が長期の資本形成・投資に動員できるよう，アジア域内通貨建ての債券の発行を可能にするようなアジア債券市場の整備をすること」を最終目標として，ABMIは開始された．基本的には，「債券市場の拡大・アジア通貨建て債券の発行を促進することにより，市場に厚みを持たせるとともに，保証や格付け機関，決済システム等の環境整備を行うことで，債券発行企業・投資家双方にとって使いやすい，流動性の高い債券市場を育成する」ために，包括的検討を行ってきた．[13]

具体的には，

① 証券化を活用した債券の開発のためのワーキング・グループ（WG1，議長国：タイ）
② 信用保証および投資メカニズムに関するワーキング・グループ（WG2，議長国：韓国，中国）
③ 外国為替取引と決済システム等に関するワーキング・グループ（WG3，議長国：マレーシア）
④ 国際開発金融機関，政府系機関等による現地通貨建て債券発行に関するワーキング・グループ（WG4，議長国：中国）
⑤ 域内の格付けに関するワーキング・グループ（WG5，議長国：シンガポール，日本）
⑥ 技術支援の調整に関するワーキング・グループ（WG6，議長国：インドネシア，フィリピン，マレーシア）

の6作業部会が設置され，検討が加えられてきた。その作業の進捗状況に応じて見直しがなされており，2004年には財務大臣会議，財務大臣・中央銀行総裁代理会議に対して，ABMIの進捗状況を取りまとめ，報告するためのフォーカル・グループが設置された。また，2005年には，WG4は実際に国際開発金融機関などによる起債実績が定着してきたため解散され，逆にフォーカル・グループをサポートするための特別支援チームが新設されなどの変更が加えられた。

つまり，債券発行を促し市場に厚みをつけるための方策として，信用度の高い国際開発金融機関等の起債を促すとともに，中小企業向け貸付を証券化して販売する資産担保証券などの金融スキーム，信用力の乏しい発行体に対する信用保証メカニズム等が検討されている。さらには，投資家が安心して投資をするために必要なアジア債券オンラインの情報発信機能の強化や域内格付け機関の育成，域内の証券決済システムの整備，クロスボーダー債券投資・発行の阻害要因の検討，通貨バスケット建て債券の発行の検討など，市場インフラの整備に取組み，一定の成果をあげてきた。特に，ABMIを利用した起債として，世界銀行，アジア開発銀行，国際金融公社などの国際開発金融機関や政府系機関の現地通貨建て起債，いすずタイランド等の起債に当たっての保証や保険付与，さらには韓国の中小企業の私募債をまとめた円建て韓国債務担保証券の発

行などが実現し，アジアの債券市場の拡大とクロスボーダー化に寄与しつつある点が特筆される。[14]

　このABMIは，開始合意から5年目を迎えたのを機に（2008年：マドリードでの財務大臣会議），より具体的な進捗に向けた決意を示すべく，ABMI新ロードマップへと衣替えがなされている。その新しい検討体制では，図3-3の中でTF1～TF4と表示された4つのタスクフォースが設定され，それらの活動を総合調整するステアリング・グループが創設された。それぞれのタスクフォースには，具体的取組み課題が設定され，その優先順位も明示されている。すなわち，

　　タスクフォース1：現地通貨建て債券の発行の促進
　　　　　　　　　　① 信用保証・投資メカニズム
　　　　　　　　　　② アジア版 Medium-term Note Program の推進
　　　　　　　　　　③ ストラクチャード・ファイナンス債券の発行促進
　　　　　　　　　　④ デリバティブ・スワップ市場の整備
　　　　　　　　　　⑤ 債券引受業者の促進
　　タスクフォース2：現地通貨建て債券の需要の促進
　　　　　　　　　　① 民間年金基金等の機関投資家のための投資環境整備
　　　　　　　　　　② 個人投資家のための投資環境整備
　　　　　　　　　　③ レポ・証券貸借市場の整備
　　　　　　　　　　④ クロスボーダー取引の強化
　　　　　　　　　　⑤ ASEAN＋3域内の機関投資家へのABMIに関する情報発信
　　タスクフォース3：規制枠組みの改善
　　　　　　　　　　① 債券市場規制・監督枠組みの強化
　　　　　　　　　　② 域内証券業協会，自主規制機関間の協力の円滑化
　　　　　　　　　　③ 債券取引に関わる破産手続きの改善
　　　　　　　　　　④ 国際基準と整合的な会計・監督基準の適用促進
　　タスクフォース4：債券市場関連インフラの改善
　　　　　　　　　　① 証券決済インフラ
　　　　　　　　　　② 債券市場の流動性増進

第3節　アジアの債券市場育成　79

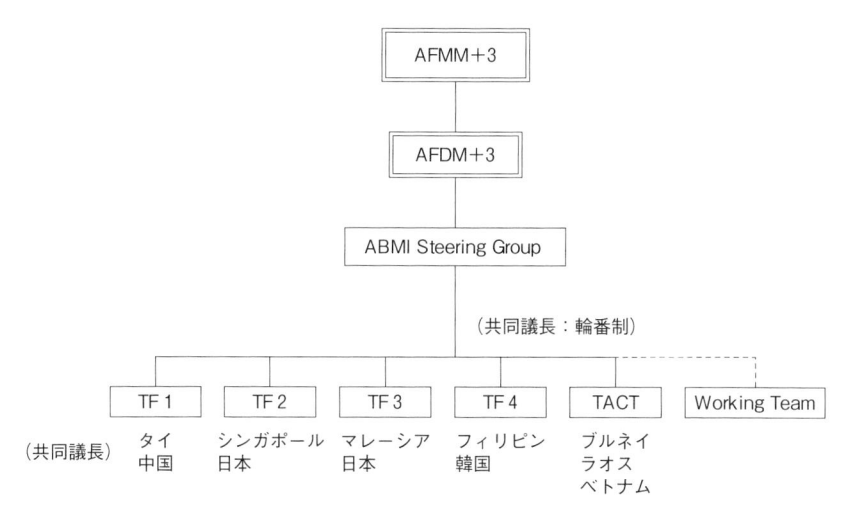

図3-3　新ロードマップ下での検討体制

```
                        AFMM+3
                           │
                        AFDM+3
                           │
                   ABMI Steering Group
                           │
                  （共同議長：輪番制）
   ┌─────┬─────┬─────┬─────┬─────┬─────┐
  TF 1   TF 2   TF 3   TF 4   TACT   Working Team
  タイ  シンガポール マレーシア フィリピン ブルネイ
  中国   日本    日本    韓国    ラオス
（共同議長）                          ベトナム
```

出所）財務省資料，「ABMI 新ロードマップの概要」。

　③　クレジット・カルチャーの涵養
　④　金融アナリスト等のプロフェッショナル・サービスの整備

といった目標が設定された。さらに各取組みにおいて，参考となるベンチマークを策定し，その進捗状況を自己評価して報告することによって，ピア・プレッシャーが作用するような工夫もされている。この ABMI 新ロードマップに基づいて，最近では信用保証・投資ファシリティとして，7 億ドルの資本規模でアジア開発銀行に信託基金が設立されたこと，ラオス政府によるクロスボーダーのバーツ建てインフラ債券発行プロジェクトの実施が見込まれる等，着実な成果が報道されている。

3-3　アジア債券基金

　中央銀行間での債券市場育成への取組みとして，2003 年 6 月に EMEAP が創設した ABF があげられる。ABF は，EMEAP のメンバー中央銀行が保有する外貨準備の一部を拠出し，日本，オーストラリア，ニュージーランドを除

く8メンバー国のドル建てソブリン債,準ソブリン債で運用するためのファンドであり,総額は10億ドルで,運用受託者は香港にある国際決済銀行の事務所とされた。

これにより,そのほとんどが欧米の国債で運用されてきたアジアの外貨準備の一部が,域内の債券（公債）市場で運用されるようになるため,その発展に資することが期待される。とはいえ,これはあくまでもドル建て債券での運用であり,アジア域内通貨建て債券市場の育成にはつながらない。むしろ,急膨張しているアジアの外貨準備を通貨当局が運用する際の選択肢を多様化することによって,公的部門の外貨資産のリスク分散と運用収益の向上を図るという意味合いが強いといえる。

このABF1とも呼ばれるファンドに対して,2004年4月に検討作業状況が公表されたABF2は,アジアの債券市場育成という見地からより重要な意義を持つ内容となっている。すなわち,投資対象がドル建てでなく,加盟国の現地通貨建てソブリン債,準ソブリン債とされ,なおかつ公的部門の資金を投資するだけではなく,民間投資家にも売り出されるという仕組みになっているからである。すなわち,図3-4に示されるように,汎アジア債券インデックス・ファンド（Pan-Asian Bond Index Fund：PAIF）とファンド・オブ・ファンズ（Fund of Funds：FoBF）という親ファンドの下にある8つの各国ファンドが存在する。

EMEAPのメンバー中央銀行は,運用開始時点でPAIFに約10億ドル,各国ファンドに合計約10ドルの投資をしており,PAIFはシンガポール,各国ファンドはそれぞれの国に登録され,PAIFは香港,6つの各国ファンド（香港,マレーシア,シンガポール,中国,タイ）はそれぞれの国の証券取引所に上場,残りは非上場オープンエンド型ファンドとなっている。民間会社から選定されたファンドマネージャーによって,予め定めたインデックスに沿って運用するパッシブ運用型の債券投資信託として,すでに一般投資家にも解放されている。

以上のように,ABF1はアジア債券市場育成を需要サイドから促進しようという試みである。さらに,それは対象が国債および政府系機関債とされているが,アジアの国債市場の発展を通じて,そこで形成される金利がベンチマー

図 3-4 ABF2 の枠組み

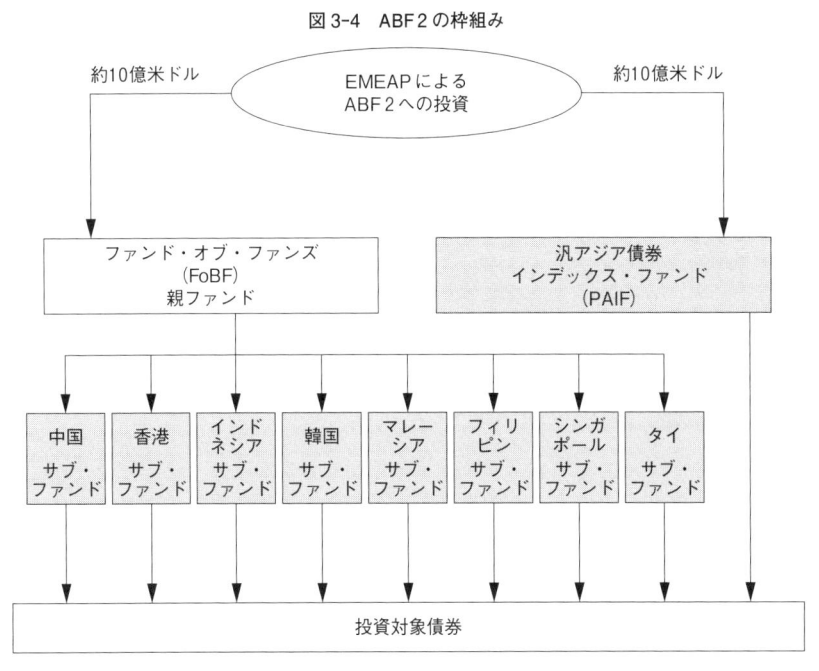

約10億米ドル ← EMEAPによる ABF2への投資 → 約10億米ドル

ファンド・オブ・ファンズ（FoBF）親ファンド

汎アジア債券インデックス・ファンド（PAIF）

中国サブ・ファンド｜香港サブ・ファンド｜インドネシアサブ・ファンド｜韓国サブ・ファンド｜マレーシアサブ・ファンド｜フィリピンサブ・ファンド｜シンガポールサブ・ファンド｜タイサブ・ファンド

投資対象債券

注）▨ その他の公的，民間セクターに開放予定のファンドの構成要素。
出所）日本銀行ホームページ。

クとして，社債市場の活性化につながることを意図していると理解できる。また，ABF2は内外の民間投資家の資金をアジアに呼び込む「呼び水効果」を果たすこと，アジアでは新しい運用スタイルである債券インデックスによるパッシブ運用型債券ファンドという商品を提供したこと，さらにはこのファンドを組成，運用するに当たり，その妨げになる各国市場の規制緩和や改革を誘発したことが指摘されている。[15]

3-4 アジアの債券市場育成の課題

上記のように，アジアでの債券市場育成のための協力は，債券発行の拡大・多様化と市場インフラの整備を目指した ABMI と需要サイドから市場の拡大を目指した ABF の2本立てで進められている。今のところ，ABMI を利用した各種の起債，信用保証・投資ファシリティの創設，ABF1 さらには ABF2

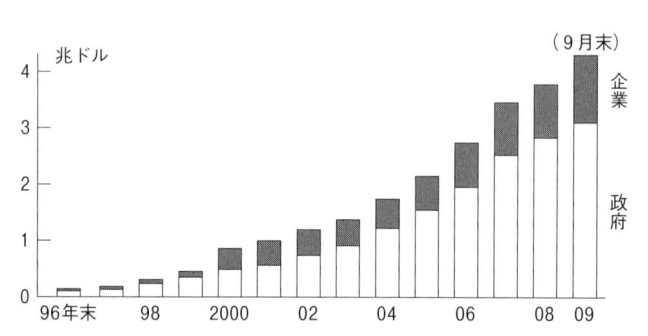

図3-5　アジア債券市場の発行残高

注）アジア開発銀行調べ。構成国は年により異なる。
出所）日本経済新聞, 2009年12月28日。

の運用という形で，成果が具現化しつつある。アジア開発銀行の調べによれば，図3-5に示されるように，通貨危機以降の債券市場全体の拡大は目覚ましく，その中でABMIが目指す社債市場の拡大も順調であるといえる。ABMIは新ロードマップとして多くの作業がなおも現在進行中であり，域内通貨バスケット建て債券の発行など，今後の成果が期待されている。

　ここでは，上記のような現存の枠組みを越えた課題，視点を若干指摘しておきたい。まず，第1は債券市場の育成の重要性，妥当性を認めたうえで，さらにより広いアジア各国間の安定的資本交流の促進も看過すべきでないという点である。確かに，圧倒的なウエートを持つ間接金融への過剰依存を軽減することは必要であるが，依然として発展途上にあるアジアの金融システムは吉冨（2003）が「中間的金融市場」構造と呼んだように，銀行を中心とした間接金融が中核をなすことに変わりはない。[16] 問題なのは，前述のようにそれを強化，近代化することであるが，ここでの論点であるダブル・ミスマッチの軽減，すなわちアジアの資金をアジアで安定的に活用するという視点からも，いくつかの改革を検討すべきである。

　具体的には，アジアでは企業が設備投資資金を短期借入金のロールオーバーで賄っている現状からして，各国における長期貸出市場の育成，さらにはアジア企業への日本，香港，シンガポールなどの銀行によるシンジケート・ローン，プロジェクト・ファイナンスなどの長期クロスボーダー融資の促進について

も，協力の必要性があると考えられる。

　第2は，上記の公的なイニシアティブに，民間の金融機関をいかにインボルブしていくかという視点である。とりわけ，債券市場の育成といいながらも，アジア各国の銀行部門を取り込むことが，極めて重要であると考えられる。すでに，アジア各国の債券市場において，国債の多くは銀行によって保有されており，投資家としての役割が大きいが，ABMIにおける発行主体の増加，市場インフラ整備において，民間銀行部門の主体的参加は欠かせない。

　具体的には，魅力的な発行主体が乏しいアジアでは，アジア開発銀行等国際開発金融機関や政府系機関が起債し，調達した資金を融資する形で補完する方式が，ABMIにおいて具現しているが，信用力のある民間金融機関である銀行も同様の役割を果たすことが望ましい。今のところ，直接債券市場で事業資金を調達可能な企業が少ないアジアでは，間接金融の担い手である民間銀行が自ら発行主体となって，債券市場に厚みをつけると同時に，その調達資金を上述のように長期安定的に，アジアで融資することは，過渡期の方式として極めて有益といえよう。さらには，山上（2009）が提唱しているように，民間銀行部門の持つ貸出債権を証券化し，アジア債券市場で発行することも有用であり，民間銀行部門の貸出市場との連携・融合によっての債券市場育成がポイントであるといえよう。

　民間銀行部門の役割は，それだけにとどまらない。債券市場の育成に必要なインフラのひとつとして，短期金融市場，外国為替市場の発達は不可欠であり，債券先物，現先取引，金利スワップ取引，外国為替の直物，先物，オプション，スワップ取引等の育成において，その主体的関与が希求される。さらには，新ロードマップにも盛り込まれているように，民間年金基金等の機関投資家の投資促進，日本の証券会社などが積極的にアジア企業の債券発行の主幹事を引き受けることも必要であり，公的サイドからのABMIにアジアの民間金融機関を取り込むことは重要な課題といえよう。[17]

小括：今後の通貨・金融協力の展望と課題

　以上のように，主要な通貨・金融協力の課題と取組み状況を検討した結果，

アジアにおいても危機の教訓を生かすべく協力が推進されつつあり，具体的な成果が得られつつあるとの評価が可能であろう。特に，CMIは機能強化を経て，各国自身の運用による外貨準備のプールという形でのセーフティーネットへと進展しており，実質的にはアジア通貨危機の最中に日本が提案したAMF構想の実現に近いものがある。後は，実際に活用しやすいシステムへの改善を待つのみで，最も大きな成果といってよい。さらには，ABMIを利用した種々の起債，信用保証・投資ファシリティの創設，ABF1およびABF2の運用，ASEAN＋3における年2回の財務大臣・中央銀行総裁代理会議と年1回の財務大臣会議でのサーベイランスなども，アジアでの通貨・金融協力の成果として評価しうる。しかし，現段階での包括的な評価をするならば，2000年代に入って急速に具現化したことは評価に値するが，その協力プロセスは，多くが未だに試行錯誤を経ながら進行中であり，十分な具体的成果を得るためには，相当の時間とさらなる改革に向けての課題の克服が不可欠であるということができよう。

　例えば，ABMI新ロードマップのタスクフォースで検討されている市場インフラ整備を実際のシステムとして構築するには，民間金融機関の参画を得ながら，時間をかけて進めなければならない。経済サーベイランスを有効に機能させていくための情報ネットワークの構築，ピア・プレッシャーの有効性を高めるための信頼関係の構築などは，一朝一夕では不可能である。したがって，今後とも時間をかけて，それぞれの項目の機能強化を図っていくことが求められるが，最後にアジアの通貨・金融協力を全体的，さらにはより長期的観点から見た進展のための課題を簡単に整理し，本章のまとめとしたい。

希求される「為替政策・制度の改革」の始動

　確実に始動し始めたアジアの通貨・金融協力の取組みの中で，ほとんど動意が見られないのが「為替政策・制度の改革」であり，これを他の課題と同じテーブルに載せ，いかに協力の実を挙げていくかが当面の課題といえる。前述のように，いずれの国においても，危機前に比べれば，対ドル為替レートの伸縮性は増しているが，各国独自の為替政策・制度の採用により，アジア各国は「協調の失敗」をきたし，ミスアライメントを生じかねないのが現状であり，

一層協力の重要性は増している。しかし，今のところ公式には，協力に向けての具体的動きは皆無に等しく，学術的研究段階での議論の域を出ていない。

その原因は，種々指摘されているが，[18]主因は次の2点であると思われる。まず第1は，アジアにおいて為替政策・制度のアレンジメントといった場合に，政策当局者，さらには学術研究者の間でさえ想起されているのは，域内の通貨を固定的意味で安定化させるシステム（具体的には，アジア通貨制度のようなシステム）であり，現在のような多様性を持ったアジアでは時期尚早との感触が強いことにあるのではなかろうか。固定的な安定化というイメージは，まったくの誤解である。すでに若干検討したとおり，そのような固定的な安定化システムは現段階でのアジアには不適切であり，むしろアジア経済のダイナミズムや多様性の中で，域内の調和的・補完的分業関係を形成すべく，合理的に為替レートの調整が図れるような伸縮的システムが望まれるということである。したがって，直感的イメージから来ている誤解を正し，まず現段階で開始すべき為替政策・制度の改革がどのようなものかの理解を促すことから始めなければならない。この点は，改めて第5章で再論したい。

第2は，為替政策・制度の改革の場合は，他の進捗しつつある協力課題と異なり，参加メンバーの協力の結果，ほぼ全てがwin-winでのメリット，共通の利益を得られるということではなく，短期的には経済政策に関する国家主権を制約され，利害が分かれることがありうるからである。対外輸出依存度が高く，競合関係もあるアジア各国同士にとって，為替政策・制度は重要な経済政策手段である。そうした中で，輸出主導型の成長戦略，とりわけ非価格競争力よりも価格競争力依存の強い輸出主導型成長を目指している国にとっては，為替レートの安定が第一義的政策目標であり，アジア全体としての合理的伸縮性を持った通貨システムの構築を図ることに躊躇すべきものがあるのは，想像に難くない。まさに，中国の為替政策・制度への改革意欲が低いのは，この点が大きく影響していると推察される。

そうした中で，ここではほとんど進展のないアジアで為替政策・制度の改革を，地域協力として推進させるための2つのポイントのみを記しておきたい。

（1）上記の制約を乗り越えて為替政策・制度に関する地域協力を実現するためには，アジア各国がそれぞれの為替政策・制度の運営が相互に影響を及ぼし

あっていることを十分認識し，第1節で示したようなアジア全体としての為替政策目標に向けて，協調・協力することがアジア全体の利益にかない，ひいては各国にとってもプラスになるとの認識を共有することが必須である。そのためには，共通の場が必要であるが，ASEAN＋3での「経済サーベイランス」において，アジア全体の為替政策・制度の改革や適正な運営も議題の一つとして検討し，具体的アクションへと繋げることが重要であるといえる。実際に，そのことを「経済サーベイランス」の対象にすべきことが，2003年8月のマニラでのASEAN＋3財務大臣会議で設置が決まった研究グループの報告書，ASEAN＋3 Research Group Studies（2003-2004a）で提言されている。[19] 改めて，その実現を強く主張したい。

(2) アジアの為替政策・制度の改革においては，依然として日本の果たすべき役割が大きいことを忘れてはならない。なぜならば，アジア通貨危機の教訓は，一言で象徴的な言い方をすれば「過剰なドル依存の軽減・解消」であり，アジアにおける実物経済面での対外依存関係に相応しい「円の国際化」が求められているからである。円の国際化は，日本の国益のためだけでなく，アジアの安定化に資するという大義名分を得たということである。

しかし，残念ながらアジア通貨危機後，円の国際化が進展しているとはいい難く，むしろ後退傾向にあるといえる。中国の台頭によって，人民元が国際化をすることも必要であり，望ましいことであるが，依然としてアジアにおいては日本経済のプレゼンスに相応しい役割を円が果たすことも重要である。この問題は，改めて第6章で検討し，具体的施策を提言したい。

円の国際化の一側面をなすと同時に，円の国際化にとっては，アジア各国の為替政策・制度が円との連動性を強めることが必須あり，その意味で日本はBBCルールに則った円を含むG3共通通貨バスケット制のようなシステムの確立に向けて，積極的な通貨外交を展開すべきであるといえる。日本はG3通貨の一角を占める側にあり，自らがそれを率先して導入する立場にはない。したがって，その有用性を，ASEAN＋3の場やアジアの個別の国との交渉等で力説すべきである。特に，今やその為替政策・制度の運営が世界的に注目されている中国を説得することが，成否の鍵を握っていることは間違いない。中国自身との多面的な対話と同時に，戦略的に周辺国を巻き込んだ日本の通貨当局

の通貨外交に期待したい。

通貨・金融協力推進体制の再検討

　アジアにおいて，通貨・金融協力を推進する体制について，再検討することも必要と考えられる。つまり，現状のように，ASEAN＋3，さらにはEMEAPが中核となり，協力の課題によって，IMF，世界銀行，アジア開発銀行，国際協力銀行，各国の民間研究機関などの分担，協力を得ながら推進する体制が望ましいかどうかという問題である。実際に，各方面からASEAN＋3に事務局を設置すること，財務大臣と中央銀行総裁が揃ってのサーベイランスの枠組みを設定すること,[20] ABMIへのアジア開発銀行などの国際開発金融機関および日本などの民間金融機関の関与をさらに強化すること，調査・分析において，アジア各国の民間研究機関や学識経験者の参画をより推進するといった提案がなされてきた。

　しかし，すでに検討したような主要な通貨・金融協力を一体的，総合的に推進し，なおかつ長期的にアジアの通貨・金融統合をも視野に入れた協力へと発展させるとすれば，① メンバー国の政策当局の代表者が参加した組織であり，② そこでの討議，意思決定，決定事項の遂行などをサポートする事務局を備え，③ 関連情報を収集・分析し，中立的立場で政策提言等を行う調査機能，④ セーフティーネット機能を果たしうるための資金的基盤，⑤ さらにはアジア域内の長期的，安定的資本交流を促すための金融仲介機能などを全て完備した一元的組織体制が理想であると思われる。改めてAMFを設立し，新機関に通貨・金融協力の諸機能を集約すること，さらには総合研究開発機構が提案した「アジア準備銀行」の設立，世界平和研究所の提案した「アジア通貨機構」等，いくつかの新機関の創設案が散見されるが，具体的内容は必ずしも明確ではない。[21] すでに2002年に，筆者はABMI以外にもアジアの資金をアジアで活用すべく，自らが民間資金の金融仲介機能をも果たしうる「アジア通貨機構」のような新機関を設立し，やがてヨーロッパにおける通貨統合後のヨーロッパ中央銀行のように，アジアの中央銀行へと発展させることなど，大胆なアイデアを検討すべきことを提案した。具体的提案は，「補論」として掲載したので，参照願いたい。[22]

最後に，アジアで通貨・金融協力を推進する意義を各国が共通認識として，共有する努力をすることによって，政治的意思を高揚させることが不可欠である。とりわけ，今後30～50年といったようなより超長期的視点に立った通貨・金融協力の必要性を確認し，その長期的目標を目指した協力を促す必要があると思料する。この点に関しては，近年世界金融危機を経験し，その教訓として，認識させられることになったところであり，次章で詳述することにしたい。

補論：新機関設立構想

本論で述べたように，アジアにおける通貨・金融協力はセーフティーネットの構築を筆頭に，一定の成果をあげつつあるが，個別対応的であり，体系的・総合的進展を見せているとはいい難い。その最大の原因は，地域独自で対応する専門的機関が存在しないことにあると思われる。なぜならば，確かにASEAN＋3，あるいはAPECにおいて，通貨・金融協力に向けての合意がなされているが，具体的な形で進展させ実効性を挙げるとなると，それらの組織の性格上限界があるように思われるからである。やはり，より組織化されたシステムを構築すべく，通貨・金融協力のための専門的機関をアジア各国が参加して設立することが必要な段階にきているのではなかろうか。

［名称］

新機関設立構想となると，一般にAMF構想の再現と捉えられているようであるが，アジア通貨基金という名称は避けたほうがよいと考えている。それは，基金という言葉がIMFの役割を代替あるいは削減するような印象を与えるという懸念が出されているからだけではなく，筆者の描く新機関は部分的には基金原理に基づいて運営されると同時に，一定の範囲で銀行の持つ金融仲介機能をも果たしうるものを想定しているからである。したがって，その名称としてはAMF構想を当初検討した段階で呼んでいたといわれる「アジア通貨機構」などが，相応しい呼称といえる。さらには，「アジア通貨安定機構」「アジア金融協力機構」なども検討に値する。

［組織］

重要な意思決定は，メンバー国の代表からなる理事会，あるいは財務大臣・

中央銀行総裁会議等で行い，それを支える専属のスタッフを抱える独自機関として設立すべきである。職員の果たすべき職能は，ひとつはアジアの通貨・金融協力に関する各種レベルでのメンバー国会議の運営事務機能，もうひとつは中立的立場で，アジアにおける国際資本移動や各国経済分析，それに基づく政策提言などを行う研究機能である。さらに，拠出された資金だけでなく，自らがメンバー国からの融資や金融・資本市場からの調達によって資金を確保し，それを種々の通貨・金融協力のために執行していく実働部隊として機能することが求められる。

メンバーとして大洋州諸国を含めるか否かは検討すべきであるが，アジア固有の通貨・金融協力を推進する機関という観点から，基本的には当事者間の合意でメンバーを決定すべきである。

[資金的基盤]

専属スタッフを抱えた新機関を運営するための経常的経費は，メンバー国の資金拠出によらざるをえないが，通貨・金融協力の機能を発揮するために必要とされる資金は，必ずしも基金方式によって確保する必要はないと思われる。セーフティーネットの構築による緊急支援策として，CMI メカニズムが完成の域に近づいた今日では，新機関はこのメカニズムを作動させる役割を担うだけで，資金はメンバー国の通貨当局が運用する外貨準備のプーリング方式で問題ないと思われるからである。

CMI によって，巨額な通貨当局保有の外貨準備を間接的に有効利用する一方で，新機関は自ら種々の形態によって，資金調達を行うことを可能にすべきである。ひとつは，近年 IMF で活発化しているメンバー国からの借入やメンバー国向け新機関債の発行であるが，それだけにとどまらず，東京をはじめアジアの国際金融・資本市場で資金を調達できることが望まれる。まず，アジアの民間資金をも活用できるという点で，IMF や AMF 構想と性格を異にするものといえよう。

[機能]

(1) 調査・研究機能と経済サーベイランス，ABMI 等の推進

調査・研究能力を持つ専門スタッフにより，アジアにおける国際資本移動動向や各国経済動向等を，常時調査・分析し，アジア開発銀行等とも連携しなが

ら，その結果を経済サーベイランス，さらにはCMIにおける事前審査へと活用していくことが求められる。事務局と専門の調査・研究スタッフを擁する新機関によって，経済サーベイランスの実効性を高めることと，CMIの発動メカニズムを確実にしていくことが重要な役割と考えられる。その政策対話や政策協調のテーマのひとつとして，アジア各国の為替政策・制度のあり方が狙上にのぼってこよう。もし，実質ドル・ペッグ政策の転換に協調が必要であるとすれば，新機関の調整機能が発揮されるべきである。

さらなる機能としては，十分な専門能力を持った調査・研究スタッフが確保でき，かつアジア開発銀行等とも連携できれば，常時国際金融や各国の国内金融システムに関しての調査・分析，政策運営への助言・指導を担うことも可能になる。特に，ABMIの促進のためのタスクフォースを支えるワーキング・チームとして，機能することが期待される。つまり，新機関の事務局を中心に，専門の調査・研究スタッフの能力を生かすことができれば，経済サーベイランス，CMI，ABMI，さらには将来の通貨・金融統合に向けた施策を体系的・総合的に推進しやすくなると思われる。

(2) セーフティーネットとしての緊急支援機能

再び，通貨危機の発生が懸念されたり，すでに発生した場合にセーフティーネットを作動させることが最も重要な機能であることはいうまでもない。マルチ化されたCMIを，その発動条件に従って，事務局と実働部隊を有する新機関が実施して行くことになる。さらに必要に応じて，新機関がメンバー国やアジアの国際金融・資本市場で調達した資金を融資することも可能であるし，危機に見舞われた国自身が市場で資金調達を行う際に，その債務保証や利子補給をすることによって，調達を容易にすることも考えるべきである。

このように，幅広い緊急支援メカニズムを備えた機関にすべきであるが，その際に問題になるのは，モラルハザードと緊急支援メカニズムの機動性の兼合いであろう。上記のように，事務局と専門の調査・研究スタッフを有する新機関によって，経済サーベイランスが強化され，CMIの事前審査機能も高まるならば，モラルハザードを回避しながら機動的な支援の実施が可能になると思われる。特に，アジアに実体性のある新機関が設立されることによって，IMFとの関連性・役割分担をより明確にし，現在のCMIにおけるIMFプログラム

へのリンク比率の見直し等も容易になると期待される。

(3) アジアの安定的民間資本移動のサポート機能

　危機の発生への対応にとどまらず，恒常的にアジアにおける安定的な資本移動を支援する機能を持つことが，アジアの持続的経済発展のためにも有用である。そのためには少なくとも，危機発生時だけではなく，常時アジア各国政府および公的機関が円滑に資金を調達できるようサポート機能を果たすべきである。すなわち，新機関はアジアの国際金融・資本市場からアジア各国政府関係への資金の流れを円滑化する役割を果たすために，自らが市場で調達した資金での融資や各国政府発行の国債の購入，さらには各国政府の資金調達への債務保証等を行いうる工夫が求められる。

　問題は，アジア各国の企業のように民間部門が資金調達をする際にも関与すべきかという点である。例えば，アジアの企業を対象とするエクイティ・ファンドに対する融資，出資，保証といったように，安定かつ大型の資金調達に対して，なんらかの支援をすることが考えられる。しかし，新機関では不可能ということであれば，民間部門に関してはアジア開発銀行の機能拡充等，別の方法で実現すべきである。

　これら，アジアにおける民間資本の有効活用促進のために誘発あるいは呼び水効果を発揮するという発想は，すでに一部は日本の「アジアの民間資金活用構想」に盛り込まれ，実行されてきているが，アジア全体の協力の証として，新機関が行うところに大きな意義がある。さらに，その際に極力潤沢な日本の民間円資金が活用され，アジアの資本取引面で円の国際化が進展することは，日本の国益とアジアの安定化の双方にとって望ましいことである。したがって，新機関が日本の民間円資金をアジアに還流させるサポート機能を持ちうるよう，日本が大いに指導力を発揮すべきである。

(4) アジア各国の外貨準備の共同運用機能

　第4章で若干言及するが，世界金融危機を踏まえ，ドルの凋落が懸念される中でのアジアの通貨・金融協力の一環として，巨額なアジアの外貨準備の価値保全のために，各国がその一部を拠出し共同運用のための基金を創出してはどうかというアイデアが，中国の学術研究者から出ている。セーフティーネットとしての緊急支援のためのCMIとは性格が異なるため，上記のその機能とは

別途,事務局,調査・研究スタッフ,実働部隊の連携により共同運用基金を運用する役割を担うことも考えられる。

その際には,できれば現在の EMEAP の ABF2 を新機関に取り込み,アジア債券市場の育成と外貨準備の共同運用による運用の効率化・リスク分散という一石二鳥を目指すべきかもしれない。

注
1) 例えば,平塚(2004),高安(2006),山上(2009)などにおいて,各国の金融改革が整理,分析されているので,参照されたい。
2) アジアにおける主要な通貨・金融協力に加えて,金融統合に向けた段階的な地域協力の課題については,Montiel(2004)に若干言及されており,参考になる。
3) IFM(2001)参照。通貨システムの二極化論については,アジア通貨危機前にEichengreen(1994),Obstfeld and Rogoff(1995)らにより主張されたが,危機後には Fischer(2001)らにより2極化が広がっているとされた。しかし,それは表面上であり,現実にはフロートに対する恐れがあり,中間的為替制度は消滅していないと Calvo and Reinhart(2000)は主張している。
さらに,ドル・ペッグへの回帰の主張は,Kawai and Akiyama(2000),McKinnon(2001),Ogawa(2002),Fukuda(2002)などに見られる。
4) 大野・福田(2006)参照。より強くドルとの伸縮性を強調しているものに,西(2004),Kawai(2002),Ho, Ma and McCauley(2002)がある。最近の文献として金京(2010)では,アジアの4カ国について検証し,中国は実質ドル・ペッグに近く,タイはバンド制のような制約があるが,韓国,インドネシアはかなり伸縮性の高い管理フロート制にあるとしている。
5) Ogawa and Shimizu(2005)では,AMU なるアジア通貨単位を計算し,そこからの各国通貨の乖離指数により,議論している。同様に AMU と乖離指数の最近の動向については,Ogawa and Shimizu(2009)を参照。
6) Williamson(1999)参照。
7) 具体的には,AMU をベースとした小川(2006a, 2006b)を初め,Ogawa and Shimizu(2005),小川・清水(2007)での主張,および ACU をベースとした田中(2005)の提案などがある。
8) 財務省ホームページより,チェンマイでの ASEAN+3 財務大臣会議共同声明を参照。
なお,同会議では,「チェンマイ・イニシアティブ」に基づくスワップ取決め,資本フローのモニタリングのためのデータや情報交換,域内サーベイランスの促進のためのネットワーク作りなどで合意した。これら共同声明で発表されたすべてを CMI とする柏原(2006)のような理解が,本来の意味であるかも知れないが,ここでは,すでに一般化した感があるため,バイラティラルな通貨スワップのネットワーク構築だけを指すものとする。
9) 財務省ホームページより,イスタンブールでの ASEAN+3 財務大臣の共同声明文の一部を引用。
10) 村瀬(2007)179 ページ引用。
11) アジアにおける経済サーベイランスについては,村瀬(2007)において,詳細な調査分析がなされており,本書も多くをそれに依拠した。
12) 前掲の ASEAN+3 の研究グループの報告書,ASEAN+3 Research Group Studies(2003-2004a)および同(2004-2005),さらには前掲書村瀬(2007)を参考にした。
13) 財務省ホームページの「アジア債券市場イニシアティブ」より抜粋。
14) ABMI 利用の起債例は,前掲書村瀬(2007)の 162 ページ,その代表的なスキームについては,山上(2006)を参照。

15) ABF2の仕組みについては，EMEAP Working Group on Financial Markets（2006）に詳述されているし，その意義等も含めた説明は，竹内（2005）および前掲書村瀬（2007）を参照。
16) 吉冨（2003），第3章および第5章参照。
17) 前掲書山上（2009）を参照。なお，犬飼（2007）では，民間主導でアジア債券市場育成を推進すべきとし，アジアの発行体とアジアの金融機関で，その推進母体（Capital Market Association for Asia：CMAA）を設置することを提言している。
18) 村瀬（2010）において，危機意識の減退と弱いニーズ，未熟な地域一体感，経済格差と政策目標の差異，国家主権の壁と政治意思の欠如が指摘されており，参考になる。
19) ASEAN＋3 Research Group Studies（2003-2004a）参照。
20) 現在のところは，ピア・プレッシャーの要素は薄いが，EMEAPで中央銀行総裁によるサーベイランスがあると同時に，前述のようにASEAN＋3では，財務大臣・中央銀行総裁代理会議には中央銀行副総裁レベルが参加しているが，財務大臣会議には中央銀行総裁は参加していないというちぐはぐな状態にある。
21) 主としてAMF構想の再現という意味で，議論された最も具体的な提言として，片山・絹川・三浦（2000），篠原（1999, 2007）が参考になる。篠原（2007）によれば，CMIのマルチ化と地域サーベイランス機能の拡充がなされ，そのための事務局が設置されれば，それは実質的にAMFそのものであり，その研究部門（AMF Institute）を設立し，アジアの通貨・金融協力にかかわる課題を広く研究・提案すべきとしている。

さらには，総合研究開発機構（2002），世界平和研究所（2009）参照。

なお，Asia Development Bank（ADB）も2002年10月に，加盟国からの拠出と加盟国中央銀行から預金を受け入れ，為替レートの安定，国際収支不均衡の際の短期・中期融資の実行，さらに将来はアジア共通通貨を発行するような「アジア準備銀行」構想を打ち出したというが，原資料は確認できなかった。
22) 中條（2002）の新機関設立構想部分を抽出し，若干の加筆・修正を加えた。

第4章

世界金融危機を踏まえたアジアの通貨・金融協力

はじめに

　アジア通貨危機を契機に，通貨・金融協力が推進されてきた中で，2008年にはアメリカ発の世界金融危機が勃発した。幸い，アジアでは欧米金融機関のような巨額な損失を直接被ることはなかったが，短期的な外国為替市場での通貨の下落や世界同時不況に巻き込まれるといった影響を免れ得なかった。

　本章の課題は，この世界金融危機を踏まえ，前章まで検討してきたアジアの通貨・金融協力を再考することにある。すなわち，アジアの通貨・金融協力に対する世界金融危機の教訓を検討するということである。

　そのために，まず世界金融危機の原因を分析し，整理することから始めたい。その原因を踏まえて，簡単に世界全体としての対応のあり方を示したうえで，アジアへの教訓は何かを議論することにしたい。結論からいえば，それまで推進されてきた通貨・金融協力の諸策を一層促進すべきことが再確認されただけでなく，超長期的視点に立って，それまでの「過剰なドル依存の軽減・解消」から「ドルからの脱却」に向けた一歩を踏み出すべきことを教えているといえる。

第1節　世界金融危機の原因

　今回の世界金融危機の根底にある基本的背景にも，グローバル金融資本主義の暴走があることはいうまでもない。ただ，今回の震源地は，いわゆるDooley et al. (2003) に代表される「復活したブレトン・ウッズ (BW II)」論でいうセンター国・アメリカであったがため，Kaminsky and Rainhart (2001)

の分類した金融危機の波及経路のセンター国→周辺国→周辺国に当たり，その震度は大きく，かつグローバル化しやすく，貿易勘定諸国が多いアジアでも深刻な影響を受けざるをえなかった。本源的には90年代以降頻発している欧州，メキシコ，アジア，ロシア，ブラジル，アルゼンチンといった一連の通貨危機，さらには2008年の相場商品市場での資源価格の暴騰・暴落などと同じく，根底には世界の金融資本の暴走，狂宴があり，基軸通貨国あるいは「金融大国」であっても，この津波に飲み込まれうることを物語っている。[1]

　第1章で詳述したように，肥大化した金融資本が価格平準化機能を持つことなく，投機へと走り，暴走したことにあるが，より具体的にいえば，今回はアメリカの住宅バブルの中で証券市場を舞台に，最先端金融技術・商品が商品的欠陥を抱えながら，投機を膨らましたことに大きな特徴があるといえよう。アメリカの証券市場，とりわけ債券市場へは証券化商品を中心に巨額な投機資金が流入したが，それはアメリカ国内の資金のみではなく，海外からの民間債券への投資（アメリカの国際収支表：投資収支のその他債券）が2004年の3,815億ドルから2007年には6,057億ドルにも膨らむといったように，海外資金も含んでいた。本節では，そこにどのような欠陥，問題があったのか，どのようにして資金の逆流が起こったのかを論述することにしたい。

1-1　政策運営の失敗と金融当局の規制・監督体制の不備

　すべての国民が住宅を持てるようにするという伝統的に手厚い住宅政策を推進してきたアメリカでは，2001年のITバブル崩壊に伴う景気後退懸念の中で，個人消費・住宅投資の刺激のための大型減税と金融緩和政策を打ち出した。その結果，金融緩和政策による低金利下で住宅取得が急増し，住宅ブームあるいは住宅バブルが発生。その中で，モーゲージ・カンパニーを中心に，返済信用度の低い層を対象としたサブプライム・ローンが大量に供与され，新規住宅ローン中，2001年の8.6％から2005年にはピークの20％にまで激増を見た。将来の価格上昇予想に基づいて，貸し手，借り手とも担保資産価値の増大，将来の売却益を期待し，安易なローンを組んだことが，今回の金融危機における最大の直接的原因であることは，多くを説明するまでもなかろう。

　その背後には，住宅バブルを招来した住宅政策と行き過ぎた金融緩和政策，

その中でバブルを過信したモーゲージ・カンパニーが異常なサブプライム・ローンを供与したことを看過した金融当局の規制・監督体制の不備があった。預金を扱わないモーゲージ・カンパニーは，自己資本規制も課せられておらず，十分な金融当局の監視下になかったことが災いしたといえる。

1-2 証券化による住宅ローン審査の杜撰化

モーゲージ・カンパニーが NINJA（No Income, No Job, No Assets）ローンなどと呼ばれるような異常なサブプライム・ローンさえ供与した原因は，バブルに酔いしれたこと，当局の規制・監督が甘かったことだけではない。投資銀行の originate to distribute と呼ばれるビジネス・モデルの中で，その子会社である特殊目的会社（SPV）や投資銀行自身に住宅ローン債権を売却可能であったことが重要である。住宅ローンは，従来主としてファニーメイ（連邦抵当金庫），ジニーメイ（政府抵当金庫）などの政府支援機関といったエージェンシーによって債権が購入され証券化がなされてきたが，投資銀行などノンエージェンシーの参入によりサブプライム・ローン債権の多くが証券化なされることになった。

このことが，モーゲージ・カンパニーなどのローン審査を甘くし，返済に問題があると思われる異常な住宅ローンが供与された原因と考えられる。なぜならば，モーゲージ・カンパニーは住宅ローン債権の売却によって，リスクから開放されるばかりでなく，ローンの供与に伴う手数料等が収益として確実に得られるからである。極端な場合，NINJA ローンでも供与してしまうことは，多分に考えられよう。本来，証券化とは債権者が保有した巨額の長期債権をバックに発行された証券を，多くの投資家に購入してもらうことによって，リスクの分散化，長期債権の流動化，多数の小口遊休資金の稼動化といった有用性を持つことはいうまでもないが[2]，規制・監督の不備の下では，危険な証券化がなされうることを等閑視してはならない。

1-3 高度な証券化によるリスクの複雑化・不透明化

しかし，それだけでリスクの大きいサブプライム・ローンを原債権に持つ住宅ローン担保証券（RMBS：資産担保証券 ABS の一種）が大量に売買される

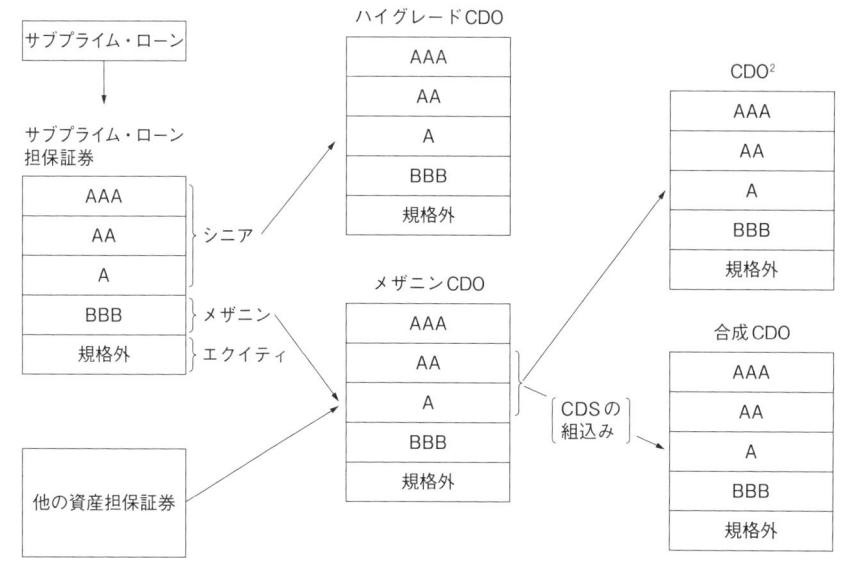

図4-1 サブプライム・ローンの証券化のプロセス

注) IMF (2008), *Global Financial Stability Report*, April, p.60 の図をベースに作成。

ことにはならないであろう。投資家がそのリスクを十分把握できていたならば，購入が自粛されたからである。そこには，先端的金融技術を駆使した証券化によって，リスクが隠蔽され不透明となり，一般の投資家には判定が難しく，極端な言い方をするならば，詐欺まがいとさえいえる金融商品が組成され，販売されたことがある。その構図を分かりやすく図示するならば，図4-1のようになる。

　その手法の第1は，優先劣後構造と呼ばれるもので，図の左側部分に示されるものである。それは，サブプライム・ローンを担保に証券化をする際に，元利償還が最も優先される部分（シニア），中間的部分（メザニン），最初に損失を被る部分（エクイティ）といったように，トランシュと呼ばれる高い格付けを持ったものとそうでないものとに分割して販売するというものである。これによって，元々信用力の低いサブプライム・ローンが担保となっていても，シニア部分などは，信用力の高い証券に蘇生され，好調な売れ行きを博することになった。また，リスクが集中しているエクイティ部分についても，売残りは

SPVや投資銀行自身が保有せざるをえなかったものもあるが，ハイリスク・ハイリターン投資を選好するヘッジ・ファンドなどが積極的に購入したといわれている。

より複雑な第2の手法は，メザニン部分を中心として，図の右側に示されるように，再証券化や他の証券との合成化がなされたことである。すなわち，一度発行されたサブプライム・ローン担保証券を，さらに担保とした債務担保証券（CDO）が組成され販売されることになった。その際には，自動車ローン，不動産ローンなど，他の債権を背景に組成されている資産担保証券（ABS）とハイブリッド化したCDOを合成するといった極めて複雑な金融商品さえ作り出されている。

第3の手法として，1990年代に新たなデリバティブとして登場した信用デリバティブの代表的手法・商品であるクレジット・デフォルト・スワップ（CDS）を抜きに語ることはできない。CDSは，2000年代の証券化の中で急速に増加し，図1-1の全デリバティブ額604兆ドル中の約10％を記録している。

このCDSは，原債権の保有者が債務不履行に伴う損失を回避するために，買い手としてプレミアムを支払うことによってこれを購入し，もし実際に損失が発生した場合には，売り手が債務不履行による損失を補填するというもので，保険に近い商品である。サブプライム・ローン担保証券，さらには種々のCDOへの投資家はこれによって損失の回避が可能になり，投資活動を積極的に展開したと同時に，複雑な金融商品の最終的なリスクの所在がますます不透明になり，後に疑心暗鬼から危機を深刻化させる一因となった。

さらに，このCDSは上記の各種のCDOに組み込まれることになり，一段と複雑な合成CDOを組成させることとなった。[3] 特に，売り手側のCDSは，定期的に一定のプレミアムを得ることができるため，CDOに組み込みやすいが，原資産に債務不履行が起これば損失補償義務を負った合成CDOとなり，明確に原資産が把握できないとリスクの不透明さが増すこととなる。

以上のように，優先劣後構造による債券組成，CDOの組成とその繰返し，CDSを組み込んだ合成CDOの組成，さらにはその繰返しがなされることによって，原資産が見えにくくなり，多くの投資家はその購入対象証券のリスクをほとんど把握不可能になってしまったといえる。その結果，販売する投資銀

行等の説明や格付け機関の格付けにリスク判断を委ねざるをえなかったのが実情のようである。その当事者自体も，正確に個別の証券のリスクを把握できていたかさえ疑問が投げかけられている。つまり，サブプライム・ローンは，最先端の金融技術を駆使して複雑な金融商品に作り変えられたことによって，投資家にはリスクが複雑化・不透明化してしまい，住宅ブーム，証券投資ブームの熱に浮かされたかのような安易な投資がなされてしまったということに他ならない。しかし，前述のように最先端金融技術・商品のひとつである証券化によって，リスクが消えたわけではなく，転化や分散化が複雑に繰り返され，不透明になっただけであることを忘れてはならない。

1-4　証券投資の水膨れをもたらしたレバレッジ

　以上で，なぜサブプライム・ローンのような異常なローンが供与されたかは理解できよう。しかし，サブプライム・ローンのような問題を抱えた原債権を含んだ債券さえ爆発的に売れ，世界中から巨額の資金を引き付け，証券投資ブームともいえる各種証券取引の拡大やその中で投資銀行，仕組投資事業体 (SIV)，ヘッジ・ファンド等が巨額の収益を得たことの説明としては十分ではない。そのためには，すでに述べたデリバティブと並んで，レバレッジという証券取引の水膨れをもたらす金融手法があったことを看過してはならない。

　上記の機関投資家は，初期の自己資金，初期ファンド，親会社からの借入金といった資金で，前述のような種々の債券を購入したが，それだけにとどまらず，それらを担保に短期のコマーシャル・ペーパー（CP）を発行したり，商業銀行借入を行うことによって，再度債券を購入するということを繰返していた。いわゆる，預金金融機関に課せられた自己資本規制の対象外にある機関投資家が梃子の原理ともいうべきレバレッジを利かせて，取引を幾重にも拡大し，資産（長期）と債務（短期）の間の利鞘によって，膨大な利益を享受していたことである。現に，IMFの資料によれば，グローバル・ヘッジ・ファンドのレバレッジ比率は，2007年半ばには67倍にも達したという。[4]

　しかし，この一連のメカニズムには，資産の一部に毀損が生じるといった問題が表面化した場合，一気に逆回転することになり，レバレッジをかけて投資を行ってきた機関投資家等に膨大な損失が発生しうること，債券購入資金を供

与している商業銀行，さらにはCDS購入を盛んに行ってきた保険会社などを巻き込んだシステミック・リスクが生じるという危険を孕んだ活況であることを等閑視してはならない．

1-5 危機発生のメカニズム：政策とシステムの問題が露呈

　以上のように，証券投資ブームの裏に潜んでいたリスクを整理すれば，現実の危機発生のメカニズムとその波及経路は明確であるため，簡単に列挙するにとどめたい．実際に金利が上昇し，住宅バブルが崩壊すると，サブプライム・ローンの焦付きが増大し，そのローン債権を含むRMBS，CDOの毀損が表面化することによって，投資家の資産の収益が低下し，債務側の調達コストを割り込んでしまい，事態は一気に逆回転を始めることになった．具体的には，

(1) 高レバレッジをかけ，水膨れ投資がなされていたため，それが逆回転局面に入り，投資家の損失が急激に膨張し，破綻が続出

(2) ハイブリッド化，ブレンド化ともいうべき複雑な証券化によって，リスクの所在が不透明となっていたため，疑心暗鬼さえ生じ，債券価格全般の暴落へと発展

(3) 金融グローバル化によって，欧州の金融機関を中心に，世界規模で損失が波及

(4) システミック・リスクの表面化，債券価格の全般的急落により，商業銀行，保険会社，さらにはファニーメイ等の政府支援機関にまで，連鎖の輪が拡大

(5) 多大な損失を被った金融機関を中心に株価の暴落が，世界的規模で連動といったように波及することとなった．

　こうした事態を受けて，リーマン・ブラザーズに象徴されるような当該の金融機関の倒産，人員整理といった衝撃が走ることになったが，最も重要なことは，むしろ商業銀行を中心とした金融機関の債権回収による流動性確保，貸渋り，貸剥がしといった信用収縮であった．資産バブルの崩壊による個人消費の減退，金融機関の破綻による失業増大に加えて，急激な信用収縮が実物経済にデフレ圧力を及ぼし，アメリカ経済が不況に陥るとともに，その連鎖により世界同時不況へと突入したといえる．

第2節　世界金融危機からの教訓と対応

2-1　世界金融危機から得られた教訓

　これまでの原因分析から得られる世界金融危機からの教訓は，次のように取りまとめることができる。

　まず第1に，基本的には肥大化したグローバル金融資本が，今回は世界の金融・資本市場のセンター国・アメリカの証券市場を舞台に暴走したことにより生じた混乱であるといえる。特に，市場原理主義に基づいて自由な国際資本取引を推進した場合，金融資本が肥大化しているうえ，デリバティブといった金融商品が発達した現代では，投機による攪乱はいつでも発生しうるし，その影響はセンター国発であるが故に世界規模に及ぶこと，実物経済にも波及しうることを如実に物語っているということである。

　第2に，市場原理主義への信頼が強いアメリカを中心に，市場の失敗に対する金融当局の規制・監督に不備があったことが指摘しうる。具体的には，前述のように，金融機関の融資に対する監視に盲点があったこと，高レバレッジを可能にした自己資本規制の不備があったこと，複雑化した金融商品の取引に伴うリスクの把握・監視システムが不在であったことなどが，それに該当する。とりわけ，最先端の金融技術・商品の発達に対して，それに付随するリスクの認識とその所在を監視するシステムを欠いていたことが，必要以上に危機を深刻化させた主因であるといえる。すなわち，ヘッジと投機はコインの裏表の関係に等しく，リスク・ヘッジ機能を持つ金融技術・商品は，裏を返せば投機機能を持つこと，リスク・ヘッジはリスクの転化・分散化に過ぎず，世の中からリスクを消滅させることはできないことへの認識不足があったということである。

　第3に，政策と金融システムの綻びから一旦心理的不安が生じると，金融の世界では実物経済と違って，巨額の取引が瞬時に可能なため，パニック的な行動から危機を深刻化させること，システミック・リスクによって一挙に信用収縮が発生し，結局実物経済にも影響が及ぶことが指摘できる。しかも，膨大な相互の国際資本取引関係から，まずは金融面からヨーロッパを中心とした関係

表 4-1　金融機関のサブプライム関連損失（アメリカで組成されたローン・証券に係る損失）

（単位：億ドル）

	2008 年 10 月	2009 年 3 月
ローン合計	4,250	10,680
サブプライム	500	4,310
オルト A	350	
プライム	850	
商業用不動産ローン	900	1,870
消費者ローン	450	2,720
企業向けローン	1,200	980
地方自治体向けローン	−	800
証券化商品合計	9,800	16,440
住宅ローン担保証券	5,800	9,900
商業用不動産ローン担保証券	1,600	2,230
消費者ローン担保証券	−	960
社債等	2,400	3,350
総合計	14,050	27,120

出所）IMF, *Global Financial Stability Report* の関連号から抽出。

国に波及。やがて，実物経済の相互依存関係から世界的な同時不況へと進展していったといえる。

　いかに，金融の世界では心理的要因の影響が大きく，蟻の一穴ともいえる破綻が全体に大きな損失をもたらすか，さらには世界全体にショックを与えるかを忘れてはならない。表4-1には，IMFによって公表された世界の金融機関が被ると予想された損失額概要を示した。これによりいえることは，ローンの損失予想額の中で，サブプライム・ローン自体の損失は少額に過ぎないし，証券化商品の巨額な損失予想額の中にも，社債や商業用不動産ローン担保証券はもとより，住宅ローン担保証券の損失にも，サブプライム・ローンを原債権としないものが相当額含まれていることが容易に推測される。すなわち，リスクの不透明化によって，疑心暗鬼に陥った投資家が健全な証券まで投売りし，傷を深めてしまったことがうかがわれる。さらに，金融危機直後からの世界の株価の動きを見るならば，震源地・アメリカ，そして直接的損失の大きいヨー

ロッパ以上に，アジア各国の株価が実物経済面での対米依存の大きさを連想して下落し，ショックを伝播させている。繰返しになるが，金融の世界では，いかに心理的要因が影響を深刻化させ，かつ連鎖の輪を大きくするかを如実に物語っている。

2-2　世界金融危機への対応

　本書の課題からやや外れるが，ここで，これまでに明らかとなった世界金融危機の原因や教訓を踏まえ，各国別および世界的な観点からの対応について，触れておきたい。

住宅市場への緊急的対応

　不幸にして，金融危機に見舞われた場合，いうまでもなく金融不安の直接的きっかけになった問題があれば，そこにメスを入れるのは当然である。過去の通貨危機においても，「経常収支危機」であれば，IMFコンディショナリティという形で，財政の健全化，金融引締めにより経常収支の改善と資本逃避の抑制が図られてきた。アジア通貨・金融危機においては，「資本収支危機」であるにもかかわらず構造改革条件も含めて，同じコンディショナリティが課せられたことが議論を呼んだことは記憶に新しいが，最も直接的原因が明らかであれば，それに対して何らかの措置を講じる必要があることに変わりはない。

　今回の直接的きっかけは極めて明確であり，アメリカのサブプライム・ローンを中心とした住宅ローンの破綻であるため，それに対する緊急措置が講じられている。いうまでもなく，住宅ブームの中で住宅価格の上昇に依存した住宅ローンであったため，ローン支払条件のリセット期を迎え，ペイメント・ショックが発生し差押えが激増したわけであり，緊急措置として，差押えを回避するための施策が実施されることになった。実際には，まず2007年4月のFRBなどの連邦金融監督局および州銀行監督会議が債務者支援のためのガイダンス発表し，ローンの見直しを通じて差押えを回避する措置や債務者に対するカウンセリングを関連機関に推奨している。しかし，サブプライム・ローン問題で，延滞や差押えが急増する中で，サブプライム救済法案が議会で審議され，その中にあってファニーメイ，フレディマックという政府支援機関の経営

危機もあり，最終的にはその支援も含んだ住宅経済救済法が2008年7月に成立した。

ファニーメイ，フレディマックは住宅ローン債権の買取り，証券化・保証，証券化されたRMBSなどをポートフォリオとして保有することによって，アメリカの住宅市場に資金を安定的に供給しており，全米住宅ローンの約半分を供与しているといわれる。サブプライム・ローンにほとんど関与してこなかったその経営危機は，住宅金融市場に多大な悪影響を与えるため，財務省に出資権限を付与すると同時に，無制限の緊急融資枠を設定することになった。これによって，もはやサブプライム・ローンにとどまらず，プライム・ローンにまで及びつつある住宅ローン市場，およびその証券化市場への流動性拡大を図ろうというものである。

中核的な対策は，連邦住宅局（FHA）の融資保険制度の機能を拡充することであった。すなわち，FHAの融資保険枠を3,000億ドルに拡大し，金融機関が自主的に債権の15％を放棄した場合は，FHA保険付の固定金利ローンへの借換えを認めることによって，債務者のローン返済意欲を高めるとともに，金融機関の抵当権実行に伴う損失拡大を抑えようというものであった。

さらに，住宅税制上の措置も講じられたが，最終的に住宅ローン対策として，最大500万世帯に低利ローンへの借換え条件の緩和，住宅差押えに直面する最大400万世帯に対し，公的資金での支援を実施している。

金融市場に対する緊急的対応

債券価格の暴落で投資銀行等が巨額の損失を被り，システミック・リスクが表面化したことにより，商業銀行にも危機が波及し，金融不安が一気に高まった。そうした中では，銀行取付けの伝染が発生し，多数の銀行が破綻するという決済システムの崩壊が生じる危険性が高まる。したがって，金融機関の流動性不足が経済全体にパニックを生じさせないように，緊急措置として「最後の貸し手」である中央銀行による流動性の大量供給が不可欠になることはいうまでもない。今回は，金融危機の震源地がアメリカであったことから，2つの意味で流動性危機対策が必要となった。金融機関のサブプライム・ローン関連の損失が巨額であったアメリカやヨーロッパ諸国において，国内的に流動性の

ショートが発生しただけではなく，巨額のドル資金を借り入れていた国々がその逆流によって，国際流動性不足に陥ったことである．

　欧米各国を中心に，一挙に信用収縮・金融市場の混乱が起こり，短期の銀行間市場のスプレッドが高騰するといった形で銀行の資金ショートが鮮明になっている．これに対して，各国中央銀行は銀行保有証券の買取り，中央銀行融資といった形で，大量の流動性供給を行った．さらに，今回はそれまで巨額のドル資金を導入し，国際金融活動を活発化させてきたアイスランドが，金融危機によるドル資金の引上げで「非常事態」宣言をするに至ったほか，ハンガリー等の東欧諸国，韓国などで外貨の流出が発生し，アメリカ発の金融危機にもかかわらず，短期的現象としてドルに対して各国通貨が下落をするという事態が発生した．この国際流動性不足に対して，IMFの融資，ECBの融資，さらにはFRBと各国中央銀行との間での通貨スワップ協定締結，日中韓通貨スワップ枠の拡大，CMIの通貨スワップ枠拡大といった国際協力により，国際流動性の供給と心理的不安の沈静化を図った．

　金融機関への直接的な流動性補填ではないが，預金者が預金引出しに走り，銀行取付けが発生することを防止する制度として，預金保険制度があり，これを活用することによって，間接的に流動性の確保を図ることも実行された．各国では，モラルハザードを防止できる範囲で，銀行破綻の場合に一定の預金保険金の支払を保証すると同時に，破綻銀行を救済する受け皿銀行に対して，不良債権の買取り，金銭贈与や貸付を行うというこの制度を設定しており，これ自体がパニック的な取付けへの抑止力を持っている．しかし，今回のような異常な金融危機の中では，さらに緊急的にこの制度の拡充に踏み切っている．例えば，アメリカでは預金保護の範囲を10万ドルから25万ドルに，イギリスでは2007年9月のノーザンロック銀行の取付け騒ぎの中で，同行の預金元本を全額保証している．こうした措置は間接的に流動性の枯渇防止，パニック的な金融不安の沈静化に寄与したと思われる．

　こうした緊急的な流動性補填だけで，金融危機を乗り切ることはできない．なぜならば，単なる一時的な流動性不足にとどまらず，自己資本不足によって債務返済能力が欠如するという支払能力危機に陥った金融機関が多かったからである．これに対しては，不良債権の処理，破綻処理や整理・統合の推進，銀

行への公的資本注入といった対応が求められる。つまり、一時的な経営危機に陥っただけの金融機関と再建の不可能なものとを判別し、健全経営を回復するサポートが必要といえる。

まず、一挙に膨らんだ不良債権を優良資産から切り離し、専門の機関が買い取って処理を行うという形で、不良債権処理を実施し、金融機関のバランス・シートの改善を図っている。アメリカでも、一部は資本注入に回されることになったが、当初は7,000億ドルの不良資産の買取りプログラムを発表。その後、官民投資基金を設立して買取りを実施し、最終的にその規模は1兆ドルにのぼると見られている。

さらに、金融システムの健全化、安定化を回復するためには、金融機関の経営の存続可能性を的確かつ迅速に判断し、破綻処理か救済かの決定をしなければならない。対象機関のバランス・シートの毀損状況、破綻による金融システムへの影響度合いなどが考慮されなければならないが、今回も多くの国で、「大きすぎて、つぶせない（too big to fail）」ということで、大規模金融機関の救済が目立った中で、アメリカではなぜベア・スターンズやAIGは救済され、リーマン・ブラザーズは救済されなかったのかといった曖昧さがあったことも事実である。国有化や一部公的資本投入による救済、他の金融機関による救済的買収・合併、預金保険制度に基づく銀行の破綻処理といった方法によって、整理が進められた。

しかし、支払能力危機を回避するためには、資本注入が最も重要であると考えられる。金融危機で不良債権が発生し、その評価損が自己資本を上回って債務超過になると、経営不安から銀行取付けが激しくなり、倒産ということになりかねない。まさしく支払能力危機に陥ることになるため、早期の公的資本注入が必要になる。今回の危機でも、アメリカでは前述のようにリーマン・ブラザーズが破綻した直後に発表された最大9,000億ドルの不良資産買取りプログラムのうち、2,500億ドルを資本注入に回すことになったし、ヨーロッパ各国でも公的資本注入が実施されている。

以上のように、金融市場の混乱を沈静化するための流動性危機対策、支払能力危機対策は広範にわたるが、その実施にはスピードが求められるという点も重要である。特に、公的資本の注入に関しては、90年代の日本での対応の遅

れが金融危機を長期化・深刻化させたとの反省があるが，今回のアメリカでも支払能力危機との認識が遅れ，対応が遅かったとの見解も見られる。[5]

中長期の金融システム強化措置

2009年9月には，アメリカ金融当局はMMFの元本保証を打ち切ったのを始め，金融危機に対する緊急措置を縮小する姿勢を見せている。一応，金融市場の混乱は沈静化したといえるが，今後とも金融危機を再発，深刻化させないための金融システム強化措置は講じていかなければならない。

その際に，今回の金融危機の教訓を生すべきであるが，特にグローバル金融資本主義の世界では市場の失敗が起こりうること，先端的金融技術・商品の発達がかえってリスクの増大および不透明化を招いていることから，各国毎および世界規模での金融市場の規制・監視，さらには危機発生に対するセーフティーネットの構築が重要と考えられる。具体的には，アメリカを始め各国金融当局，ワシントン，ロンドンおよびピッツバーグでの金融サミット，IMF，バーゼル銀行監督委員会等での検討がなされている。[6]

金融市場の規制・監視の必要性は，今回の危機によってますます認識が高まったが，そこでの基本的考え方は次の点にあろう。すなわち，各国の金融市場では長年にわたって，競争制限的規制が緩和され，金融の自由化が進展してきたが，これを元へ戻すということではない。金融資本の暴走を回避するために，一定の枠を設定し，当局の監視の中での自由な競争が可能な金融システムを構築するということに他ならない。

そうした観点から，まず必要なのは，危機の発端となったアメリカの住宅ローン市場の改革であろう。返済能力を無視した異常なサブプライム・ローンが供与されたことがそもそもの問題であり，その根源を絶つことが不可欠であることはいうまでもない。具体的には，みずほ総合研究所（2008）で取りまとめられているように，① 返済能力より担保価値に依存した融資慣行の見直し，② 当局の監視網からもれていた非預金金融機関であるモーゲージ・カンパニーの監視強化，③ 証券化対象となる住宅ローンの買取り基準の見直し，④ 消費者金融教育の強化ということができよう。[7]

次に，金融自由化に伴う競争激化の中で，健全経営を確保するための枠組み

として，預金金融機関に課せられているのが自己資本規制であるが，この強化が必要になっている。金融市場の拡大とリスクの高まりへの対応に他ならない。すでに，日米欧などの銀行監督当局で構成するバーゼル銀行監督委員会は，銀行に対して自己資本の積増しと質の強化を図る新しい自己資本規制の検討をしており，新たに「コア自己資本」が定義された。その比率（狭義）は実質7％で合意され，その水準を2013年から6年をかけて満たせばよいということになった。

このように銀行部門に対しては，自己資本規制が課せられているうえ，その経営は銀行監督当局の監視の下にあり，不健全な銀行に対しては，「早期是正措置」を求めるという制度が確立している。決済システムの要である銀行部門については，破綻の連鎖を阻止する仕組みが比較的整っているが，さらなる強化が課題といえる。

第3に，今回の危機で特に問題になったのは，上記の規制・監視の枠外にある非預金金融機関である投資銀行，ヘッジ・ファンド，さらには本体のバランス・シートから切り離されたSIV等であったことからすると，この部門の規制・監視を含め，全体的な見直しが必要であると考えられる。上述のモーゲージ・カンパニーについては，連邦政府と州政府の規制を調和させ，監視を強化することが検討されているが，他の非預金金融機関についても同様であり，銀行傘下のSIVについては，そのバランス・シートを本体と合わせることがアメリカ証券取引委員会（SEC）から提案されている。

投資銀行はSECの監視下にあり，レバレッジ比率についても，一定の規制がかけられていたが，それが事実上緩和され，危機発生前夜には商業銀行の10倍台と比較し，5大投資銀行のそれは30倍台と高かったし，ヘッジ・ファンドに至っては前述のようにさらに高かった。非預金金融機関の異常なリスク・テイクに対する監視体制の整備と規制のあり方は再検討の必要があろう。さらに，金融派生商品の取引のリスク，それがもたらす市場混乱を回避するための方策も各国で連携して検討することが望まれるし，今回ほとんど取り上げなかったが，複雑な証券化商品のリスクを適正に認定できなかった格付け会社に対する規制も同様である。

こうした金融機関や金融市場の規制・監視は，国際的観点から行う必要もあ

り，IMF の市場監視機能や早期警戒機能を強化すること，G7 の当局者の合議の場である金融安定化フォーラムに新興国を加えるといった改革が推進されており，世界的な規制・監視の枠組み作りが期待される。

　第 4 に，デリバティブのような高度な金融技術・商品が普及し，それが投機とヘッジという裏表で使用されることによって，金融リスクが膨張するだけでなく，不透明化していることを知った。特に，ヘッジ行為といえども，ミクロ的にはリスクの回避機能があるが，マクロ的にはリスクの転化，分散化，不透明化がなされるに過ぎず，所在の不明確になったリスクが不安を増幅し，危機を深刻化したことへの対応として，リスク管理システムを確立することが必要である。複雑な金融商品自体のリスク判定を明確化することと，CDS などによって，転化されたリスクの所在が確認できるような報告システムを構築していかなければならない。

　次に，危機の発生に対するセーフティーネットの構築であるが，すでに銀行取付けへの対応として，預金保険制度が存在する。これがアメリカでは，前述のように間接的な流動性危機対策として，上限の引上げがなされ，2013 年まで延長が決定されている。モラルハザードとの兼合いがあるが，危機発生時には，一時的に拡充がありうるということ自体が，今後も安定化に役立つかもしれない。

　過去の通貨危機はもちろんであるが，アメリカのような国の場合，1 国の金融破綻がグローバルに波及することが認識された。その結果，国内的な流動性不足だけでなく，国際流動性の欠如が発生しうるため，その「最後の貸し手」機能の強化，地域協力の推進がますます重要になったといえる。いうまでもなく，「最後の貸し手」は IMF であり，その危機への対応能力を高めるため，図 4-2 に示されるような大幅な資金基盤の強化が図られることになった。すなわち，増資，2 国間融資と債券購入という 2 国間取極め，新たな新借入取極めの拡大によって，その融資能力は危機前の約 2,500 億ドルから，今後は約 6,600 億ドルに強化されるという。[8] さらに，基軸通貨・ドルの発行国，アメリカと危機に直面した国の中央銀行間の通貨スワップ協定が，有効性を持ったことも記憶に新しい。さらには，地域的な対応の強化として，ASEAN＋3 では第 3 章で説明したように，CMI のマルチ化の下で機能強化が図られており，こう

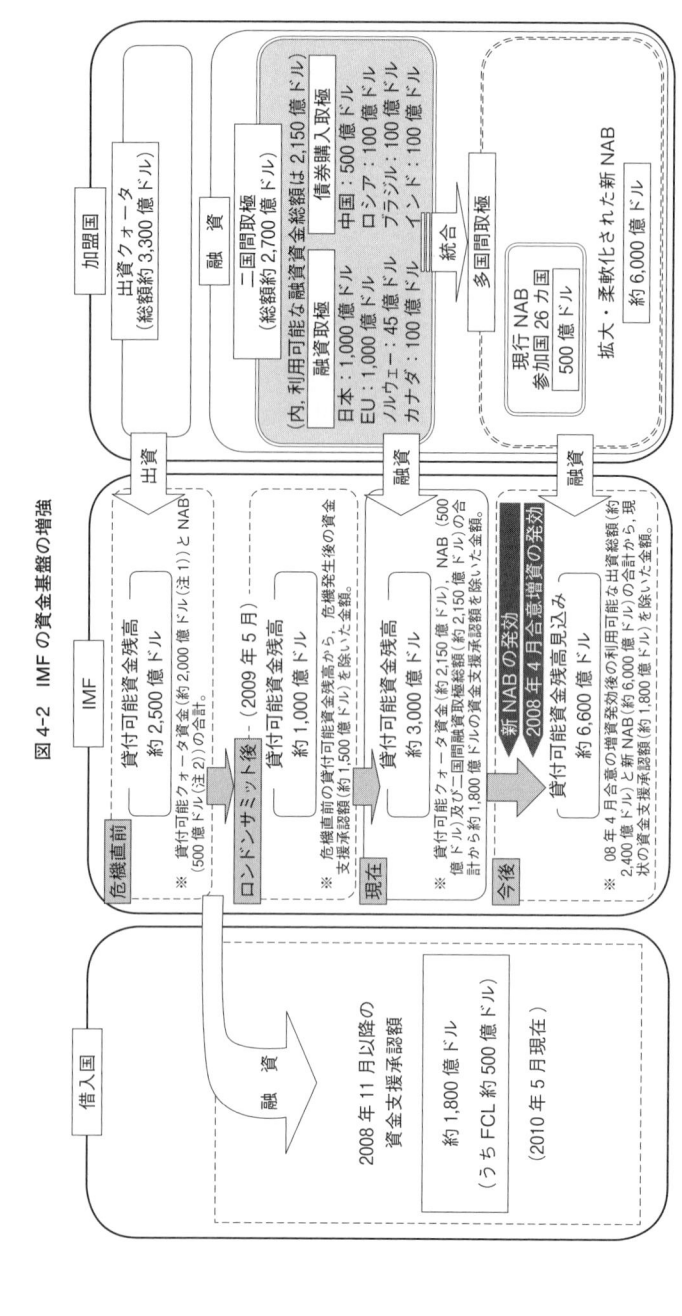

110　第4章　世界金融危機を踏まえたアジアの通貨・金融協力

図 4-2　IMF の資金基盤の増強

危機直前
IMF　貸付可能資金残高　約 2,500 億ドル
※貸付可能クォータ（約 2,000 億ドル（注1））と NAB（500 億ドル（注2））の合計。

ロンドンサミット後（2009 年 5 月）
貸付可能資金発表　約 1,000 億ドル
※危機直前の貸付可能資金残高から、危機発生後の資金支援承認額（約 1,500 億ドル）を除いた金額。

現在
貸付可能資金残高　約 3,000 億ドル
※貸付可能クォータ及び二国間融資取極資金総額（2,150 億ドル）と NAB（500 億ドル）の合計から 1,800 億ドルの資金支援承認額を除いた金額。

今後　新 NAB の発効
　　　　　2008 年 4 月合意増強の発効
貸付可能資金残高見込み　約 6,600 億ドル
※08 年 4 月合意の増資発効後の利用可能な出資額総額（約 2,400 億ドル）と新 NAB（約 6,000 億ドル）の合計から、現状の資金支援承認額（1,800 億ドル）を除いた金額。

加盟国
出資クォータ（総額約 3,300 億ドル）

融資（総額可能な融資資金 2,700 億ドル）
二国間取極（総額約 2,150 億ドル）
融資取極　日本：1,000 億ドル
EU：1,000 億ドル
ノルウェー：45 億ドル
カナダ：100 億ドル

債券購入取極
中国：500 億ドル
ロシア：100 億ドル
ブラジル：100 億ドル
インド：100 億ドル

統合 → 多国間取極

現行 NAB　参加国 26 カ国　500 億ドル
拡大・柔軟化された新 NAB　約 6,000 億ドル

借入国
2008 年 11 月以降の資金支援承認額
約 1,800 億ドル
（うち FCL 約 500 億ドル）
（2010 年 5 月現在）

※1．利用可能なクォータ資金：IMF 出資総額から、利用不可能な資金（金、交換可能性の低い通貨での出資分）を差し引いた額。
※2．NAB（新規借入取極）：国際金融上の緊急事態において IMF 資金基盤拡充及び流動性バッファーにも適用される。本取極の参加国から IMF に対しても流動性バッファーが必要となった場合、参加国の規模・参加国を拡充してあらかじめ合意された一定額までの資金を融資する仕組み。メキシコ危機を受けて、従来の一般借入取極（GAB）の規模・参加国を拡充する形で合意された（98 年 11 月発効）。

出所）財務省資料。

した危機へのセーフティーネット作りが，地域的にも進展することが望まれる。

グローバル・インバランスの軽減・解消努力

　通貨・金融危機の根底にある基本的背景としてのグローバル金融資本主義の暴走をもたらすようになった原因が，ニクソン・ショックを契機とした「金の縛り」の消滅にあることは指摘した。しかし，それによって今日の世界はグローバル・インバランス問題を抱え，アメリカの経常収支赤字のファイナンスによる基軸通貨・ドルの価値に関して，持続可能性が問われていることは議論してこなかった。したがって，世界金融危機への対応として，突然取り上げるのには戸惑いがあるかもしれない。しかし，すでにアメリカの研究者の間では，今回の世界金融危機の基本的背景として，グローバル・インバランス問題があるという見解が聞かれるし，次節でアジアの対応を考察するに当たって重要となる基軸通貨・ドルの将来を占ううえで，この問題を軽減・解消できるか否かがポイントとなるため，あえて取り上げることにした。[9]

　そもそもグローバル金融資本主義の暴走をもたらす背景となったドルの垂れ流しを続けること，「復活したブレトン・ウッズ（BW Ⅱ）」論が示唆するようなセンター国，資本勘定諸国，貿易勘定諸国という棲み分け，すなわち実物経済と金融経済の間の分業を永久に持続することは不可能であり，ドルの安定性維持の終焉がありうることを勘案するならば，世界がグローバル・インバランスの軽減・解消に向けて，真剣な取組みを開始すべきであることを強調したい。

　まず，センター国・アメリカは自らの経済構造の変革を図らなければならない。いうまでもなく，今や図4-3に見られるように，可処分所得の1.4倍にも膨らんだ家計部門の債務残高に象徴される過剰消費構造を是正して貯蓄を喚起し，自らの投資資金を国内貯蓄で充足しうる努力を開始しなければならない。こうして，貯蓄・投資バランスが改善されれば，経常収支の赤字の削減が可能になりうるが，より具体的には，国内貯蓄を背景とした投資を財やサービス産業といった実物経済への投資に振り向け，その国際競争力を強化するという輸出戦略を展開することが最重要と考えられる。

　これに対して，周辺国，とりわけ中国を中心とした貿易勘定諸国は，可能な

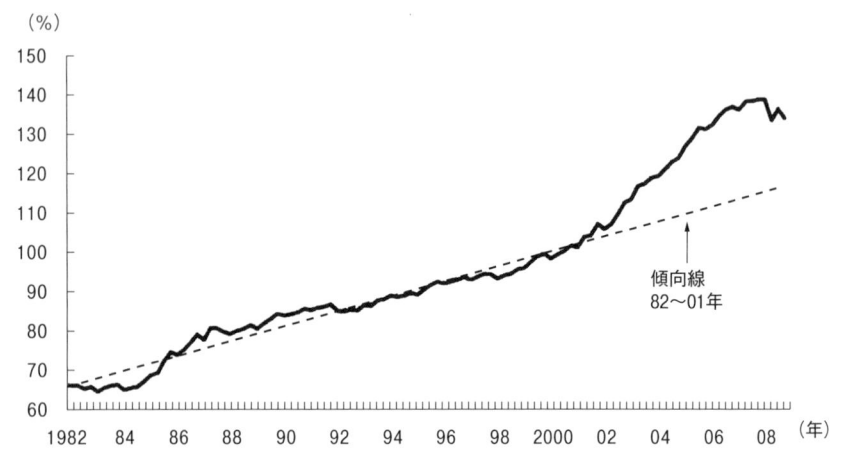

図4-3 アメリカの家計部門の可処分所得に対する債務残高の推移

傾向線
82～01年

備考）連邦準備制度理事会（FRB）"Flow of Funds"，アメリカ商務省より作成。
出所）総理府『世界経済の潮流』2009年Ⅰ，62ページ。

限り内需主導型の成長戦略へと転換すると同時に，為替政策・制度を改革し，国際競争力の変化を反映した為替レートの調整によっても，インバランスが是正されるよう協力すべきといえる。

ただ，現時点では，アメリカの景気の先行き予想として注目を集めているのは，個人消費の回復動向であり，借金漬け経済への反省が薄らいでいること，また米中戦略交渉やG7，G20等の場でも為替政策に関する交渉や協調が進展する動きは見られず，「喉元過ぎれば熱さを忘れ」ということになりかねないように思われてならない。

第3節　アジアの通貨・金融協力への教訓

本書の主題は，世界金融危機そのものへの対応策を明らかにすることよりも，むしろアジアにとっての意義，とりわけ進行中のアジアの通貨・金融協力のあり方への教訓を明確にすることである。その視点から，改めて世界金融危機の原因にスポットを当て直してみると，次の4つの教訓を得ることができる。

3-1 通貨・金融協力推進の必要性を再認識

まず第1は，前章で取り上げたようなアジア通貨危機以来推進されてきた通貨・金融協力，とりわけCMI，ABMI，ABFといったセーフティーネットの構築やアジアの債券市場育成が妥当であり，一層推進すべきことを再確認させられたことである。

グローバル金融資本主義の暴走である通貨・金融危機は，必ずや心理的不安によって信用収縮をもたらし，国内的な流動性および国際流動性の偏在や欠如をもたらす。今回は，アメリカの証券市場にサブプライム・ローン問題が発生し，海外からの流入資金が逆転する反面，短期的にはアメリカの金融機関の流動性資金回収により，国際流動性不足問題が各国で発生したが，そのことはアメリカの国際収支表により，危機前後の海外との資本の流出入の変化を見ることによって容易に確認できる。

アメリカはネットでは巨額の資本収支黒字国であるが，グロスではさらに膨大な資金が相互に流出入している。その流れが2008年に大きく変化したことが，表4-2（資本収支の中核をなす投資収支表）によって明らかである。総額としては，アメリカに流入する資金が前年の2兆ドル強から5,340億ドルに激減するとともに，海外への資金供与はさらに1.5兆ドル弱から皆無に近い1億ドルにまで落ち込んでいる。

より重要なのは，その中身である。すなわち，まずアメリカへの海外からの投資資金（流入）であるが，アメリカの金融危機を受けて，財務省証券以外の証券の売却，銀行預金の取崩し等によって，4,983億ドルが逆流している。ただし，金融危機にあっても，海外の民間投資家はリスクの少ない財務省証券の購入を増加させており，1,966億ドルが流入している。このリスク商品を中心とした対米投資資金の引上げは，アメリカ以外の国々にとっては，国際流動性・ドル資金の確保を意味する。しかし，逆にアメリカの海外投資（流出）の方では，金融危機で資金繰りの悪化したアメリカの銀行・非銀行部門が，巨額な貸付金の回収，保有外国証券の売却等によって，流動性資金の確保に走ったため，8,662億ドルものドル資金がアメリカに還流した。民間部門の対米国際資本移動にこのような動きが起これば，当然世界各国で国際流動性・ドル資金のショート，各国通貨の下落といった通貨・金融危機が起こりうる。

114   第4章 世界金融危機を踏まえたアジアの通貨・金融協力

表4-2 世界金融危機前後のアメリカへの資金流出入

[流出]　　　　　　　　　　　　　　　　　　　　　　　　　　　　　　　　（単位：100万ドル）

	対外資産の変化	公的部門			民間部門				
			準備資産	その他準備資産		直接投資	証券投資	非銀行部門	銀行部門
2007	-1,472,126	-22,395	-122	-22,273	-1,449,731	-398,597	-366,524	-40,517	-644,093
2008	-106	-534,463	-4,848	-529,615	534,357	-332,012	60,761	372,229	433,379
09/Ⅰ	94,734	243,120	-982	244,104	-148,387	-40,262	-36,201	17,477	-89,401
09/Ⅱ	37,398	190,118	-3,632	193,750	-152,720	-47,442	-92,589	14,519	-27,208
09/Ⅲ	-294,102	8,907	-49,021	57,928	-303,009	-62,742	-47,847	47,656	-240,076

出所）*Survey of Current Business.*

[流入]　　　　　　　　　　　　　　　　　　　　　　　　　　　　　　　　（単位：100万ドル）

	対外負債の変化	公的部門	民間部門						
				直接投資	財務省証券	その他証券	米国通貨	非銀行部門	銀行部門
2007	2,129,460	480,949	1,648,511	275,758	66,807	605,652	-10,675	201,681	509,288
2008	534,071	487,021	47,050	319,737	196,619	-126,787	29,187	-45,167	-326,589
09/Ⅰ	-67,757	70,892	-138,649	23,851	53,716	-55,992	11,816	-8,270	-163,770
09/Ⅱ	14,614	124,299	-109,685	36,975	-22,755	13,917	-1,935	43,003	-178,890
09/Ⅲ	332,407	123,584	208,823	40,023	-9,156	24,720	4,179	22,079	126,978

出所）*Survey of Current Business.*

　事実，日本円以外の各国通貨はドルに対して下落し，とりわけハンガリー，バルト3国，アイスランド等のヨーロッパ諸国，さらには韓国が大きな影響を受けたことは記憶に新しい。2008年も初期の段階では，世界金融危機の震源地がアメリカということで，ドル暴落を懸念し，上川（2010）によれば，日米欧でドル防衛策の秘密合意があったというし，実際にドルが各国通貨に対して下落しつつあった。[10] しかし，危機の深刻化とともにアメリカの銀行・非銀行部門の資金回収が膨れ上がり，世界各地に国際流動性不足という形で危機が飛び火したといえる。これに対して，アメリカのFRBはECBやスイス中央銀行，

韓国中央銀行などと通貨スワップ協定を締結・増額することによって対応したことが，表4-2でも，資産側の公的部門のその他準備資産としての資金供与（5,296億ドル）にうかがわれる。

アメリカ全体の資本収支がネットで黒字である中で，金融不安でそれが逆流すれば，世界各国は国際流動性・ドル資金を確保できる，さらにはドル下落をもたらすはずであるが，以上のように短期的には主としてアメリカの民間部門の資金回収行動により，ドル不足が発生し，何カ国かに通貨・金融危機が伝播したという事実は，グローバル金融資本主義の世界で，センター国の役割の大きさと危機伝播の多様性を改めて認識させたといえよう。そうした中で，アジアでも韓国を始め，インドネシアやインドの通貨が下落したことにより，次のような認識を再確認させられた。すなわち，巨額な国際資本が蠢く中では，危機はいずれでも起こりうるし，それは種々のチャンネルで伝播しうるため，各国の金融システムの強化とともに，地域的協力が不可欠であるということである。具体的には，アジアの通貨・金融協力のうち，ABFも合わせABMIの推進による短期ドル資金依存の軽減，CMIの有効性の向上という2つの施策の重要性を示唆しているといえる。[11]

韓国は，アジア通貨危機時の外貨準備340億ドル（1996年末）に比べ，今回ははるかに多い2,621億ドル（2007年末）も保有していたにもかかわらず，危機の再発に直面した。問題は，依然として短期のドル資金への依存が軽減されていなかったことにある。アジア通貨危機後の韓国の経常収支黒字累積額はおよそ1,577億ドル，また安定的な資金である直接投資収支は12億ドルの赤字で，流出に転換していた。ということは，外貨準備が大幅に厚みを増した（2,281億ドル）といえ，それは自らの経常取引の収益や安定的資金の取入れだけで達成されたものではなく，短期ドル資金の取入れにも相当依存していたということを見落としてはならない。事実，その他投資収支の銀行・非銀行部門の資金流出入を見ると，流入超過となっており，短期ドル資金の取入れが継続していたことがうかがわれる。

したがって，今後ともアジア債券市場の育成，とりわけクロス・ボーダー取引の拡大を推進し，アジアの資金を安定的に活用し合い，過剰な短期のドル資金への依存を軽減することによって，その動きの急変による危機の再発防止に

努めなければならない。さらに今回、韓国はウォンの急落に対して、2,621億ドルの外貨準備を約600億ドルばかり取り崩して防戦するとともに、アジアでは日本と中国との通貨スワップ協定を300億ドルに増額し、さらにアメリカとの間で300億ドルの通貨スワップ協定を締結することで、ようやく市場の沈静化に成功した。実際にCMIの発動がなかったことにより、その有効性を疑問視する声も聞かれたが、その存在自体が市場で心理的安定効果を持ったかもしれない。アジアの地域的セーフティーネット作りの意義が再認識されたことは間違いないが、規模や発動メカニズムにおいて、その有効性が問われたことも事実である。それを受けて、2009年5月のバリでのASEAN＋3財務大臣会議以降、前章で紹介したように、CMIは一本の契約によって規定されるマルチ化が図られるとともに、1,200億ドルへの規模の拡大、各国の貢献額・借入可能額の決定、地域サーベイランス・ユニットと専門家からなるアドバイザリー・パネルの設置がなされ、さらにモラルハザードを引き起こすことなく発動の機動性を高めるための取組みが検討されている。

3-2 超長期的視点に立った「ドルからの脱却」への始動を

　第2に、最も強調したいことではあるが、今回の世界金融危機はアジアに対して「過剰なドル依存の軽減・解消」にとどまらず、超長期的には「ドルからの脱却」、すなわちアジア独自の通貨圏構築を視野に入れた地域協力をスタートさせるべきであることを示唆している点である。

　アメリカは、1990年代に入るとニューエコノミー論が台頭し、IT革命によって変革をとげ、再び超大国へと復活をとげたといわれた。しかし、やや極論になるが、投資拡大による生産性向上、国際競争力強化による繁栄というよりは、海外からの資本流入と過剰消費に支えられた虚構とさえいえるかもしれない。2000年代に入って、景気後退をきたしただけでなく、経常収支の赤字は拡大を続け、対外純債務残高は3.5兆ドルに迫っている。もはや、アメリカは「製造大国」でも「貿易立国」でもなく、実物経済である財・サービスの世界での衰退は明白である。あえていうならば、実物経済面では「消費大国」としての存在感は多大でも、生産面、もの作り国家としての衰退は否めない。

　にもかかわらず、超大国として基軸通貨・ドルの威信をかろうじて保持し得

たのは，基軸通貨の持つ慣性の効果もあって，「金融大国」あるいは「金融帝国」と称される金融面での絶大なる強さに，一因があったと推察される。その金融の世界での強さの源泉は，ドルが基軸通貨であるが故に，圧倒的に受容性が高く，巨額な経常収支の赤字によって，過剰な国際流動性・ドルを世界中に散布するだけでなく，その国際的な資金循環を仲介するという優位性を持っていること，その際に最先端の金融技術・商品，強固と思われた金融システムを有していたことにあったといえよう。まさに，その金融面でのアメリカの優位性が絶対的なものでなかったことを露呈したのが，今回の世界金融危機に他ならず，アメリカ経済，ひいては基軸通貨・ドルへの信認は低下せざるをえない。[12]

　盛んになされているグローバル・インバランスにおけるアメリカの経常収支赤字のサスティナビリティの議論からいえば，次のように考えられる。アメリカは基軸通貨国であるが故に，「債務決済」によって，輸入等が輸出等を上回る分は自動的に非居住者のアメリカの銀行への当座預金増，すなわち純資本流入となる。それが，これまでドル以外の金融資産に転換されることはほとんどなく，各種のドル建て金融資産としてアメリカにとどまってきたが故に，サスティナビリティが保持されてきた。その背景には，

(1) ドルに代替する有力な金融資産が乏しかったこと
(2) BWⅡ論が主張するように，中国を始めとした貿易勘定諸国が輸出主導による成長を目指し，対ドル為替レートの安定のための為替介入を実施し，それによる外貨準備増をアメリカの財務省証券で運用してきたこと
(3) 「金融大国」としてのアメリカへの信頼

等があったと考えられる。

　とりわけ，Higgins et al.（2005）や経済産業省（2006）で分析されているような理由から，アメリカは基軸通貨・ドルを持って，国際金融市場で強大な地位を保持してきたことが重要である。まず表4-3に示されるように，経常収支の赤字累積額が7兆ドルを超えてきているにもかかわらず，対外純債務残高は3.5兆ドル弱にとどまっているが，これは対外債務がドル建てである反面，対外債権は現地通貨建てが多く，その部分が現地通貨建て債権の価格上昇や現地通貨の対ドル為替レート上昇により，キャピタル・ゲインを得て膨らんだことによる。それでも，巨額の債務国でありながら所得収支（特に，投資収益）は

表 4-3 アメリカの経常収支赤字累積額と対外純債務残高

(単位：10 億ドル)

	経常収支赤字累積額 (1985 年以降の累積)	対外純債務残高
2000 年	△ 2,262	△ 1,331
2005 年	△ 4,983	△ 1,925
2006 年	△ 5,771	△ 2,184
2007 年	△ 6,497	△ 2,139
2008 年	△ 7,203	△ 3,469

原資料) *Survey of Current Business.*
出所) 坂本正弘「国際システムからみたドル体制の未来」、中大経済研究所での報告資料。

　若干の黒字を維持している。つまり、アメリカは未だに「サラ金地獄」には陥っておらず、Gourinchas et al. (2005) のいう基軸通貨国の持つ「法外な特権」を生かし、金融面での優位な地位を享受しているといえる。例えば、2008 年のデータを見ると、アメリカの GDP のうち、金融は製造業の 10％を大きく上回る 18％を占めているし、所得収支では海外からの対米投資への利子等の支払に比べ、アメリカの対外証券投資収益（2,385 億ドル）、銀行・証券ブローカーの利子収益（1,058 億ドル）が大きく、かつサービス収支として、世界に対する金融サービスの手数料収益（709 億ドル）を得ており、まさに世界の銀行、世界的投資家として雄飛してきたといえる。[13]

　アメリカでは、経常収支の赤字許容範囲として GDP 比 3％といった基準がいわれており、それを越える赤字を修正するためには、過剰消費を抑制し貯蓄率を高めると同時に、相当のドルの下落、とりわけ人民元、円等のアジア各国通貨に対する下落が必要であるとの考えが強い。しかし、為替レートによる調整が現実のものになるか否かは、前述のような金融資本が肥大化したグローバル金融資本主義の世界では、アセット・アプローチ理論が教えるように心理的色彩が強く、いかなる市場参加者の「期待」が形成されるかにかかっている。そうした中で、いえることは投資資産通貨としてのユーロの台頭、IMF の SDR 債発行、さらには豪州やブラジル等の資源国通貨建て金融資産といった代替的金融資産の増加、アジアの貿易勘定諸国の一部における為替政策の弾力

化といった動きに加え，今回の世界金融危機によって，まさしく「金融大国」とさえ呼ばれたアメリカの金融システムが磐石でないこと，先端的金融技術・商品といえども万能でないことが露呈し，アメリカ経済，ひいては基軸通貨・ドルへの信認が低下を余儀なくされたことは否定できない。したがって，ドル暴落，あるいはそれがなくとも，絶えずドル不安による通貨・金融危機の頻発，さらには趨勢としての基軸通貨・ドルの後退という事態は避けられないのではなかろうか。

　世界の指導者の間でも，世界金融危機の中でドル基軸通貨体制の維持を表明したのは，日本の麻生首相（当時），ドイツのメルケル首相等に過ぎず，フランス，ロシア，中国，ブラジルなどの指導者の間で，懐疑的見解が聞かれるようになっており，複数基軸通貨体制等への移行を示唆する見解が表面化している。もし，アメリカが今日のグローバル・インバランス問題や過剰国際流動性問題の背景，今回の世界金融危機の原因を十分に認識し，前節で対応のひとつとして指摘したように，貯蓄の奨励による過剰消費体質の解消，財・サービス部門での投資活動の活発化と国際競争力の強化，金融システムの健全化・強化に努め，アメリカ経済やドルに対する信認を回復しない限り，この萌芽は世界的潮流になる可能性が高いといわざるをえない。事実，世界金融危機後の同時不況の中で，グローバル・インバランスの調整が若干ながら見受けられるが，このリバランスの持続性を疑問視する声が強い。例えば，IMF（2010）は現在のリバランスは多分に一時的要因によるとし，再びインバランスの拡大を予想しているし，World Bank（2010）はアメリカの財政支出の削減，中国の内需拡大次第であるとしている。[14]　要するに，中国等の貿易勘定諸国の対応という協力も得ながら，なんといってもアメリカが上記のような根本的構造改革に成功しない限り，グローバル・インバランス問題は解消しないし，アメリカ経済やドルに対する信頼の低下は否めないということである。その望みは薄いと見られる中では，ドル暴落ケースも含めた基軸通貨・ドルの後退や混乱に対して，アジア地域としても，ヨーロッパに倣って「ドルからの脱却」へ向けた対応を開始すべきことを強く主張したい。

　ただし，いきなり1979年にヨーロッパで形成された欧州通貨制度（European Monetary System：EMS）のような固定的な通貨システムを構築するという

ことではない。アジア各国の通貨当局者，さらには学術研究者の間にも，「ドルからの脱却」，「独自の通貨圏の構築」を即，「固定的な通貨システム」と誤解をし，アジアでの通貨政策・制度の協調に対して「時期尚早論」を唱えるものが多い。それは，アジアが経済発展段階に大きな格差があり，経済構造・貿易構造に相違があること，また景気循環のズレも発生しうるといったように，いわゆる最適通貨圏の条件を十分に充足していない中で，各国通貨の固定的安定性を求めるシステムは構築不可能であるというものであり，その限りでは妥当な判断であると思われる。しかし，ここで主張しているのは，ただちに最適通貨圏の条件の充足が不可欠な固定的通貨システムの導入ということではない。前章でも触れたように，まったく無秩序ともいうべき現状を変革し，まずはアジアで調和的・補完的分業関係を形成しうるように，合理的伸縮性を持った通貨システムの構築に着手すべきということである。そのうえで，さらに超長期的にはドルから脱却し，アジアに新しい独自通貨圏を創設するという目標を持って，協力を開始すべきであるということに他ならない。そのためには，アジアの為替政策・制度の超長期的な改革のためのロードマップが不可欠であるが，この点は次の第5章で詳しく議論することにしたい。

3-3 実物経済面でもアメリカへの過剰依存の危険性を認識

　第3は，必ずしも直接的にはアジアの通貨・金融協力への教訓ではないが，実物経済面において，アジア各国がアメリカ経済，とりわけその過剰消費に依存して対米輸出を拡大することには限界があるという認識を共有したことである。そのことは，アジアの通貨・金融協力においては，前記のアジアの通貨政策・制度の改革を進展させるうえで重要な関わりを持つため，あえて指摘しておきたい。

　どこかでの通貨・金融危機の発生は，心理的要因によって国内的に増幅され，さらに世界的にも拡散される危険性があるが，今回アジアでは表4-1に示された金融機関のサブプライム関連損失は微々たるものであった。しかし，震源地・アメリカを凌駕する株価暴落に見舞われ，ショックの第1波を受けたうえ，実際にアメリカの過剰消費に大きく依存していた輸出の激減により，いわゆるデカップリングができず，深刻な不況を余儀なくされた。こうした事態を

軽減あるいは回避するためには，実物経済面でも，貿易構造の転換を図るべきことを再認識しなければならないといえる。[15]

　アメリカでサブプライム・ローン問題が表面化し始めた頃からリーマン・ショックが発生し，金融機関の損失や景気後退が懸念されるに至った時期にかけて，世界的に株価の同時下落が起こったが，注目すべきことは震源地・アメリカの株価下落以上に，ロシア，ブラジルなどの資源国およびアジア各国の株価が下落したことである。アジアの株価の暴落は，アジア各国が実物面でアメリカへの輸出に大きく依存していることから，「アメリカがくしゃみをすれば，アジアは肺炎になる」的連想から過剰反応をしたものと推察される。それだけで，金融機関のサブプライム関連損失が軽微であったアジアでも，国内消費に対してマイナスの資産効果が生じたことは否定できない。そして，実際に対欧米向け輸出の激減，あるいは投資収益の減少（特に，日本）が発生し，世界同時不況へと巻き込まれていったといえる。したがって，アジアとしては，株価の暴落のような金融面での過剰な心理的反応を引き起こさないためにも，さらに異常ともいえるアメリカの過剰消費への依存を軽減し，アジアのもつ実物経済面でのダイナミズムを域内で生かしていくためにも，貿易構造の転換が不可欠である。

　アメリカは貯蓄率が近年0％近くに低下しているだけではなく，家計部門の債務残高が前述のとおり可処分所得の約1.4倍にものぼる借金漬け状態にある。この過剰消費経済の中で，アメリカは財の生産面で国際競争力を喪失し「製造大国」「貿易大国」の座を降りており，多くの内需を海外からの輸入で賄わざるを得ない。それが，アジアを中心とした新興国の対米輸出の増大を可能にし，世界の景気拡大を牽引してきた反面，グローバル・インバランス問題をもたらしていると理解される。このグローバル・インバランスの原因を，Bernanke (2005) のように，アジアを中心とした新興国の過剰貯蓄（Global Saving Glut論）に帰す主張があるが，それは基軸通貨国にして最大の経常収支赤字国・アメリカの責任回避といわざるをえない。世界全体でのI-Sバランス・アプローチにおける恒等関係から，新興国側の過剰貯蓄だけをインバランスの因果関係として強調するのは一方的であり，むしろアメリカ側の過剰消費・過小貯蓄，財生産面での衰退にこそ，因果関係の「因」があると見られる。それ故，

Stiglitz（2006）は世界一の富裕国であるアメリカは自分の稼ぎの範囲内で生活できずに貧困諸国から借金を重ねており，この浪費が世界への奉仕活動となってきたが，その持続は疑問であるとして，「ドル本位の準備通貨制度」の転換を提言した。[16]　まさに，今回の世界金融危機はこの持続が不可能であることを再認識させたともいえ，アジアはアメリカの過剰消費経済への過度な依存を解消すべく，貿易構造の転換を図らなければならない。
　具体的にいうならば，現在の貿易構造は図4-4に示されるように，日本やNIEsで生産された付加価値の高い中間財を中国やASEANに輸出し，そこで最終財に組み立て，多くを欧米に輸出するという，いわゆる工程間分業を基本とする「三角貿易」構造というところに特徴がある。それを今後は，「自己完結的貿易」構造とも呼ぶべきものに変えていかなければならない。すなわち，中間財，最終財のいかんを問わず，アジア各国間で水平的な分業関係を構築し，域内で相互に市場を提供し合い，域内貿易のウエートを拡大することが重要であり，自由貿易協定（FTA），経済連携協定（EPA）による推進が望まれる。
　と同時に，この貿易構造の転換は，前記の超長期の通貨統合へ向けたプロセスの始動と密接に連動したものであることを強調しておきたい。まずひとつは，アジアで「自己完結的貿易」構造ともいうべきものを構築するためには，FTAやEPAの推進のみでなく，為替政策・制度面で，アジア各国が水平的な分業関係を円滑に築けるように，合理的伸縮性を持った通貨システムが不可欠といえる。なぜならば，アジア各国が為替政策・制度面で，「協調の失敗」を犯したことにより，新たなミスアライメントが発生していることが，前述のように小川教授らにより主張され，かつHayakawa and Kimura（2008）において，アジアにおける生産ネットワークの構築にとって，為替レートの変動が大きな障害になっていることが明らかにされているからである。[17]
　逆に，アジアで水平分業が進展し，欧米市場を主要輸出市場としない「自己完結的貿易」構造が構築されるならば，ふたつの意味で，「ドルからの脱却」に向けた為替政策・制度の改革を進展させうることになる。ひとつは，アジアの貿易取引における現地通貨建て取引の拡大である。周知のように，現在は最終財の需要をアメリカ市場に大きく依存した「三角貿易」構造故に，ドル建ての対米最終財輸出とナチュラル・ヘッジができるように，中間財主体のアジア

第3節 アジアの通貨・金融協力への教訓 123

図4-4 アジア経済圏の自立に向けて

〈現在：三角貿易構造〉

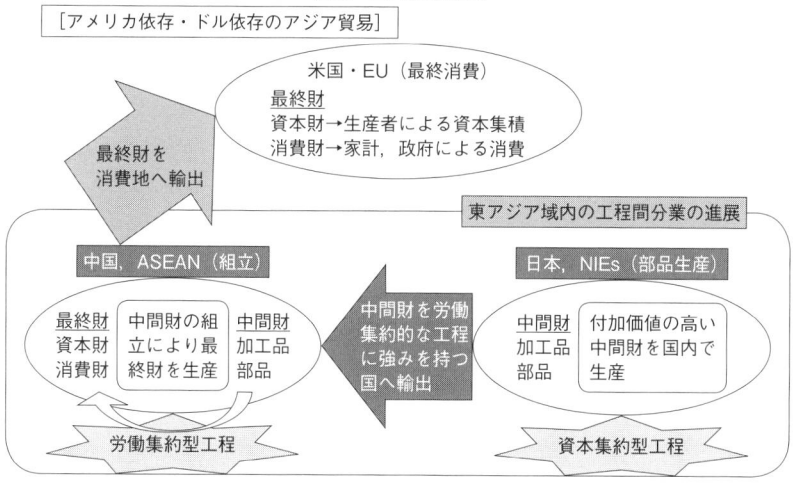

[アメリカ依存・ドル依存のアジア貿易]

米国・EU（最終消費）
最終財
資本財→生産者による資本集積
消費財→家計，政府による消費

最終財を消費地へ輸出

東アジア域内の工程間分業の進展

中国，ASEAN（組立）
最終財・資本財・消費財
中間財の組立により最終財を生産
中間財・加工品・部品

中間財を労働集約的な工程に強みを持つ国へ輸出

日本，NIEs（部品生産）
中間財・加工品・部品
付加価値の高い中間財を国内で生産

労働集約型工程　　資本集約型工程

出所）経済産業省『通商白書2005』。

〈将来：三角貿易構造から自己完結的貿易構造へ〉

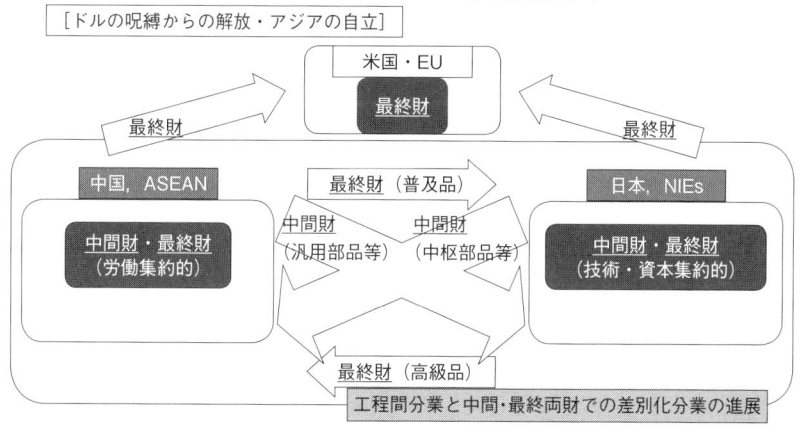

[ドルの呪縛からの解放・アジアの自立]

米国・EU
最終財

最終財　　最終財

中国，ASEAN
中間財・最終財（労働集約的）

最終財（普及品）
中間財（汎用部品等）　中間財（中枢部品等）

日本，NIEs
中間財・最終財（技術・資本集約的）

最終財（高級品）

工程間分業と中間・最終両財での差別化分業の進展

出所）筆者作成。

各国間貿易もドル建てが選好されている。しかし，中間財・最終財ともにアジアでの水平貿易が主体になれば，その足枷がはずれ，域内貿易はアジア各国通貨建てに転換され，過剰なドル依存の軽減につながると期待される。もうひと

つは，アジア各国間の経済依存関係が深化し，経済の一体性，同質性が増してくることによって，アジアが最適通貨圏の条件をより充足するということである。となれば，次章で詳述するように，いよいよアジアでもヨーロッパのEMSに倣って，「固定的」という意味で安定的なアジア通貨制度（Asian Monetary System：AMS）を導入し，為替政策・制度の改革における第2段階へと移行することが可能になる。

　以上のような両側面を勘案するならば，実体経済面と通貨面の協力は，車の両輪としてともに推進しなければならないことを強調したい。最終ゴールとして共通通貨導入も含む「アジア共同体」構想のような経済統合に向けて，アジアでの実物経済関係の緊密化，とりわけ貿易構造を深化させるためには，まずは前述のような為替政策・制度改革の第1段階，すなわち域外経済との安定と同時に，域内では経済力の変化に応じて合理的伸縮性を持った通貨システムの構築に向けた協力が不可欠であり，決して通貨面での協力が時期尚早ではないことを再度記しておきたい。

3-4　アジアの金融システムの改革と強化の必要性

　アメリカ発のグローバル金融資本主義の暴走によって，アジアは金融面において，アメリカ型とは異なる独自の強固な金融システムの構築が必要であることを再認識させられたといえる。アジア通貨危機後，各国は個別に金融システムの綻びを修復するとともに，そのダブル・ミスマッチを解消すべく，金融システムの構造改革に取り組んできた。その際にも，前章の第3節でのアジア債券市場育成の課題として論述したことの繰返しになるが，情報の非対称性という問題を抱えるアジアは，これまでの圧倒的な銀行主体の間接金融構造と社債や株式といった証券市場が十分発達したアメリカのような金融・資本市場の「中間的金融市場」を目指すべきとの主張が吉冨（2003）でなされたし，山上（2008）においても，地場銀行の貸出資産をクロス・ボーダー担保資産証券化するなど，銀行融資市場と債券市場の融合を図ることが提唱されてきた。すでに筆者も，アジア債券市場育成においては，アジアの金融市場で絶対的力を持つ民間商業銀行の協力や取込み無くしては不可能との見解を表明してきたが，要するにアジアの金融システム改革はアジアの特質を勘案したものでなければ

ならず，アメリカ型の模倣であってはならないということに他ならない。

　今回の世界金融危機の中で，アジアは債券市場の発達およびクロス・ボーダー化が未だ十分でなかったことで，皮肉にもアメリカの高リスク金融商品の破綻による直接的損失を最小限にとどめ得た。しかし，最先端の金融技術・商品を抱えるアメリカ型金融システムが必ずしも磐石ではなく，一定の規制・監督体制が備わっていないと，暴走による危機をもたらしうることを目の当たりにし，改めてアジア独自の改革の重要性を認識した。この経験を踏まえるならば，今後のアジアの金融システムの改革，強化に当たっては，次の視点に立った推進が望まれる。

　(1)　世界的に見て金融資本は肥大化し，かつ国際間の資本移動が自由化しつつある中で，市場メカニズムが万能でないとなると，アメリカのような市場原理主義を重視した金融システムが適切でないことは既述のとおりであり，アジアでも一定の規制・監督体制の枠の中で，効率的であるとともに，健全に機能する金融システムを構築しなければならないことはいうまでもない。

　その際の規制・監督のあり方は，アジアの金融・資本市場もグローバルな金融・資本市場の一角を占めることから，一方では国際基準に調和させなければならない部分がある。例えば，自己資本比率規制や適用金融機関等については国際的統一性がなければ，国際資本の流れに歪みが生じかねないからである。しかしより重要なことは，「アジア共同体」構想の実現を目指すとすれば，その過程で域内の金融統合が不可欠となる。そこでは，いかに資本取引の自由化をアジア全体として足並みを揃え，かつ調和の取れた金融の規制・監督体制を構築していくかということが重要な課題となるといえよう。例えば，資本取引の自由化の一環として，金融機関の域内での活動が多国籍化しうるが，それら多数の拠点での監督当局と依拠すべき法律をどうするか，域内の金融機関の破綻の連鎖を阻止するために，国境を越えて活動する金融機関の救済あるいは破綻処理をどのように共通化するかが問われることになろう。さらには，預金者保護制度も域内で統一性がなければ，資金の流れを歪めかねないといった問題が生じかねない。

　発展段階の大きく異なるアジアの金融・資本市場においては，各国独自の金融システムを尊重して強化を図るとともに，資本取引の自由化の流れの中で，

域内金融統合のために調和の取れた規制・監督体制を確立していかなければならないといえる。

(2) 世界的にみた金融資本の肥大化だけでなく，特定の国で金融面に大きく依存した国があるが，アジアは金融システムの強化といっても，それは実物経済とのバランスにも配慮したものを目指すべきであることを指摘しておきたい。

確かに，「金融大国」・アメリカが基軸通貨国の「法外な特権」を生かして大きな利益を享受してきたことは事実であるが，それも磐石なものではなく，「砂上の楼閣」と化しかねない危うさを持ったものであった。アメリカに限らず，今回の世界金融危機の中で，過剰に金融に依存したイギリスやアイスランドの混乱の事例を見れば，なおさらである。この教訓を踏まえ，アジアは金融システムの改革，強化をするとしても，それは「金融大国」化ではなく，もの作りを基本とし，実物経済と金融経済のバランスに配慮した経済発展を図るべく，経済の潤滑油という本来の金融の役割を果たすことを第一義とすべきである。そのことは，前述のようにアジアの通貨・金融協力は貿易・投資面での協力と同時並行的に推進すべきであるとの提案と，合い通じるものであることはいうまでもない。

(3) アジア通貨危機を契機に，ほとんどのアジアの国々がI-Sバランス上，貯蓄超過国＝経常収支黒字国となっている。このことは，各国が年々対外純資産を生み出していることを意味しており，これが継続すれば，やがて純債権国へと発展しうるということに他ならない。事実，図4-5に見られるように，中国は一挙に日本の266兆円（2009年末）に次ぐ167兆円（同年末）もの純債権国にのし上がり，香港，シンガポールも純債権を保有するに至っている。とりわけ，各国の公的部門は年々外貨準備を積み増しており，周知のように世界の外貨準備の約6割がアジアによって保有されている。それにともなって，アジア各国では外貨建て金融資産の価値保全，リスク管理が重要な課題となりつつあることを忘れてはならない。

当然のことながら，民間部門における対外的な資金調達・運用に関しては，自己責任でのリスク管理が基本であり，リスク分散化のための通貨の多様化傾向が強まっているように思われる。問題は，公的部門の抱える巨額なアジアの

図4-5 日本および新興国・地域の対外純資産残高

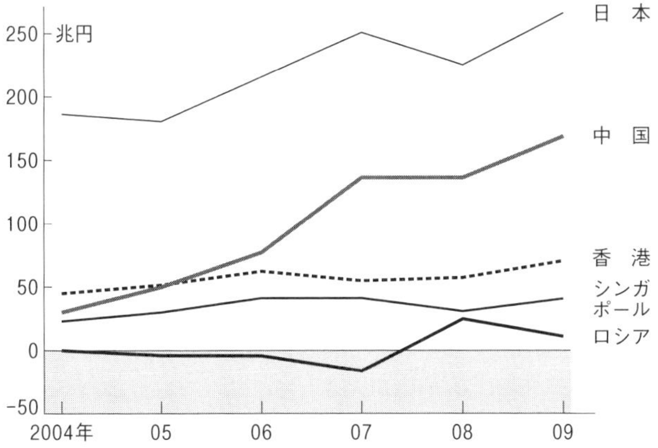

注) IMFなどのデータを基に毎年末の為替レートを使って試算した。
出所) 日本経済新聞, 2010年10月4日付。

外貨準備の運用である。BW Ⅱ論で貿易勘定諸国とされるアジア各国でも，外貨準備としての保有ドルが巨額化し，かつドルの将来への不安が高まるとともに，その価値保全に無関心ではいられなくなってきている。その対応策として，すでに中国のように中国投資有限責任公司を設立しての運用効率の向上（ただし，リスクは増大）を目指す動きが見られるが，筆者の参加する研究プロジェクトでは早くからメンバーによって，アジアの通貨・金融協力の一環として，外貨準備の共同運用基金設立が提案されている。[18] CMI の延長線上での設立も考案されていたが，セーフティーネットとして緊急の国際流動性を供与することとは目的を異にするため，筆者はそれとは別に基金を設立すべきと考えている。例えばそのひとつとして，EMEAP の ABF の中のアジア各国ドル建てソブリン債を対象とした ABF1 ではなく，現地通貨建てソブリン債を対象とした ABF2 の延長上で，あるいはそれを模範とした新基金として共同運用できるならば，アジアの現地通貨建て債券市場の育成にも資することが可能であり，一石二鳥の効果が期待されるといえる。ただし，具体化に当たっては，参加メンバーをどうするか，現在 ABF2 では対象とされていない日本国債を加えるべきか，民間投資資金の受入れや社債の運用対象化をどうするか，さらに

は前章の補論で提唱した新機関のひとつの機能として取り入れるかなどを十分検討しなければならない。

小括

　アジアの通貨危機も世界金融危機も，グローバル金融資本主義の下での金融資本の暴走あるいは狂宴と破綻であり，1国での対応が難しいため，アジアでも地域を挙げての通貨・金融協力が，不可欠であることに変わりはない。しかし，今回はBWⅡ論においてセンター国と呼ばれている「金融大国」であり，基軸通貨国であるアメリカを震源地にしているため，その波及力が絶大であった。さらに，最先端金融技術・商品を有する金融システムといえども，市場原理主義に依拠してわずかな欠陥を見過ごしたり，適正な規制・監督体制が備えられていない場合，蟻の一穴からシステムの崩壊につながりかねない脆弱性があること，したがって「金融大国」・アメリカとの認識は過大評価であることを知見した。このような世界金融危機は，アジアの地域協力にもやや異なった次のような意義を持っていることが明らかになった。

　すなわち，今後も通貨・金融危機によって，短期的には国際流動性の過不足が特定国で生じることは避けられず，予防的措置として短期ドル資金への過剰依存を軽減することと，地域的セーフティーネットを強化するという地域金融システムの強化のための協力を，一層推進すべきことはいうまでもない。

　さらに，「金融大国」・アメリカの脆さが認識され，一段とドルの信認低下が鮮明になる中で，「過剰なドル依存の軽減・解消」にとどまらず，超長期的視点に立っての「ドルからの脱却」を目指した第一歩を踏み出すべきことこそ，今回の危機の最大の教訓であろう。各国の利害が絡んでいるため，アジアの通貨・金融協力で，これまでまったく進展のなかった為替政策・制度の改革に関する協力を，今こそ開始すべきである。特に，本章ではまったく触れなかったが，この問題に関しては，日本は今リーダーシップを発揮しなければ，共通通貨でなく，アジア域内に非対称的な人民元圏の創出を許すことになり，極東の小国への転落の危険性があることを示唆しておきたい。この為替政策・制度の改革に関しては，学術研究者のみでなく政策当局者の対話を深化させること

が，今後の大きな課題である。

　さらに，実物経済の強靭性こそ，心理的要因に左右されうる金融面の混乱を緩和する基本であり，アジアは貿易構造を「自己完結的貿易」構造ともいうべき形で，域内依存の深化を図る必要性が認識された。このことは，通貨・金融協力の究極のゴールである通貨統合のための重要条件，すなわち最適通貨圏の条件の充足にもつながるため，アジアは通貨・金融協力と実物経済面での協力を並行して推進すべきである。

　最後に，金融資本の肥大化と市場原理主義重視の運営，それに過大に依存した経済がいかに脆弱であるかが露呈されたことを教訓に，アジアはアメリカ型の単なる模倣ではなく，アジアの実情を踏まえた金融構造を構築すべきである。そこでは，もの作りをベースとしたバランスの取れた金融システム，効率化・高度化に見合う安全弁として適切な規制・監督体制を有する金融システムの構築，さらには巨額化する外貨建て金融資産のリスク管理面での地域協力を目指すべきであるということであった。

注
1)　「復活したブレトン・ウッズ（BW II）」論については，Dooley et al.（2003）を参照。金融危機のショックの波及経路を Kaminsky and Rainhart（2001）は3形態に分類しているが，そのセンター国での金融的ショックは，貿易勘定諸国の場合に比べ，周辺国から周辺国へと波及し，グローバル化する危険性が強いことを，項衛星・劉暁鑫（2009）も強調している。
2)　証券化とは，一般的には，金融機関等が保有する金銭債権や不動産等の資産を，特別目的会社である SPV や投資銀行自身に売却し，譲り受けた SVP 等がその資産が生み出すキャッシュ・フローに対する信用力を背景に証券を発行し，資本市場で多くの投資家に売却することによって，資金調達を行う方法のこと。
3)　BIS（2008）に，複雑な COS を組み込んだ証券化が紹介されているので，参照願いたい。さらに，ギリシャをはじめとする欧州の危機においては，国債への投機アタックのために COS 市場を活用してプレミアム価格を上昇させ，それに連動した国債価格の下落を図る動きが顕著であると聞く。最先端金融技術・商品によって，小額の資金で市場を支配しようとする典型的事例といえよう。
4)　IMF（2008b）に掲載された Morgan Stanley Prime Brokerage のデータによる。
　　なお，総務府（2008）によれば，大手商業銀行は自己資本規制により一定水準（約12〜16倍）で推移していたが，投資銀行は2004年から上昇し，2008年には30倍を越えたことが示されている。同様に佐賀（2009）によれば，SEC は2004年に投資銀行に対して，新たな監督の枠組み（CSE プログラム）を設定し，レバレッジ制限を無くした結果，2007年にはモルガン・スタンレー，ベア・スターンズ，メリルリンチ，リーマン・ブラザーズのそれは30倍を越えたという。
5)　岩田（2009），166-169ページ，176-186ページ参照。
6)　ロンドン・サミットでの合意事項については，London Summit（2009）参照。ピッツバーグ・サミット合意と最近の主要国での金融システム安定化については，内閣府（2009）で整理されている。
7)　みずほ総合研究所（2008），196-214ページ参照。

8) さらに，最近の報道（日本経済新聞，2010年10月8日）によれば，IMFは現在3,280億ドルの自己資本を7,000億ドル程度に増強することを検討しているという。
9) 竹下（2009）参照。なお，世界金融危機の原因がグローバル・インバランスの中で，経常収支黒字国の為替介入およびアメリカでの外貨準備運用にあるとの主張がWolf（2008）に見られる。
10) 上川（2010），35-36ページ参照。実際に，当時ドルがアメリカの金融不安により，主要通貨に対して下落し，名目実効レートが下がっていることが，日本経済新聞，2008年3月14日で報じられている。
11) 今回の世界金融危機後の短期的現象としての国際流動性不足，アジアにおけるCMI強化の必要性については，小川（2009）でも取り上げられている。
12) アメリカが「製造大国」「貿易大国」だけではなく，「金融大国」「金融帝国」でもなくなったという見方は，孫（2008）による。彼はそれに基づき，「金融リスク管理」の重要性を主張している。
13) グローバル・インバランス問題については，田中（2008）に簡潔にサーベイがなされているが，より詳しい議論は藤田・岩壷（2010）が参考になる。アメリカの国際金融面での強さについては，Higgins et al.（2005），経済産業省（2006），Gourinchas et al.（2005）を参照。
14) IMF（2010）およびWorld Bank（2010）参照。
15) 木下（2008）は，金融資本主義の仕組みと問題を信用デリバティブに焦点を当てて明快に分析しているが，金融経済の破綻と過剰生産に基づく実物経済の不況とは区別すべきであり，デカップリングが可能と見ていた。筆者も2007年夏にサブプライム・ローン問題が表面化し始めた段階では，アメリカのローンの中でのウエートは小さく，影響力は限定的と発言してきた。しかし，現在では本章で分析したように，アメリカの金融システムの欠陥と金融における心理的動揺の波及力が，いかに大きいかを実感している。
16) Bernanke（2005），Stiglitz（2006），Chapter 9参照。
17) 前掲のOgawa and Shimizu（2005），Ogawa and Shimizu（2009）とHayakawa and Kimura（2008）を参照。
18) 中央大学・経済研究所の学術研究振興基金プロジェクトの上海国際シンポジューム（2008年10月）で吉林大学の李暁教授が提唱するとともに，李暁・丁一兵（2008）でも提案された。それによれば，CMIのような自己管理による外貨準備のプールではなく，一定の外貨準備を拠出してアジア協力投資基金（ACIF）を設立し，それを管理するACIF共同管理機構により，域内債券市場育成にも貢献するように有効に運用することを目指している。日本経済新聞，2010年4月20日付によれば，最近開かれた日中韓賢人会議で，樊綱中国改革基金理事長から「日中韓の外貨準備の一部（5％）を共同運用すること」が提唱されたという。

第5章
アジア通貨統合へのロードマップ

はじめに

　前章までに，我々はアジア通貨危機を契機にして，アジアで地域的な通貨・金融協力が推進されてきたが，今回の世界金融危機を経験することによって，そのあり方に新たな教訓が得られたことを知った。とりわけ，アジアの為替政策・制度，すなわち通貨システムの改革は遅々として進んでいない中で，アジアはドル基軸通貨体制の中で翻弄され続けることを避け，独自の通貨圏を創出する一歩を踏み出すべきことが明らかになった。しかし，世界金融危機以前においても，アジア通貨危機後高まった両極の為替制度改革（two corner solution）はアルゼンチンのカレンシー・ボード制の失敗，自由フロート制への懸念の高まりにより後退。当面は，アジアは中間的通貨システムを目指すべきものの，長期的には通貨同盟という一方の極を最終目標にすべきという考えが台頭していた。例えば，李暁・丁一兵（2005）では，今日のグローバル化した国際金融体制の下では，多くの国が一国レベルで通貨主権を維持することが困難になっており，地域的な協力により地域通貨体制を構築することが次善の選択として希求されるべきとしている。その表れがユーロの誕生，あるいはラテン・アメリカのドル化の動きであるが，アジアはそれらを参考にしながらも，独自のプロセスを踏んで実現すべきであると主張していた。[1]

　本章の課題は，独自通貨圏として，共通通貨導入による通貨統合を最終ゴールとした通貨システム改革のロードマップを提示することにある。日本の鳩山前首相が提唱した「アジア共同体」構想へ向けて，通貨面での道筋を示すことであるが，筆者はすでに2004年頃から，アジアの通貨システム改革は大きく2段階に分けて実行する必要があることを強調してきた。すなわち，アジアで

通貨統合といっても，ヨーロッパのEMSに倣った固定的な通貨システムを導入する前に，前段階として，その導入の前提条件である最適通貨圏の条件の充足を促すような通貨システムの構築が不可欠だからである。

これまでに提示されている通貨統合に向けた主要なアジア通貨システム改革案は，大まかには「2段階改革論」といって過言ではないが，その中の細部のプロセスには相違が見られる。[2] 本章では，第1節と第2節が第1段階の改革議論である。そのうち，第1節では，中国の人民元問題をアジアの視点で捉えることの必要性を喚起する議論を展開する。すでに指摘したように，通貨システムの改革に関しては，アジアは通貨危機からの教訓を生かしておらず，貿易や投資に悪影響を及ぼしかねないミスアライメント状態を呈しているとの指摘もある。もちろん，それを是正するためにアジア全体で一定の合理的伸縮性を持った通貨システムを構築する協力が最重要課題であり，それは第2節で取り上げる。しかし，その協力が成る前に可能であれば，特定の国の自主的な通貨システム改革を促すことも有用という意味で，議論するものである。

第3節では，アジアで合理的伸縮性を持った通貨システムが導入された場合，地域経済関係にいかなる変化が期待されるか，およびアジア各国がいかなる地域協力を推進すれば，最適通貨圏の条件を十分に満たし，第2段階へと移行できるかを議論したい。つまり，第1段階から第2段階への移行条件を明示することが，その課題である。

第4節で，ヨーロッパのEMS創設移行の経験を参考にしながら，アジアで通貨システム改革の第2段階をどのように推進すべきかを議論したい。目指すものは共通通貨による通貨統合であるが，超長期的な推進課程では，アジア経済の構造変化や政治的意思等によって，現時点で意図した目標が達成できない可能性もありうる。その最たる懸念がアジアの人民元圏化であり，第4節ではこの点にも若干言及したい。

第1節　アジアにおける人民元の過小評価問題

1-1　アジアの分業関係の議論で欠落している為替レート問題

2002年初頭，政治面で中国の人民元の切上げを求める声が，アメリカおよ

びヨーロッパにおいて高揚したことは記憶に新しい。その後，2005年7月に中国が「人民元の為替制度改革」に踏み切り，それを機にやや弾力的な切上げを実施してきたことで，小康状態にあった。しかし，世界金融危機が勃発すると人民元はほぼ国定化され，批判が再燃した。その後，トロントでのG20サミットを前に再度弾力化に転換したものの，アメリカは通貨の多国間協調の一環として，人民元の速やかな上昇を求めている。

　いずれにせよ，人民元の問題はアメリカやヨーロッパとの間で，ドルやユーロに対する過小評価による貿易・経常収支不均衡，および欧米の失業問題の助長といった通商摩擦問題，さらにはグローバル・インバランス問題の中心的原因として注目されている。しかし，それだけではなく，全体として成長著しいアジアの中で，成長のダイナミズムをお互いに享受し合うことができるような調和的・補完的分業関係の形成を阻害しかねない問題を孕んでいることを看過してはならない。極論すれば，近年顕著になってきているアジア各国通貨間のミスアライメントの元凶ともいえ，したがって人民元の過小評価問題はアジアの問題としても認識し，対応すべきであることを強調したい。すなわち，アジアのミスアライメント問題は，次節で詳論するように，アジア全体としての合理的伸縮性を持った通貨システム作りが根本的解決策であるが，その前段としてアジアで影響力を増している中国が為替政策・制度を弾力化することが，すでに存在する過小評価の是正と根本的解決策への進展の原動力になるからである。

　政治の場では，中国の人民元切上げに対する根強い要求がなされてきたがが，どちらかといえば，学術研究者の間では人民元の調整を強く主張する議論は乏しい。ひとつには，人民元の切上げ論イコール中国脅威論，産業空洞化論という観念が強かったからではないかと思われる。我が国では2001年版通商白書において，「大競争時代」と称されるグローバリゼーションの中で，中国が労働集約的産業だけでなく電気機械産業などの比較的技術集約的な産業でも国際競争力を強め，東アジア経済でのダイナミックな産業構造の変化を促進しながら存在感を高めていることが指摘された。黒田篤郎（2001）は詳細な現地調査に基づいて，3地域での目覚しい産業集積により，中国の企業は外資系だけでなく現地系企業も台頭し，アジアにおいて，いわゆる雁行型経済発展モデ

ルが崩れ，ASEAN さらには日本にも対応を迫っていることを明らかにし，中国の脅威を鮮明にした。[3]

しかし，産業界やマスコミでいわれるほど鮮明な中国脅威論は少なく，むしろ学術研究者の間では中国脅威論や産業空洞化論への反論や調和的・補完的分業論が主流といってよい。その主な論点として，多くの文献に共通しているのが，目覚しい国際競争力の向上により中国の輸出攻勢が強まり，周辺国は産業構造の転換を余儀なくされているが，そのことは周辺国の産業構造高度化を促し，中国への輸出拡大をもたらすため，調和的・補完的な分業関係が構築され，相互に利益が得られるとの主張である。例えば，熊谷（2003）は1995年と1999年時点の比較であるが，中国，日本，ASEAN4 について，アメリカ市場での競合関係，バイラテラルな貿易関係，電子・電気製品の輸出状況を分析。その結果，日本，ASEAN4 とも，中国とはアメリカ市場では電子・電気産業で競合しているが，全面的に競合しているわけでなく，バイラテラルな貿易関係もおおむね補完的であるとの結論を得ている。この他にも，Kwan（2002）はアメリカ市場での日本と中国の付加価値指標から，両者の競合度は低く，高付加価値品と低付加価値品の間で棲分けができていると分析している。

さらに，向山（2003）では，中国は目覚しい発展により世界経済におけるプレゼンスを急速に高めているが，特にアブソーバーとしての役割も増大しているため，アジア各国の対中国輸出増を伴う拡大均衡が可能と見ており，括目される。なぜならば，近年中国は「世界の工場」であるだけでなく，経済発展に伴う所得の増大・需要の拡大により「世界の市場」として，存在感を増しているからである。[4]

一方，直接投資をめぐっても，日本の産業空洞化論や ASEAN などに対する中国の圧倒的優位性への反論が散見される。関志雄（2002）では，日本の対外直接投資は経済規模に比べ少なく，そもそも直接投資大国でないうえ，対中国向けは日本全体でのシェアもそれほど大きくないし，欧米の対中国直接投資に比べ出遅れており，中国への企業進出が産業空洞化の要因にはなりにくいという。一方，石川（2002）は対中国投資ブームの中で ASEAN 向けが激減していることは事実であるが，中国への投資集中を進めているのは台湾と香港であり，日本，アメリカなどでは ASEAN 向けが多いこと，さらに今後も日本

企業はASEAN・中国の両拠点戦略を志向しており，ASEANが投資環境の改善努力をすれば中国への一極集中は起こらないとしている。[5]

　筆者は中国脅威論，産業空洞化論にも，それに反論する議論にも一方的に与するものではない。結論からいえば，現在の中国の実力，さらには成長性を過小評価し，安易に調和的・補完的分業関係の形成を期待することなく，日本をはじめアジア各国が国際競争力の再強化に向けた産業構造の高度化努力をすべきであるが，それを成功裡に実現する重要な条件が為替レートの適切な調整に他ならないというのが筆者の見解である。とりわけ，この種の議論の中で，為替レート問題がほとんど無視されてきた点に疑義を呈したい。多くの中国脅威論や産業空洞化論への反論文献が，追い上げられる日本やASEAN等の高度化に向けた産業構造転換努力の重要性を指摘し，それがあれば生産面での棲分けが可能なこと，「世界の市場」としての存在感の高まりによって，アジア各国の輸出機会が増大していることを強調している。しかし，為替レートについては，長岡（2003）において「最後に貿易財産業の国際競争力の変化に対応した為替レートの確保が非常に重要である。為替レートが貿易財産業の競争力を反映せずに過剰に強くなると，輸入の拡大，海外への投資が国内の失業の発生の原因と見られるようになる。空洞化への危惧が国内で保護主義的な動きを生まないためにも，元あるいは円の為替レートの適切な水準の確保が非常に重要である。」[6]と述べられているが，その検討はほとんどなされてこなかった。

1-2　アジアでも問題な人民元の過小評価

　今後とも，アジア各国間で大きな成長率格差，国際競争力格差が予想される中では，適切な為替レートの調整が不可欠になるといえるが，それだけでなくすでに現時点までに，為替レートのミスアライメントが生じているという問題も無視しえない。この問題に関しては，すでに紹介したOgawa and Shimizu（2005, 2009）のAMU乖離指数によって，歪みの存在自体は明らかと思われる。しかし，その発生に中国の人民元の為替政策が最大の要因になっていること，および適正水準からの乖離幅を把握する必要があることに鑑みて，筆者による2002年までの購買力平価説に基づく人民元の適正水準の分析結果を簡単に紹介し，その後の現状を加味したうえで，アジアにおける人民元過小評価問題を

提起したい。[7]

　この問題に関する数少ない文献である宮川・外谷・牧野（2003）によると，人民元は円に対しても，ドルに対しても，長期的に貿易財の価格競争力を均等化するような均衡為替レートから見てそれほど割安になっていないとの推計結果を得ている。[8] 本当に，そうなのであろうか。財務省は2003年頃には人民元がドルに対して，約14％過小評価されているとの試算を公表した。それに，2002年末には国際機関の試算結果を根拠に，当時の塩川財務大臣が再三にわたって，円・ドルの購買力平価は150円／ドル位であると表明してきたことも考えあわせるならば，人民元は円に対して大幅に割安になっていたはずであり，矛盾する。[9] そこで，改めて対円を中心に人民元がアジアの調和的・補完的分業関係を歪めるほどには，過小評価されていないか簡単に検討してみた。

　まず，1985年以降について，アジアの主要国通貨に対する人民元の実質為替レートを試算し，さらにそれを貿易比率でウエート付けした実質実効為替レートへと集約してみた。図5-1と図5-2から分かるように，人民元は円以外のアジア各国通貨に対しては，アジア通貨危機によって大幅な割安感が是正され，2000年代初頭時点では対ルピアやリンギのように，過大評価されているものと，対ペソ，バーツ，ウォンのように，過小評価されているものに分かれている。対ウォンのように約30％も割安状態にあるものもあるが，何といっても円に対しては1985年時の実力の約90％もの元安水準と，割安感が激しいことが見てとれる。その結果，アジアの主要通貨全体に対する実質実効為替レートは円との関係を反映して1995年までは元安で推移し，その後は元高傾向にあるとはいえ，2002年時点でも1985年の為替レートに比べ40％ほど元安水準にあるといえる。当時，中国政府は95年以降の円安やアジア通貨危機により，アジア各国通貨に対して人民元が上昇しつつあることをひとつの理由として，切上げを拒否してきたが，[10] その根拠は確かに図5-2からもうかがわれる。しかし，中国が目覚ましい経済発展を遂げてきた反面，日本の円高や経済低迷，アジア通貨危機の勃発といったように明暗が分かれてきた80年代後半以降の長期的スパンで見ると，明らかに人民元は過小評価の状態にあり，為替レート面からも国際競争力を有利化し，輸出促進による経済発展を加速してきたことは間違いない。

第1節　アジアにおける人民元の過小評価問題　137

図5-1　中国人民元の対アジア各国通貨実質為替レート

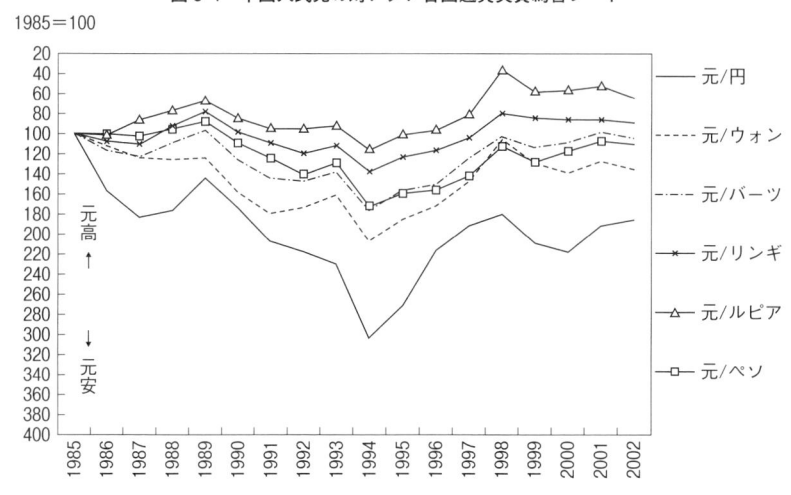

1985=100

元/円
元/ウォン
元/バーツ
元/リンギ
元/ルピア
元/ペソ

資料）*International Financial Statistics*（IMF），中国統計年鑑（中華人民共和国国家統計局）の為替レートおよび消費者物価指数データにより試算。

図5-2　中国人民元の対アジア実質実効為替レート

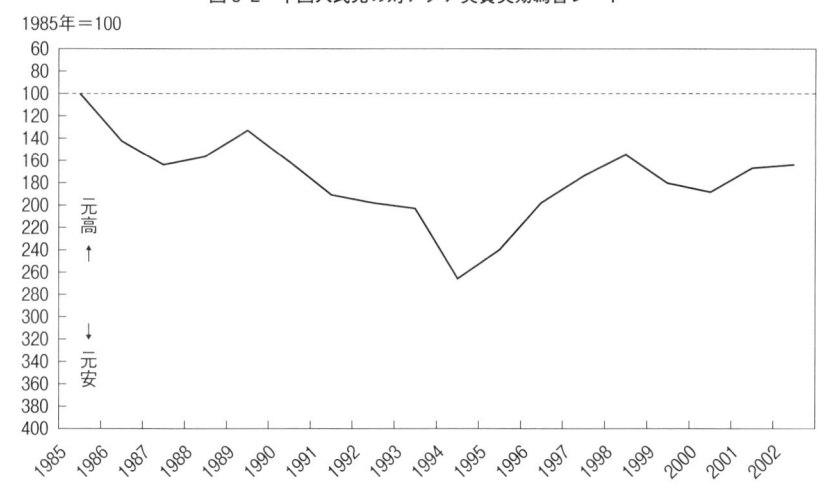

1985年=100

注）図5-1の実質為替レートを中国の輸出におけるアジア各国のウエートで集約。

2003年以降については，中国とアジアの主要国通貨の為替レートと物価動向を簡単に追跡してみた。その結果，韓国とインドネシアは主に通貨の下落によって，人民元の過小評価が改善しているが，他の国々ではさらに人民元が過小評価される傾向にあり，アジアでの人民元問題が解消しているとはいい難い。

そもそも，世界市場への参入の目覚ましい中国における国際競争力向上の内実を見ると，相対的な価格競争力の動向によって，均衡為替レートを判断する購買力平価説の考え方では不十分なのかもしれない。グローバリゼーションの中で絶対的に物価水準の低い国の製品が自由に流入することによって，我が国をはじめ先進国ではデフレが進行しつつある。しかし，その反面で前掲のKwan (2002) のいうように，依然日中間ではまだ格差があるものの，中国では次々と高品質・高機能を備えた高付加価値製品の生産が拡大し，産業構造が著しく高度化している現状では，購買力平価説に基づいて均衡為替レートを見極めること自体に問題があるからである。つまり，日本の物価あるいは生産コスト上昇に比べ中国が高いといっても，それが中国製品の非価格競争力の飛躍的な向上を伴うものであれば，推計された均衡為替レート自体が人民元安になっているといわざるを得ないからである。

すでに「世界の工場」は，日本ではなく中国に移ったといわれている。それは，単に繊維や雑貨品などの労働集約的製品だけではなく，かなりの技術集約的製品についても日本の生産を中国が上回りつつあることを意味する。例えば，代表的な資本集約的製品と技術集約的製品16品目について，日本経済新聞社が調査した結果によれば，2002年での中国の躍進が如実にうかがわれた。[11]
中国は，粗鋼やオートバイ，カラーテレビ，エアコン，ビデオテープレコーダー，デスクトップパソコンに加え，DVDプレーヤー，携帯電話でも日本を抜き去り，2002年には世界ナンバー1の地位を確保したと見られる。もちろん，これらの製品の中でも高級品と普及品・汎用品と細分化して見れば，いまだ日本が優位を保っているものもあるが，おおまかに括った場合，日本は造船，工作機械，四輪車，大型LCD，そして追い上げられつつあるがノート型パソコン，エチレンで中国を凌駕しているだけであった。間違いなく，中国は後発者の利益を享受し，技術集約製品，高付加価値製品の生産へと産業構造をシフトしつ

つあり，品質・機能，デザインといった非価格競争力の面でも相対的に日本との格差をつめてきている。

　日本だけでなく他のアジア諸国に対する中国の非価格競争力の向上を明確に実証することは困難であるが，近年の中国全体の貿易構造，とりわけ輸出商品構成の高度化から推測はできよう。例えば，2003年には従前からの繊維や雑貨品といった労働集約的商品が全輸出の29.4％を占め，中核的輸出品であった。しかし，2008年には，それらは22.2％に後退し，家電機械が最大の輸出品目で23.9％，一般機械が18.8％，さらに精密機械も含めた機械機器が主力を占めるに至っている。その中身も，パソコン，デジタル・カメラなどの生産は世界のNo.1の座を占め，それらのIT関連の最終財貿易では黒字，中間財は赤字であるが，一部の部品では黒字化しつつあるという。[12] 技術集約化・高付加価値化の進展による非価格競争力の向上は明らかである。

　必ずしも十分に明快な論証とはなっていないかもしれないが，購買力平価から見ただけでも，人民元はアジア各国通貨に対して過小評価にあり，非価格競争力の向上も加味すれば，その傾向はより強いと類推される。幸い，今はまだ生産面で競合関係より補完関係が強いうえ，中国の経済発展に伴うアブソープション効果が作用しているため，アジア各国間でのインバランス問題は発生していないが，人民元の過小評価が直接投資の流れを歪めたり，将来の調和的・補完的分業関係の形成を阻害しかねないという懸念は拭い難い。

1-3　人民元の為替政策改革は中国にとってもメリット

　中国の人民元の過小評価問題は，欧米との間だけでなく，アジアの通貨との間でも存在することを認識すべきである。その解消は，アジアの通貨システムの改革に地域をあげて取り組む中でなされることが最善の方策であるが，そのためには時間がかかると見られる。したがって，その前に中国自身が次のような認識に立って，人民元の為替政策の改革を推進することに期待し，日本を始めアジア各国はあらゆる機会を捉えて対話をし，説得すべきである。

　まず，為替政策は決して内政問題ではなく，対外問題であるという立場に立って政策を遂行すべきであり，中国は欧米との通商問題としてだけでなく，アジアで調和的・補完的分業関係を形成することによって，アジア全体の発展

を図り，ひいては中国自身も利益を得るという観点から意思決定をすることを望みたい。今や，世界第1位の輸出大国・世界第2位の輸入大国であり，かつ世界第2位の直接投資受入国である中国の為替政策のあり方は，諸外国に大きな影響を及ぼしており，対外的な配慮が求められていることはいうまでもない。特に，アジアにおけるプレゼンスを急速に高めている中国は，アジアのリーダーの一人であるとの自覚を持って，アジア全体の発展が自身の利益につながることをも十分認識した措置を講じるべきである。

次に，為替政策の改革による人民元の過小評価の是正は，中国自身にとってもメリットのある措置であることを看過すべきではない。[13] 相次いで，国際会議の場やアジア各国から人民元切上げ要求が出されても，それだけで中国が実施に踏み切るとは思えない。人民元の切上げが国際協調，とりわけアジアでの調和的・補完的分業関係を構築するために不可欠であるという点に加え，中国自身の国益に適うことを説得し，中国の決断を促していかなければならない。その人民元切上げのメリットとして，次のことが指摘できる。

(1) 人民元の切上げにより交易条件の改善を図ることが可能

中国では賃金コスト等の急騰や製品の高級化・高度化により輸出品価格は上昇しているが，長期的には人民元の下落により輸入品価格が大幅に高騰したため，交易条件は十分改善していない。これは，中国が急速に産業構造，輸出構造を高度化させながらも，そのメリットを生かしきれておらず，外国から必要品を購入するために多数の輸出品を提供し，貴重な生産資源を浪費していることを意味する。行き過ぎた自国通貨高によって，国内の生産活動自体が停滞してはならないが，中国はもっと交易条件改善のメリットを享受する余地がありうる。つまり，同じ輸出努力で得た外貨を，国内企業ではより多くの輸入中間財の確保，国内消費者にとってはより多くの輸入最終財の享受という形で，幅広く生かすことが全体の国益になるといえよう。

(2) 過剰な外貨準備累増による過剰流動性問題，コスト負担問題の軽減

次に，人民元の安定化のための為替介入により，異常なスピードで累増する外貨準備が中国の国益を損ないかねないことである。周知のように，中国は直接投資以外の資本取引を厳しく制限する中で，外国為替市場においては貿易収支黒字と対内直接投資による外貨の超過供給を為替介入によって吸収している

ため,外貨準備の累増が顕著であり,2010年6月末には2兆4,543億ドルにものぼっている。この為替介入により人民元が国内に放出され,すでに長年にわたって,広義のマネーサプライ(M_2)残高が高率で増加し続けており,過剰流動性から不動産バブルの発生,インフレ懸念が深刻化している。適切な金融政策が遂行されないと,かつて日本がプラザ合意後に犯した失敗の轍を踏みかねないことを認識すべきである。

そのうえ,中国が何年分もの輸入額を賄えるほどの外貨準備を抱えることは,貴重な資金の有効利用という観点からも有益とはいえない。この外貨準備は,中国が貴重な経営資源を投入して生産した製品の輸出,将来の利子・配当を支払わなければならない外資導入によって得たものであり,これを政府が吸収し,極めて収益性の低いアメリカのTB等で運用することは資源の浪費とさえいえる。外貨準備は通常の取引動機や緊急時に対処しうる適正額にとどめ,後は民間部門で有効な資機材や技術の輸入,より収益性の高い海外直接投資,制限が緩和されれば国際的な資金運用などに活用されることが,中国の国益にかなうことを看過すべきでない。

(3) 将来の人民元の暴騰による混乱回避

次に,もっと長期的観点から見た場合,人民元為替政策の改革の先送りは,日本の犯してきた過ちを繰り返す危険があることも忘れてはならない。日本は国民の多大な努力によって,世界の工場,貿易立国として世界に雄飛し,外貨準備を累増させ,やがては外貨準備も含めた対外純資産国に転じ,今日では266兆円もの純資産を保有する債権大国と呼ばれている。しかし,その過程でせっかくの努力の成果を無為に喪失してきたことを見落としてはならない。なぜならば,変動相場制に移行後,およそ4波にわたる急激かつ大幅な円高の中で,巨額な対外純資産の減価を招き,国民の汗の結晶である貴重な国富をどれだけ失ってきたかしれないからである。さらに,急激かつ大幅な円高は貴重な対外純資産の目減りを招いただけでなく,産業構造転換の時間的余裕を奪ったり,オーバーシューティングによって過度の経営資源の再配分を余儀なくされ,90年代以降の長期デフレ不況の遠因になったと推察される。[14]

中国も,今ここで頑なに人民元の実質的な固定相場制を維持し,外貨準備を累増させることが,やがて日本の経験した「賽の河原の石積み」のような徒労

になりかねないことを危惧せざるをえない。すでに，中国も対外純資産国に転換しており，かつその額は167兆円（2009年末）にも達している。そうした中で，経常収支の交換性を達した中国は，資本取引の自由化を漸進的に進めつつある。それが一定の段階に至った場合，すなわち日本の経験でいうならば，80年代前半の外貨預金やインパクト・ローンの自由化，円転規制の撤廃，先物取引に伴う実需原則の撤廃等が実施された暁には，現在わずか1日198億ドル（2010年のBISの「外国為替とデリバティブ市場調査」，ちなみに2007年の同調査では93億ドル）程度の外貨交換センターの取引高は爆発的増加が予想される。そうした時点では，日本の経験から分かるように，いかに巨額の外貨準備を保有しようとも外国為替市場を政府が完全にコントロールすることは不可能になり，変動相場制への移行とともに，人民元のオーバーシューティングを余儀なくされることになろう。となれば，現在国民の汗の結晶として積み上げている外貨準備，さらには今後増加すると思われる民間の対外資産は，一挙にその価値を減価すると同時に，国内産業に過度の転換を強いるといったように，日本の二の舞を演じることになりかねない。それを回避するためには，後述のようなプロセスによって，アジアで独自通貨圏を形成すべく地域協力を推進することが不可欠であるが，当面は次善の措置として，中国自身がむやみに為替介入により外貨準備を積み上げずに，人民元を段階的に切上げ，外国為替市場において「人民元の先高予想」のマグマを必要以上に膨張させないことが肝要である。

　以上の他にも，人民元の切上げは，中国企業に一時的な輸出減をもたらす反面，産業構造の高度化を促す要因になりうること，海外直接投資によって海外事業展開を進める際に，有利な投資ができることなどのメリットが指摘される。

　為替政策は内政問題であるとはいえないが，決定権は中国にあることは事実であり，日本を始めアジア各国は，中国がアジアの全体的利益を勘案し，かつ中国自身の諸利益を十分認識するようあらゆる面で働きかける以外にない。最近では，中国において外貨準備の累増に伴う過剰流動性が，金融政策の自立性を制約しつつあるとの認識が高まりつつある。そのため，いわゆる国際金融のトリレンマ論に従って，金融政策の自立性の確保を大前提に，漸進的資本取引

の自由化に足並みを揃えた為替政策の弾力化を容認する考え方が広まっているように思われる。具体的には，まずは伊藤・小川・坂根（2007）によって，実態が伴っていないと分析された2005年5月の「通貨バスケットを参照する管理フロート制への移行」を柱とした人民元の為替制度改革の実を鮮明な形であげることが期待される。[15] それによって，少なくとも多くのアジア各国通貨に対して，ますます過小評価になることは阻止しうるし，場合によっては軽減できるかもしれない。さらに，変動相場制を採用している日本は除くとして，もう一方のアジアの経済大国・中国が通貨バスケット制を実質的に採用したというインパクトは，次節で取り上げるアジア全体の通貨システム改革を推進するうえで大きいといえる。

第2節　通貨危機とその後の推移を踏まえた通貨システムの改革

2-1　希求すべき2つの為替政策目標

　アジアの通貨システム改革の第1段階として，すでに存在しているミスアライメント，とりわけ中国の人民元の過小評価を是正すべく，あらゆるルートを活用し，中国の自発的改革を促す努力が必要である。しかし，あくまでもメインの対応は，共通の政策目標を達成するためのアジア全体の通貨システムの構築であることはいうまでもない。第2章のアジアの為替政策・制度の失敗の分析，それを踏まえた第3章の為替政策・制度の改革の現状と課題の議論に引き続いて，本節では多少の重複はあるものの，具体的な改革のあり方を明示したい。

　すでに検討したことを要約すると，まず第1は，アジア通貨危機の教訓として危機の再発を防止するためには，実質ドル・ペッグ政策が2つのルートを通じて危機を惹起したことに鑑み，アジア各国は域外との間で，過剰ドル資金の流入抑制を含めた対外経済安定を可能にするような為替政策・制度を採用する必要があるということであった。そして，具体的には筆者を含め多くの先行研究が，アジアの場合はいわゆる両極の為替制度改革（two corner solution）ではなく，中間的為替相場制度のひとつであるG3通貨バスケット制の導入を推奨するというものであった。[16]

第2は，通貨危機後のアジアの為替政策・制度は期待に反して実質ドル・ペッグに回帰を見せた後，全体としては伸縮性が増しているとはいえ，各国が独自の制度を採用しているため，アジア各国通貨間の為替レートには，貿易や投資に悪影響を与えかねないミスアライメントを生じているという指摘がなされた。この「協調の失敗」による無秩序な各国通貨の為替レート変動を是正し，アジア域内に調和的・補完的分業関係を形成しうるような合理的伸縮性を持った通貨システムを構築することであった。

　つまり，域外とは安定的経済関係の形成が可能な制度，域内では一定のルールを持った伸縮的制度というのが，まずアジアが通貨システム改革の第1段階として，希求すべき政策目標に他ならない。この2つの政策目標を達成しうる具体的な通貨システムを，次のような手順で導入することを提案したい。

2-2　考えられる2つの通貨バスケット制
各国独自のG3通貨バスケット制の導入

　アジア各国はそれぞれアメリカ，日本，EUとの対外経済関係を考慮し，ドル，円，ユーロの3通貨，すなわちG3通貨に独自のウエートをつけた通貨バスケット・レートへの安定化を目指した為替政策運営をすることで合意することである。これは，各国がそれぞれG3通貨バスケットを計算し，それを目標とした為替政策運営をするだけであり，通貨バスケットを参照とした管理フロート制ともいえる。結果的に，各国通貨がドルだけでなく円やユーロとも，一定のウエートを持って連動するようになればよいということに他ならない。

　ただ，各国がドル，円，ユーロに対する実効為替レートを安定化し，域外経済との安定性を確保しえたとしても，ウエートの差や各国がどれだけ目標値を重視した運営をするかによって，アジア各国通貨間でミスアライメントが発生する危険性が残る。そこで，アジア各国間の為替レートの動きを監視し，アジア各国通貨間の実質実効為替レートの安定性を損なうようなミスアライメントが発生した場合には，2つ目の政策目標である域内の調整を図れるような協調体制を確立する必要がある。

　その際には，例えばASEAN＋3の経済サーベイランスの場で，円も含めた

アジア各国通貨からなる ACU や AMU といった呼称のアジア通貨単位を計算し，それを共通の基準として活用するという考え方が有力な提案として，学術研究者の間で浸透しつつある。すなわち，よく知られているように，アジア通貨単位を基準に乖離指数を試算。それによって，アジア各国通貨の乖離を一定範囲内にとどめるように介入を実施し，極端なミスアライメントを回避すると同時に，一定範囲内でのアジア各国通貨の変動を許容することによって，短期的な景気変動のズレ等による国際収支不均衡を是正する余地を残すというものである。[17]

ただし，この方法は G3 通貨バスケットとアジアの通貨のバスケットであるアジア通貨単位という 2 つの通貨バスケットが並存し，しかも円は双方に入っているため，複雑なシステムという感がある。したがって，筆者自身は各国独自の G3 通貨バスケット制が導入され，域内の各国通貨間の調整を ASEAN＋3 の経済サーベイランスの場で行うとすれば，単純にアジア各国が他のアジア通貨全体に対する実質実効為替レートを算定し，それを一定の範囲内に抑えるよう協力し合う方が単純明快であると考えている。ただし，経済サーベイランスは特定のデータのみによって行うものではないし，アジア通貨単位は第 2 段階で主役を演じるべきものであり，後述のとおりここでも一定の役割を担うことを否定するものではない。

最後に，アジア全体で各国独自の G3 通貨バスケット制が導入される鍵を握っているのは，どの国かを考えてみたい。このシステムでは，日本は G3 通貨のひとつであり，自ら率先して導入することはできない。日本に期待される役割は，このシステムのメリットを示しながらアジア各国に導入を促すこと，導入後の域内各国通貨間の調整のための経済サーベイランスのシステム作りと運営をリードすることであろう。やはり，導入の鍵は中国の行動にあると見られる。すでに，シンガポール，タイはバスケットの中身は不透明であるが，通貨バスケットを参照した管理フロート制にあるという。ここで，中国が 2005 年 7 月の改革を鮮明な形で実行するという行動に出たならば，そのインパクトは大きいと期待される。さらに，これらの国がバスケットの中身をある程度明確にし，G3 通貨が中核をなすことが鮮明になれば，残りの国々の追随もありうるのではなかろうか。

G3共通通貨バスケット制の導入

 アジア各国でG3通貨による独自の通貨バスケットに連動させる為替政策運営が定着し、地域全体の通貨システムに関する協調を十分図りうる機運が高まったならば、アジア全体の制度として、G3通貨からなる共通通貨バスケット制（以下、G3共通通貨バスケット制）へと移行することを提言したい。率直にいうならば、アジアにおいて通貨・金融協力の機運が盛り上がり、各国が独自の通貨バスケット制を採用するという段階を経ずして、直接全ての国が足並みを揃えてG3共通通貨バスケット制を採用することができれば、それに越したことはない。

 なぜならば、Williamson（1999）が検証したように、アジア各国は貿易構造の類似性と十分な競合の故に、G3共通通貨バスケット制の採用が可能とされているし、実際に各国が独自の通貨バスケット制によって為替政策を運営しても、図5-3に示すように、アジア各国通貨はほぼ類似の動きをしてきたことが実証されているからである。[18] とすれば、アジア各国の通貨システムに関する

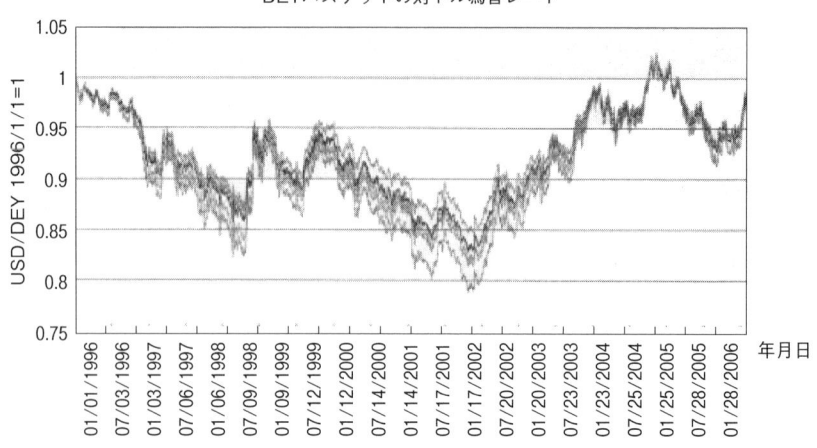

図5-3 アジア各国の3通貨（ドル、円、ユーロ）バスケット・レートの推移

DEYバスケットの対ドル為替レート

注）原図は人民元、バーツ、ウォン、シンガポール・ドル、リンギット、ルピア、ペソ、香港ドルのG3通貨バスケットレートを表示したものであるが、筆者はあえて各国通貨の区別までは行わなかった。各国通貨がほとんど同じ動きをしていることを確認するだけで十分だからである。
出所）金明浩「東アジア通貨協力のためのバスケットについて」中大研究会報告、2006年。

改革への協調姿勢を内外に示す意味でも，ダイレクトにアジア全体としてのG3共通通貨バスケット制採用がより望ましいと思料されよう。

とはいえ，G3共通通貨バスケットへのペッグ制を採用するとなると，アジア各国通貨間の為替レートを固定することを意味するが，それは現時点のアジア地域にとって，時期尚早といわなければならない。確かに，すでにアジアにおいて，かなりの国々が最適通貨圏の条件を満たしているという先行研究が多く存在する。中でも，多くの研究結果をサーベーした渡辺・小倉（2006）は，結論として「アジアの一部地域は，少なくとも通貨統合前の欧州と同程度には最適通貨圏の条件を満たしているようにみえる」としている。しかし，同論文でも指摘されているし，具体的に Kawai and Motonishi（2004），Ogawa and Kawasaki（2003）で，主な最適通貨圏の条件を充足している，ないしは固定的な形で共通通貨バスケット制を導入しうるのは特定の国々であることが実証されているように，全てのアジアの国が条件を満たしているわけではない。一部の国では短期的な景気循環のズレ等から国際収支不均衡が発生しかねないし，経済成長率格差，産業・貿易構造の相違，金融・資本市場の差異，経済発展段階の差異，政治体制の相違，経済統合に向けた政治的意思や制度的基盤の乏しさなどが問題として残っている。特に，現時点ではアジア各国間の短期的な国際収支の不均衡，さらには成長率格差による長期的な国際競争力の変化が発生する危険性はぬぐい難い。[19)] したがって，アジア地域全体が十分に相互依存関係を深化させ，経済の一体化・同質化が進展するまでの過渡期においては，為替レートの変動によって，アジア各国間の域内不均衡を是正する通貨システムが不可欠となる。

それには，G3共通通貨バスケットを参照した管理フロート制の導入が望ましいということであり，具体的には Williamson（1999）が提案しているように，BBC ルールに則った運営こそ最適の通貨システムであるといえる。すなわち，図5-4に例示したように，まず各国はG3共通通貨バスケットに対して中心レートを設定（バスケット：Basket）。その中心レートに対して，一定の変動幅（バンド：Band）内に自国通貨の為替レート変動を抑えることによって，域外経済との安定性を維持し，かつ域内のミスアライメントを回避すると同時に，バンド内の変動で域内の短期的な国際収支不均衡を是正する余地を確保す

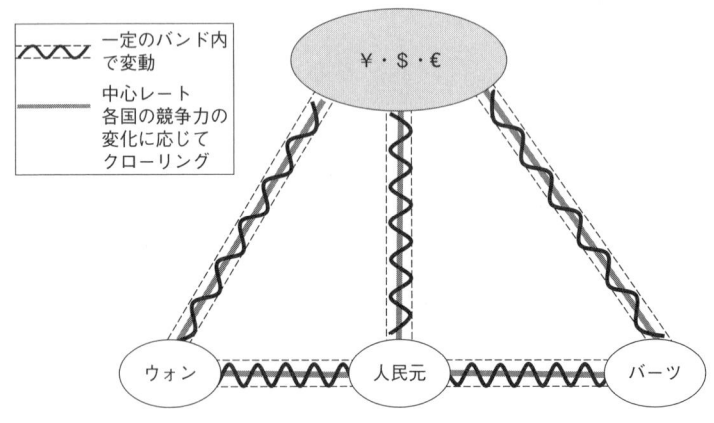

図 5-4 G3 共通通貨バスケット制：BBC ルール

凡例：
- 〰️ 一定のバンド内で変動
- ── 中心レート 各国の競争力の変化に応じてクローリング

(¥・$・€ のバスケットを頂点に、ウォン・人民元・バーツが連動する図)

出所）筆者作成。

るというものである。さらに，長期的な経済成長率格差等により，域内各国間の国際競争力に変化が生じた場合には，逐次中心レートを変更すること（クローリング：Crawling）によって，対応しようという仕組みであり，アジアの通貨システム改革の第1段階における2つの政策目標を同時に達成するうえで，最適の仕組みであると考えられる。

アジア通貨単位の意義と「時期尚早論」の誤謬

以上の改革案は，2008年に中條（2008）で提案したものの焼き直しであるが，同年に Ogawa and Shimizu（2008）も，ここでいう第1段階の改革手順として，
(1) 為替レート・為替政策に関する政策対話の開始
ASEAN＋3の経済サーベイランスの場で，アジア通貨単位と乖離指数を使用し，為替レートに関するサーベイランスを開始
(2) 各国が決めたG3通貨バスケットを参照とした管理フロート制への移行
アジア通貨単位と乖離指数を使用した為替レートに関するサーベイランス
(3) G3共通通貨バスケットを参照した管理フロート制への移行
アジア通貨単位と乖離指数を使用した為替レートに関するサーベイラ

ンス
というように，ほぼ同じプロセスを想定しており心強いものがある。[20]

ただし先ほども触れたように，各国が為替政策運営で参照するG3通貨共通バスケットと，為替レートに関するサーベイランスのためのアジア通貨単位という2つのバスケットが並存するのは，複雑で誤解を招きかねないという危惧が残る。実際に，学術研究者の中でさえ，2つの通貨バスケットの持つ意義を理解していない発言が散見されるからである。

さらに，すでに第3章で提案したとおり，ASEAN＋3での経済サーベイランスで為替政策・制度のあり方や為替レートの運営を俎上に載せることは，是非とも必要であるが，そこでミスアライメントの回避，あるいは一定の合理的伸縮性を持った為替レートの運営を目指した対話をするとすれば，ACUやAMUと名付けられたアジア通貨単位と乖離指数はひとつの判断材料にはなりうる。これから得られる情報は，アジア各国通貨が全体として，域外のドルやユーロとどう変動しているか，域内ではアジア全体の水準に対して，各国通貨がどの位置にあるかということである。すなわち，立ち位置の確認が主たる役割であり，その目的のためであれば，簡単な名目実効為替レートを計算することによっても可能と思われる。立ち位置だけでなく政策判断には，適正レート（長期均衡レート）のような判断基準が必要であり，全体の加重平均であるアジア通貨単位をそのひとつと捉えれば，実質乖離指数は意義があるが，それだけではなくインフレ格差やそれを加味した実質実効為替レート，国際収支動向，生産性動向，貿易構造の変化などを勘案しながら，合理的な調整を図る経済サーベイランスがなされなければならないと考えるからである。あくまでも，アジア通貨単位は判断材料のひとつであるということを忘れてはならない。

そのうえで，結論としてはやや矛盾したものとなるが，できるだけ早期にACUやAMUのようなアジア通貨単位を経済サーベイランスはもとより，債券市場等での契約・表示通貨としても活用することが望ましいと考えている。その理由は，後述のアジアの通貨システム改革の第2段階では，まさにアジア通貨単位が価値基準として中心的役割を果たすとともに，共通通貨である公的ACU（AMU），民間ACU（AMU）が決済通貨，資産通貨，準備通貨などと

しても重要な機能を担うことが期待されている。したがって，第1段階においても導入され，一定の役割を果たすことが第2段階への移行をスムーズにすると考えられるからである。

さらにいえば，アジアの政策目標から論理的に考察すれば，第1段階としては各国独自ないしは共通のG3通貨バスケット制の導入が望まれるが，現実にはその実現の保証はない。むしろ，かなりアジア通貨単位への関心と認識が高まってきている現状からすると，ASEAN＋3おいては，それを中心的に活用したサーベイランスの実現の可能性の方が高いかもしれない。そうなると，理論的観点から我々が期待するような各国独自ないしは共通のG3通貨バスケット制を経ることなく，一部で提案されているように，アジアの各国通貨をアジア通貨単位からの乖離指数で見た一定の変動幅で運営するシステムから始め，域内経済の同質化・一体化とともに，そのまま変動幅を縮小して固定的な第2段階へと到達するというプロセスが，シンプルなだけに選択される可能性を否定できないからである。

上記の第1段階の詳しい説明により，いわゆる「時期尚早論」が誤解であることが理解できよう。筆者は，アジアが最適通貨圏の条件を完全に充足しているとは思っていない。したがって，今すぐヨーロッパのEMSのような固定的な通貨システムを導入することが不可能なことはいうまでもない。アジアはまずその前段の第1段階として，まったく無秩序の状態を解消し，各国経済の多様性や景気動向，発展スピードの相違に応じて，一定の合理的伸縮性を持った通貨システムを構築しようというのが主旨である。この場合にも，往々にして「安定的通貨システム」の創出といった表現がなされることから，「安定」＝「固定」との誤解が生じ，「時期尚早論」を生んでいるように思われる。第1段階でアジア各国通貨に求められているのは，「一定の合理的伸縮性を持つ」という意味での安定的通貨システムであり，多様性や変化に富んだアジアにふさわしいシステムであることを理解してもらいたい。

第3節　第2段階（固定的通貨システム）への移行のための条件

本節では，アジア通貨システム改革の第1段階と次の第2段階の結節点とし

て，次の点を検討したい。ひとつは，上記の第1段階で期待された通貨システムの改革，すなわち中国がアジアの一員・リーダーとして，自主的に人民元の切上げ，弾力化を実施。その後アジア各国が独自ないしは共通の G3 通貨バスケット制に移行し，2つの政策目標を目指した運営で協力がなされた場合，アジア地域経済でどのようなことが可能になるかという点である。

もうひとつは，長期的視野に立って，そのアジア地域経済の変貌を最終的に通貨統合へと導くために，さらにアジア各国がどのような協力をすべきかを検討してみたい。つまり，対外的なショックに対しては安定的な通貨システムであると同時に，域内では一定の合理的伸縮性を持った通貨システムによりアジア各国間の調和的・補完的分業関係を形成し，域内の経済関係の深化，経済の一体化・同質化を図ったうえで，域内に固定的な独自の地域通貨圏を形成するための条件を検討するのが，本節の目的である。

3-1 域内経済依存関係の深化と「自己完結的貿易」構造への転換

アジアの実物経済面での経済統合は，浦田（2007）に代表されるように，市場誘導型であったものが，21 世紀に入り制度誘導型の要素が現れつつあるという。現在，アジアでは「アジア共同体」構想実現に向け，通貨・金融面での協力と平行して，実物経済面での統合のために FTA や EPA の締結が推進され，制度誘導型の色彩が加わっている。こうした FTA や EPA がアジア各国間で錯綜する形で締結されることによって，アジア地域全体が面として貿易や投資，サービス，人的交流などに関して障壁が薄れ，種々の経済交流が促進されると期待される。そうした状況下で，アジア各国の経済主体が国境を越えた経済活動の意志決定をなすに当たって，アジア各国間の為替レート変動，為替リスクを強く認識するようになることは想像に難くない。なぜならば，アジア域内でクロスボーダーの経営活動を目指す企業にとって，多くの障壁が緩和された中では，為替レートの変動が成否を左右する最大の要因となってくるからである。事実，小川（2002）での日本企業に対するアンケート調査結果において，アジアとの貿易，直接投資，資金調達面で為替リスクと通貨交換コストが重要な要因になりうることが示されている。さらに，前掲の Hayakawa and Kimura（2008）では，東アジアにおいては域内貿易は為替レートのボラテリ

ティによって，他の地域以上にデスカレッジされること，特に国際生産ネットワークによる中間財生産のデスカレッジが大きいこと，ボラテリティの負の効果は関税のそれより大きく，距離に関わるコストのそれよりは小さいことが論証されている。[21]

とすれば，アジアで深刻化している各国通貨間の為替レートのミスアライメント，乱高下によるボラテリティの高まりはアジアの直接投資，貿易に歪みをもたらしかねない。現実に，数次の円のオーバーシューティングは円高シンドロームをもたらしたともいわれているし，アジアへの直接投資における中国への1極集中が懸念されたこと等を勘案すると，為替レートの影響は無視しえない。したがって，アジア各国間の為替レートが前述のように短期的な国際収支不均衡の是正はもとより，長期的には実物経済の実力の変化を反映するように，一定の合理的伸縮性を持った通貨システムとして機能するならば，アジア各国間でミスアライメントが生じる危険性は少なくなる。激しいボラテリティによって，貿易がシュリンクしたり，オーバーシューティングによって，域内資源配分における市場の失敗が起こり，貿易構造まで歪められるという事態が抑制され，アジア域内では合理的・調和的分業関係ともいうべき貿易関係が形成され，経済依存関係の深化が期待されうる。

すでに，アジアでは各国間の経済依存関係は進展し，表5-1に見られるように，EUには及ばないもののNAFTAを凌駕する域内貿易比率にまで達している。とはいえ，アジアの域内貿易の基本的構造は，これまで直接投資に伴う企業の国際生産ネットワーク形成というように市場誘導型で構築されてきた色彩が強く，第4章で紹介したように「三角貿易」構造が形成されているという。[22] すなわち，繰返しになるが，アジアの中では生産工程における技術・資本集約的部分と労働集約的部分での分業関係が日本・NIEsとASEAN・中国との間で，直接投資などを通じて形成されており，前者から中枢部品や資本財が後者に輸出され，それが後者の安価な労働力により組み立てられて，完成した最終財がアメリカ，さらにはEU等に輸出されているという基本的構図である。こうした「三角貿易」構造，とりわけ最終財のはけ口としてアメリカに多くを依存しているという構造が，中間財主体のアジアの域内貿易までも，ナチュラル・ヘッジという観点からドル建てで行う主因になっているという指摘が随所

第3節　第2段階（固定的通貨システム）への移行のための条件　153

表 5-1　世界の主要地域の域内貿易比率（往復貿易）の推移

(単位：%)

		1980年	1985年	1990年	1995年	1999年	2000年	2005年	2006年	2007年
アジア	ASEAN＋6 （再輸出調整）	—	—	—	—	40.3	42.0	44.2	43.4	43.8
	ASEAN＋6	33.3	34.0	33.0	40.4	39.0	40.6	43.1	42.6	43.1
	ASEAN＋3	29.0	29.2	28.6	37.0	35.4	37.4	39.2	38.4	38.8
	ASEAN	15.9	17.9	17.0	21.1	21.8	22.7	24.9	25.6	25.6
	ASEAN＋中国	14.9	15.9	15.8	19.2	19.2	20.1	20.8	21.2	21.5
	ASEAN＋インド	15.1	16.8	16.5	20.8	21.4	22.3	23.9	24.6	24.4
	ASEAN＋日本	23.4	19.9	21.7	27.5	24.8	26.4	26.0	25.9	26.2
米州	NAFTA	33.2	38.3	37.2	42.0	46.8	46.8	42.9	42.0	41.0
欧州	EU27	57.5	58.4	65.4	65.4	66.8	65.1	65.0	65.5	65.8

注1）ASEAN＋6 は ASEAN および日本，中国，韓国，豪州，ニュージーランド，インド。
注2）ASEAN＋3 は ASEAN および日本，中国，韓国。
注3）域内貿易比率（往復）は，（域内輸出額＋域内輸入額）／（対世界輸出額＋対世界輸入額）×100 で算出。
注4）ASEAN＋6（再輸出調整）については，以下の推計方法を使用し，二重計上となる再輸出を調整した域内輸出額を推計。
〈ASEAN＋6 の構成国シンガポールについての調整〉
① シンガポール原産の対世界輸出額＝対世界輸出総額－対世界再輸出額
② シンガポール原産の対ASEAN＋6 輸出額＝対 ASEAN＋6 輸出総額－対ASEAN＋6 再輸出額
③ シンガポールの対世界輸入額＝対世界輸入額－対世界再輸出額
④ シンガポールの対 ASEAN＋6 輸入額（推計値）＝対 ASEAN＋6 輸入額＊（対世界再輸出／対世界輸入）
〈ASEAN＋6 の非構成国香港についての調整〉
上記手順で算出された ASEAN＋6 の域内輸出額に加えて，以下の手順で調整。
① ASEAN＋6 から香港経由で ASEAN＋6 に再輸出された額を加算。
② 上記のうち，中国から香港経由で中国に再輸出された額を除算（中国国内貿易と見なされるため）。

資料）*Direction of Trade Statistics*, May 2008（IMF），各国貿易統計から作成。
出所）『2008 年版ジェトロ貿易投資白書』，図表Ⅱ-12。

で開かれる。

　ところが，FTA や EPA の締結が進み制度誘導型の色彩が強まり，一段と企業の貿易や直接投資が促進される中で，G3 共通通貨バスケット制が導入され，域内が一定の合理的伸縮性を持った通貨システムになることにより，各国

は幅広い商品について比較優位に基づいた調和的・補完的分業関係を形成しやすくなると期待される。すなわち，域内の貿易構造は工程間分業関係のみにとどまらず，最終財の間でも国境を越えた棲分けが進展し，製品差別化分業関係もともに進展した構造へと変容すると予想される。すでに，青木 (2005) において指摘されているように，アジアに進出した日系企業からの逆輸入という形で，日本のアジア各国からの製品輸入が増大しつつあるという。しかし，何よりも向山 (2003) が予想したように，中国が世界の生産基地としてだけでなく，「世界の市場」として海外からの製品輸入面で重要な役割を果たしつつある。日中を中心に最終財がアジアで吸収される度合いが高まり，アジアの貿易構造は工程間分業とともに，製品差別化分業が並存し，各種部品，資本財，消費財が域内を相互に交錯することになり，第4章の図4-4の下段のように，域内での自己完結性の高い貿易構造に移行すると期待される。

とすれば，域内貿易比率は一段と上昇するし，貿易における契約や決済においても，あえてドルでナチュラル・ヘッジをする必要性が薄れる。したがって，ドルに代わって現地通貨建てが増加し，域内貿易を中心に通貨の多様化が進展すると推察される。

3-2 国際資本取引の活性化，多様化，地域化

通貨危機前のアジアにおいては，大部分の国が I-S バランス上，貯蓄過小国であり，日本および欧米の金融・資本市場から外貨資金を導入せざるを得なかった。その導入に当たり，実質ドル・ペッグ政策の下で，資本取引の自由化を急ぎ過ぎ，短期の投機的ドル資金の過剰流入を招いたことが危機につながった。しかし，通貨危機後アジア各国の I-S バランスは投資の減退により，貯蓄超過に転じているが，その中でも外貨資金の導入においてドル一辺倒の状態に是正の兆候が出ていることが括目される。通貨危機から2000年初頭においては，タイは通貨バスケット制を導入したわけではなかったが，タイ・バーツがドルとの伸縮性を高めたことにより，タイの民間部門においてドル資金の借入比率が低下し，円やその他通貨の比率が上昇していることが，井上 (2003) の調査で明らかになっている。[23] さらに 2006 年頃，韓国では円金利が低水準にあるうえ，ウォンの対円レートの上昇によって，円借入が増加しているという

報道がなされた。これらのことは G3 共通通貨バスケット制の導入がなされた場合，アジア各国通貨とドル，円，ユーロとの為替レートは同程度の連動性を持ちながらも異なった変動をきたすため，外資導入に当たっては，G3 通貨の各金利と G3 通貨とのそれぞれの為替レート変動予想とを勘案して，借入通貨の選択がなされる余地が出てきたことを意味する。つまり，アジアの通貨システムの改革によって，外資導入面で通貨が多様化し，ドル一辺倒ともいえる過剰なドル依存の軽減が期待されるということである。

　それのみでなく，アジア域内で余剰資金を相互に融通し合って，効率的に活用し合う機会が増大すること，あるいは増大させる努力が必要となる。もちろん，域内資本取引の顕著な増加は EMS 創設後のヨーロッパで経験したように，次の第 2 段階における AMS 下の固定的な域内通貨システムへの移行を待たなければならないかもしれない。しかし，G3 共通通貨バスケット制の下においても，アジア各国通貨が一定の合理性を持って変動し，ミスアライメントが生じないようになれば，域内での安定的な資金移動の誘因が増すと期待される。と同時に，各国での適切な資本取引の自由化や ABMI のような地域的な政策協力の継続が必要であるといえる。

　既述のようにアジア債券市場育成の努力が実りつつあり，アジア各国の債券市場は順調に拡大している。しかし，残念ながら未だにアジアでは各国に強固で近代的な金融システムが構築され，それが地域全体としての金融・資本市場として統一されていないため，アジア域内においてクロスボーダーで資金が直接取引されることはさほど多くはない。仮にアジアで余剰資金が発生しても，それは一旦欧米に流出し，欧米金融・資本市場を経て再びアジアに還流することが多い状態が続いている。

　例えば，表 5-2 を見てもらいたい。海外への投資側を見てみると，長期債券についてはアジアの総対外投資残高 2 兆 1,419 億ドルのうち，アジア域内ではわずか 2.7% の 588 億ドルしか投資されていない。株式はそれに比べれば多少活発である。すなわち，総対外投資残高 9,979 億ドルのうち，2,025 億ドルがアジア域内で投資されているが，それでも 20.3% にとどまっている。両者を合わせた証券トータルでは，8.3% が域内で投資されているに過ぎず，大部分が欧米証券市場向けということである。逆に，海外からの受入側を見てみると，

156　第5章　アジア通貨統合へのロードマップ

表 5-2　東アジアのクロスボーダー証券投資の残高（2006 年末）

（長期債券）　　　　　　　　　　　　　　　　　　　　　　　　　　　（単位：100 万ドル）

受け入れ国	香港	インドネシア	日本	韓国	マレーシア	フィリピン	シンガポール	タイ	合計	総受け入れ残高
中国	2,484	3	414	152	—	—	731	—	3,784	11,325
香港	—	26	701	2,444	29	198	2,653	—	6,052	17,966
インドネシア	171	—	435	77	108	—	2,341	—	3,131	10,698
日本	2,247	—	—	793	37	8	1,658	3	4,745	223,253
韓国	8,864	8	5,752	—	132	—	5,611	127	20,493	51,705
マレーシア	3,621	7	1,038	204	—	—	2,790	59	7,719	21,694
フィリピン	720	—	1,493	21	14	—	516	—	2,764	18,922
シンガポール	3,692	89	3,136	300	29	502	—	449	8,197	28,954
タイ	475	—	111	94	—	25	933	—	1,638	5,130
ベトナム	226	—	37	5	—	—	66	—	335	1,212
合計	22,500	133	13,116	4,090	349	733	17,299	638	58,858	390,860
総投資残高	189,303	909	1,811,986	46,491	3,346	4,670	82,159	3,073	2,141,936	16,295,314

（株　式）　　　　　　　　　　　　　　　　　　　　　　　　　　　　（単位：100 万ドル）

受け入れ国	香港	インドネシア	日本	韓国	マレーシア	フィリピン	シンガポール	タイ	合計	総受け入れ残高
中国	100,009	—	9,853	1,681	13	—	6,913	10	118,479	266,123
香港	—	—	11,014	4,156	441	—	18,719	7	34,337	214,490
インドネシア	—	—	456	3	39	—	1,336	1	1,835	26,237
日本	6,918	—	—	1,809	217	—	4,534	7	13,485	1,091,617
韓国	2,254	—	3,358	—	113	—	4,530	—	10,256	212,337
マレーシア	751	1	493	48	—	—	7,771	111	9,175	33,383
フィリピン	192	—	109	1	12	—	423	1	738	11,014
シンガポール	2,858	7	3,772	490	1,558	2	—	80	8,767	93,207
タイ	872	12	1,049	9	53	1	3,248	—	5,244	32,203
ベトナム	—	—	—	120	—	—	109	14	243	570
合計	113,853	19	30,103	8,318	2,447	4	47,582	231	202,558	1,981,180
総投資残高	350,846	359	510,418	36,819	3,753	117	93,973	1,694	997,979	13,779,537

注）1. 投資国に中国とベトナムが含まれていないのは，投資国としてのデータがないため。
　　2. 各表の右下隅の数字は，世界の証券投資残高の合計を示す。
資料）IMF, *Coordinated Portfolio Investment Survey* より作成。
出所）清水聡『アジアの域内金融協力』東洋経済新報社，17 ページ。

長期債券についてはアジアの総受入残高 3,908 億ドルのうち，アジア域内からは 15.1% の 588 億ドル。株式については総受入残高 1 兆 9,811 億ドルのうち，アジア域内からは 10.2% の 2,025 億ドル。証券トータルでは，12.9% をアジア域内から受入れているに過ぎず，やはり大部分が欧米を中心とした海外からの投資に依存しているということである。

この統計には反映されていない資本移動を勘案すれば，さらに域内の資本移動の割合は少ない。すなわち，周知のように今や世界全体の保有額の 6 割近くを占めるアジア各国の外貨準備の太宗は，アメリカの TB を始め，欧米でドルやユーロ建て債権として運用されている。まさしく，それを多少とも打破すべく，アジア域内での運用の試みが ABF として推進されているということである。さらに，銀行部門を中心とした貸付市場での借款の動きも，アジアからはコルレス勘定等，短期の預金が欧米に流出している反面，アジアへは欧米から巨額の短期・長期のドル貸付がなされており，アジア域内では邦銀や香港，シンガポールの銀行の融資活動による資金交流があるものの，その多くがドル建ての外－外取引という状況にある。[24]

すなわち，極めて大まかにいえば，アジアでの国際資本移動は図 5-5 の上段のように，域外の欧米金融・資本市場を経由してなされているといっても過言ではない。これを下段のように，アジアの資金をアジアで直接融通し合うべく，金融・資本市場の統合を図ることが最適通貨圏の条件の充足という点でも必要とされているといえる。

そのための取組みのひとつが ABMI であり，特に域内各国間の国境を越えた債券取引の推進であるといえる。ABMI においてはクロスボーダーの債券取引を拡大すべく，世界銀行やアジア開発銀行といった国際開発金融機関，さらには各国政府の起債促進，クロスボーダー債券投資・発行における阻害要因の検討とそれに基づく諸制度の調整や法整備といったインフラ整備の推進，通貨バスケット建て債券の発行の検討などが進められている。その中でも，域内に魅力的な債券発行主体が十分育成されるまでは，既存の国際開発金融機関の起債によって債券市場の拡大を図ると同時に，その調達資金を域内で融資することに期待したい。さらに，筆者はアジアに地域金融協力のために「アジア通貨機構」といった新たな独自機関を設立し，その機関が積極的にアジアの債券

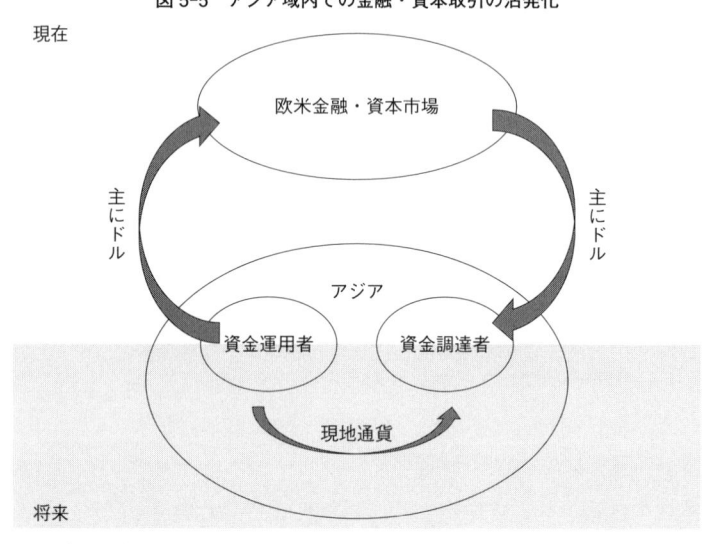

図 5-5 アジア域内での金融・資本取引の活発化

現在

欧米金融・資本市場

主にドル　　　主にドル

アジア

資金運用者　　資金調達者

現地通貨

将来

出所）筆者作成。

市場も活用しながら，アジアの余剰資金を域内で交流させる仲介機能を発揮すべきことを，すでに第 3 章の補論において提案した。

あるいは，G3 通貨による通貨バスケット建て債券および ACU 等のアジア通貨単位による通貨バスケット建て債券の発行が検討されているが，これによってクロスボーダーの債券取引の為替リスクが軽減され，取引が拡大することに期待したい。[25] この通貨バスケット建て債券発行で，前者の場合は G3 共通通貨バスケット制の下で，為替リスク軽減効果による債券取引の拡大が期待されるが，アジアの現地通貨の活用という意味では効果に乏しい。後者の場合は，G3 共通通貨バスケット制下で ACU 等のアジア通貨単位が経済サーベイランスに活用される形で運営されるならば，為替リスク軽減効果が期待できると同時に，ACU 等が単に通貨単位としてだけでなく，契約・表示通貨，投資通貨（資産通貨）として民間活用されることを意味し，アジアの資本取引の現地通貨化の第一歩として評価されうる。

アジア各国は，自国の金融システムの強化を背景に資本取引の自由化を推進すると同時に，債券市場を対象とした ABMI にとどまらず，地域協力として

広くアジアの金融・資本市場の統合を図ることによって，アジアで現地通貨での資本交流を活発化することが望まれる。それに対して，第1段階でのG3共通通貨バスケット制の導入が，アジア各国通貨間の為替レート変動に一定の制限幅と合理性をもたらすことにより，促進効果を持つことが期待される。

3-3 円の国際化の可能性と人民元等の国際化

次に，第1段階において予想されることは，アジアにおいて円の国際化が若干ながらも進展する可能性があるのではないかという点である。

世界全域における円の使用に比べれば，アジアでの円使用頻度は多少高いもののドルの補助的通貨に過ぎず，通貨圏としてはアジアがドル圏であることは否めない事実である。このアジアの対アメリカ，日本，EU等との相互経済依存関係とアジアにおける使用国際通貨のミスマッチ，すなわちドルへの過剰依存がアジア通貨危機の根底にあったということを勘考するならば，アジアの経済的安定維持に資するという大義名分を得た円の国際化の行方も無視し得ないものがある。しかし，残念ながらアジア通貨危機以降の実情としては，円の地位はむしろドルとユーロの狭間で国際通貨機能を低下させており，中国の学術研究者の間では円の国際化，とりわけアジアでの失敗を教訓として，人民元のアジア化戦略を提唱する動きさえ見られる。[26]

しかし，円の国際化は次章で改めて詳述するが，アジアの通貨システムの改革にとって不可欠の条件であるため，その可能性を追求すべきであり，またその可能性がありうることをここで強調しておきたい。円の国際化については，1998年から2000年にかけて，筆者が抽象的議論ではなく具体的にアジアで円の国際化を阻害している要因を調査した結果，アジア各国の通貨システムから来る為替リスクの大きさ，日本企業のバーゲニング・パワーの弱さ，アジア企業にとって円建て債権の取得機会が少なく，ナチュラル・ヘッジが難しいこと，外国為替市場および金融・資本市場の未整備，日本の主要企業において，ドル中心の為替リスク管理体制の構築が進んでいることがネックになっているとの結論を得た。こうした実態に鑑みるならば，次の2点は円の国際化の進展要因になりうると期待されるからである。

まず第1は，G3共通通貨バスケット制への移行は，アジアの企業等にとっ

て対外取引の為替リスクという点で，ドルと円を対等の立場に置くことになるという点である。もちろん，利便性，受領性といった点でドルの優位性は揺るがないが，円にとって大きなハンディキャップであった為替リスク上の劣位が消滅することは無視できない。例えば，円がドルに比べて低金利である中，現地通貨に対する円とドルの為替リスクが同等化するとすれば，アジアの外貨資金導入に変容が生じてもおかしくないし，実際にそうした動きが出たことは前述のとおりである。あるいは，安定的なドルしか選択の余地のなかったアジアの貿易企業にとっても，自国通貨に対する円とドルの先行き予想を勘案して，契約・表示通貨，決済通貨を決めることになると考えられるからである。まさに，円は最大のハンディを解消し，ドルと同じ土俵の上で勝負できることになるということに他ならない。

　第2は，前述のようにアジアの域内貿易比率が高まり，なおかつ製品間の差別的分業関係の進展により複雑に交錯した水平貿易が増大する中で，特に日本が「逆輸入」を初めとして，アジアからの製品の有力なアブソーバーとなれるならば，アジアの企業にとって円でのナチュラル・ヘッジの機会が増大し，円が活用しやすくなるという点である。つまり，日本向け輸出によって円建て債権を取得する機会が得やすくなれば，アジアの企業は日本からの原材料，資本財の輸入，さらには外貨資金の調達を円で行う誘因が強まるということである。その際のポイントは，日本がいかにアジアからの輸入を促進し，なおかつ円建て輸入を増大させ得るかにあり，円建て輸入促進のための優遇的政策措置をとるべきと考える。

　事実，アジア通貨危機後バーツがドルとの伸縮性を高めているタイでは，すでに紹介した井上（2003）に述べられているように，対日円建て輸出と円での外貨資金調達が増加しているという。まさに，ドル建て取引の為替リスクが認識される中で，日系企業を中心に円建て債権と円建て債務のナチュラル・ヘッジにより，為替リスクの回避を図る行動が顕在化し始めたものである。つまり，アジアで「自己完結的貿易」構造の構築が進展し，日本企業でもアジアの取引先現地企業，日系子会社からの円建て輸入が増大すれば，円がアジアに供給され，それで日本企業・本社からの円での部品や資本財輸入が可能となり，さらに設備投資・運転資金の不足分の円借入も返済が可能となる。まさに，円がア

ジア各国と日本を循環（円がアジアを巡る）する構図が描けるといえよう。そのためには，第1段階でのアジアの通貨システムの改革が断行され，さらに円でのナチュラル・ヘッジ機会の増大，アジアの外国為替市場や金融・資本市場の育成・改革，日本企業・金融機関の意識改革等が相俟ってなされるといったように，円の国際化を阻害する要因が緩和されるならば，アジアにおいてそれが進展する余地はあると推察される。

ただし，アジアにおける円の国際化といっても，それはこの段階で基軸通貨・ドルに取って代わることを意味するものではない。それができるとは思われないが，仮に可能であっても，アジアの安定化に資することにはならないからである。あくまでも，アジア通貨危機の根底にあったのは「過剰なドル依存の軽減・解消」であり，アジア各国の対外経済依存関係を反映した形で，円のプレゼンスを高めることを目指すというのが，ここでの目的である。

円だけではなく，次の第2段階で，アジア域内通貨の固定的な通貨システムにおいて中核となるACU等のアジア通貨単位を構成するアジア各国通貨についても，国際化の進展が望まれる。前述のように，単にACU等がアジア各国の為替政策運営のサーベイランスのための指標として使用されるだけの段階から，後述のようにアジア通貨制度（Asian Monetary System：AMS）下で，基準通貨として使用され，かつ公的および民間取引で契約・表示や決済に使用される段階に向かうためには，それを構成する円およびアジア各国通貨は完全な交換性を有したものとならなければならない。特に，円と並んでACU等の構成通貨の中核をなすと期待される中国の人民元の国際化は不可欠と考えられる。中国を初めアジア各国は自国の金融システムを強化し，安定化を図ったうえで，資本取引の自由化を進め，資本取引に関する交換性も満たしていかなければならない。それによって，アジア各国通貨がアジアの外国為替市場で頻繁に取引され，必要に応じてアジア各国通貨で短期的な資金の融通がスムーズになされうることが必要だからである。

3-4　経済サーベイランスの充実と政策協調の進展

G3共通通貨バスケット制の導入によって，域外経済との安定化を図ると同時に，域内の調和的・補完的分業関係を進展させるためにはアジア各国経済の

動向を正確に把握し，短期の景気動向や長期的な経済力の変化に応じた為替政策運営の協調が不可欠である。そうした場として，現在は前述の ASEAN＋3 財務大臣・中央銀行総裁代理会議および財務大臣会議や EMEAP などにおけるサーベイランス・プロセスと政策対話があるが，未だにここでアジアの通貨システムのあり方や運営が取り上げられるに至っていない。筆者はもっと幅広い機能・業務を遂行しうる「アジア通貨機構」といった新たな地域独自機関を設立すべきことを提案してきたが，いずれの機関であれ，中立的立場でアジア各国の経済状況を正確にモニターし評価したうえで，メンバー国間でのピア・プレッシャーが働いたり，積極的な政策協調が検討・実行される経済サーベイランスの場が必要であることを強調したい。

　その場で，アジアの通貨システムの改革をまず俎上に乗せなければならないことは，すでに述べたとおりである。とりわけ，アジア各国間で為替レートのミスアライメントを生じさせないように，一定のバンドを設定したり，何らかの客観的なデータに基づいて，中心レートを適宜クローリングするという為替政策に関する政策協調が図られなければならないことはいうまでもない。その具体的な手法の一つとして，ACU 等のアジア通貨単位やそこからの乖離指標の活用が提案されているが，それも含めた種々の客観的データに基づき議論や検討がなされるべきといえる。

　さらに，アジア各国の経済依存関係が進展し，各国経済が一体化・同質化するとともに，政策協調は経済政策全般，とりわけ金融政策が重要視されねばならない。前述のように，アジア各国で資本取引の自由化が進捗し，資本の交流が活発化する中で，アジア域内の通貨システムを固定化し，さらには通貨統合へと発展させていくためには，次の段階の通貨システムに参加する国は金融政策の自立性を犠牲にせざるを得ない。国際金融のトリレンマ論が教えるように，資本取引の自由化，固定的通貨システムの下では，金融政策の自立性は放棄し，各国は統一的な金融政策を採用するよう協力をすることが不可欠だからである。したがって，アジアにおいて域内の固定的通貨システム構築を目指して，各国間の政治的コミットメントを形成していくことが重要な地域協力課題になるといえよう。

第4節　AMS下の域内通貨固定化から通貨統合へ

4-1　アジア通貨制度（AMS）の構築

　ひとつの通貨の下で，ないしは固定的な複数の通貨の下であっても，統一的な金融政策によって経済運営が可能な地域が最適通貨圏であるとすれば，そのためには周知のように，

(1)　非対称的な経済ショックが発生しないこと

(2)　仮に，発生しても労働や資本といった生産要素の移動によるか，生産要素価格の変化によって，格差が調整されるメカニズムが作用すること

(3)　あるいは，圏内各国間で財政面での所得再配分が可能なこと

のいずれかが必要とされる。これを受け，具体的な最適通貨圏の条件としては，労働と資本という生産要素移動の有無を指摘した Mundell (1961)，経済の開放度を重視した McKinnon (1963) が注目されることが多い。[27] しかし，要するに経済が同質的であるが故に，異なるショックに見舞われないか，あるいは異質であっても，対外開放度が高いうえ調和的・補完的な相互依存関係が強いためにショックの影響が全体に波及し一体感があることが，特に重要と考えられる。

　こうした最適通貨圏の条件に鑑みるならば，前節で検討したようなG3共通通貨バスケット制の下でのアジア経済の変貌予想や地域協力の努力は，その充足に資すると期待される。すなわち，実物経済面で域内貿易依存度が高まり，貿易構造も調和的・補完的分業関係が進展して域内での自己完結性が強まり，かつその取引において，ドルに代わって域内通貨建てが増加するとともに，金融面においても，域内での直接的な資本取引が拡大し，かつ域内通貨での交流が活発化すると予想されるからである。さらには，円や人民元の国際化が進展するならば，アジアの基軸通貨・ドルへの侵食が進み，過剰な依存が是正されることになるし，経済運営のサーベイランスと政策協調への機運が高まると期待される。そうした条件が整うならば，アジアの通貨システムの政策目標は，第1段階のそれから転換が可能となる。

　すなわち，域内的には通貨の固定化が可能となり，そのメリットを追及すべ

きチャンスが生まれる。同時に，アジア経済の一体化・同質化が進展しているならば，対称的ショックのひとつとして，域外に対する同一方向の為替レート変動には耐えうることになる。つまり，第1段階での為替政策目標とはほとんど正反対に，域外とはアジア各国通貨全体として同一方向に変動し，域内では可能な限り固定的関係を維持するという共同フロート制を目指し，その究極の姿として通貨統合が政策目標の可能性として浮上してくる。換言するならば，一体化・同質化したアジア経済においては，日本も含めてアジア域内の通貨を固定化し，ドルから脱却した独自の通貨圏の形成，ひいては共通通貨による通貨統合を目指すという第2段階へと進むことが可能になるが，本節ではその道程をおおまかに描いてみたい。

まずは，G3共通通貨バスケット制のBBCルールに即した運営において，バンド幅を縮小し，かつ中心レートのクローリングをなくして行き，ある段階でヨーロッパのEMSに倣って，円を加えたアジア各国通貨からなるアジア通貨単位（以下，ACUとする）を中核として，固定的な通貨システムであるAMSを構築すべきであるということに他ならない。なぜならば，そもそも対外開放度合いが高いアジア各国において，調和的・補完的分業の深化と域内資本取引の増大により域内の経済依存関係が高まり，一体化・同質化が進展することによって，現在以上に非対称的なショックに見舞われる危険性が薄れると見られる。さらに，仮に非対称的なショックが発生しても，市場統合の進展によって人，物，金の移動への垣根が解消されるため，ショックを緩和し，各国経済を平準化するメカニズムが機能しやすくなるが，特に資本移動の活性化の効果が期待されうる。さらに，政策協調の進展によって財政政策の調整が可能となり，ショックを政策的に緩和しやすくなるかもしれない。ということは，前述のようにすでに一部で条件を満たしているともいわれる最適通貨圏の条件がより充足されるということに他ならず，その進捗状況をにらみながら，域内通貨の固定化を進めればよいと考えられる。

その場合，具体的にG3共通通貨バスケット制からAMSへと制度を転換するに際して，2つのことに留意する必要がある。まずひとつは，再三述べているようにこの両制度の政策目標は大きく異なるものであり，その転換はできるだけ明快に行うべきことである。具体的には，一体化・同質化の進展に合わせ

て中心レートからの変動幅を縮小し，固定化が維持可能なことを確認できたならば，一挙にACUを中心としたAMSへと転換を図ることが望ましい。村瀬（2000）あるいは河合（2008）では，この転換過程で，当初はドル，ユーロを排除しないまま円やNIEsなど一定の発展段階に至ったアジア各国の通貨が混在する通貨バスケット制を採用するという両制度の中間型を提唱しているが，このシステムは複雑で分かりにくい。[28] 円，ドル，ユーロが変動している中で，そのG3通貨と一定の条件を満たしたアジア通貨からなる通貨バスケットにアジア各国通貨をペッグさせる制度の政策目標は何かが不明瞭であるし，主要域外国と域内国の双方への安定を求めるような制度は，最適通貨圏の条件から見て運営が難しい。さらには，後述のようにドルから脱却し，アジアに独自の通貨圏を構築しなければならない段階に至って，ドルをバスケット内に残したのでは，ドルから特定域内通貨への基軸通貨の転換は困難であり，政策目標に矛盾するといわざるを得ない。前述のような条件が整いつつある過程では，変動幅を縮小して固定化し，最終段階では円を含むアジア各国通貨を固定化するAMSの構築へと転換するとともに，ドル，ユーロとの適切な共同フロートを容認しながら，必要以上の乱高下は3極の協調で対処すべきと考える。

　もうひとつは，実際の制度転換の時期はかなり政治的意思，決断に負うことにならざるを得ないということである。なぜならば，ヨーロッパにおけるEMSの場合でも，それは「現実の経済実態から判断して創設されたのではなく，西欧の対内的・対外的な必要性，「あるべき将来の状態」をもたらすために政治的決断から生み出された「意志の産物」である」との主張も見られるし，そもそも共通通貨の導入のような固定的通貨システムの採用によって，最適通貨圏の条件が内生的に整ってくるとの議論もあるからである。[29]

　そのAMSの具体的仕組みは，EMSと同じように，ACU，為替相場メカニズム（Exchange Rate Mechanism：ERM），信用供与メカニズムからなるといえる。[30] 詳述の必要はないと思われるが，まずACUは第1段階における為替政策運営のサーベイランスのための中心をなすという役割を越えて，ERMおよび信用供与メカニズムにおける共通計算単位，あるいは各国間ERMの公的決済通貨，準備通貨として機能するものとなる。さらに，この公的ACUにとどまることなく，民間取引においても，資本取引等での安定的な通貨として契

約・表示通貨および投資通貨機能を果たすことも期待される。

 ERM は，この ACU に対してアジア各国は中心レートを設定し，それをベースに各国通貨間の基準レートが決められ，この基準レートに対して上下数％の上下限が設定される。すなわち，域内通貨間はパリティ・グリッド方式の固定相場制で，域外通貨に対してはフロートするという共同フロートであり，域内の固定を維持するために，一定の為替介入ルールが規定されなければならない。

 さらに，このような為替相場制度を維持していくために，アジア各国の中央銀行間で発生する債権・債務を決済する仕組みと，各国間の国際収支の不均衡をファイナンスする制度が必要である。そのために，ヨーロッパの場合は欧州通貨協力基金（European Monetary Cooperation Fund：FECOM）が設立され，超短期ファイナンス，短期通貨支援，中期金融援助という3つの信用供与制度が作られた。アジアにおいては，すでに第1段階で筆者が提案したような通貨・金融協力のための独自機関の設置が可能となっていれば，その機関が幅広い機能のひとつとして，メンバー国からの外貨準備の預託を裏付けとしたACU の発行，CMI のような緊急資金支援制度に加えて，メンバー国の出資や融資および自ら市場で調達した資金による信用供与制度を運営することが可能になるかもしれない。

4-2　ドルの駆逐と基軸通貨の交代

 次に，こうした AMS が構築された場合，アジアにおいてドルが駆逐され，独自の通貨圏が形成されるか否かを検討してみたい。換言するならば，為替媒介通貨，さらには介入通貨，準備通貨がドルからアジアの通貨に代わるという基軸通貨の転換が起こり，アジアがドル圏から離脱できるか否かである。結論からいえば，AMS 下ではアジアの貿易取引，資本取引の双方において，急速にドル離れが進展し，それを背景に外国為替市場でもドルに代わって，円や人民元など，いずれかのアジア通貨が為替媒介通貨となり，公的部門でも ERM の維持，運営において，いずれかのアジア通貨が基準通貨化し，その通貨によって為替介入がなされ，準備通貨としても保有される可能性が高いといえる。

すでに，AMS の構築に向けた段階でもアジア各国は経済依存関係を増し，一体化・同質化が一定程度進展した状態にあるが，AMS の下では一段と域内の貿易・資本取引が促進されることは間違いない。もちろん，ヨーロッパが経験したように，AMS 参加国によって市場統合や金融統合のための制度，システムの調整や統一化が図られ，制度誘導型で経済統合が推進されることになろう。しかし，それのみではなく共同フロートである AMS 下では，ドルやユーロに対してアジア各国通貨の為替レートは変動するが，域内各国間は若干の幅はあるものの固定相場制が維持されているため，市場メカニズムによって域内の貿易・資本取引が促進され，なおかつその取引の域内通貨化が進展すると期待される。ヨーロッパの場合は，早くから域内貿易取引は現地通貨化され，多様化していたが，EMS の下で域内資本取引が急増し，かつ域内通貨建て化が進展したことが，ヨーロッパの外国為替市場のおけるヨーロッパ通貨間，とりわけ対マルク取引を急増させた。その結果，マルクが為替媒介通貨としての臨界点を越えたために，1980 年代末にドルに取って代わることができたといわれている。アジアにおいては，未だに域内貿易取引自体もドル建てが圧倒的に多いが，AMS 下では為替リスクの少なくなった域内通貨が，貿易・資本取引双方で選択される可能性が高く，それを背景に外国為替取引においても，特定の域内通貨の取引量がドルを凌駕しやすくなると期待される。

　為替媒介通貨は，外国為替市場において最も取引コストが低い通貨が選択されるが，その取引コストは取引量に正比例し，為替レートのボラテリティに反比例することは周知のとおりである。とすれば，特定のアジア通貨の取引量がドルを凌駕し，かつアジア通貨間の為替レートは固定で対ドルは変動ということになれば，この条件が充足され為替媒介通貨としてのドルをアジアから駆逐することが可能になるかもしれない。AMS，とりわけ ERS という域内の固定的為替相場制度は，アジアの貿易・資本取引における現地通貨化を通じて，外国為替市場で特定のアジア通貨の取引量を増大させるという面と外国為替市場でのその通貨の安定性を保証し，ボラテリティを抑制するという両面で，為替媒介通貨化を促すと考えられる。

　アジア各国の外国為替市場で，アジア各国通貨の取引量が増大し，その中の特定通貨が為替媒介通貨化するとなると，公的部門においてもヨーロッパで経

験した事態が起こると見られる。すなわち，ヨーロッパではパリティ・グリッド方式といいながら，80年代末に至ると，マルクが変動する域外通貨の代表ともいえるドルとの共通標準通貨となり，他のEMS参加国はマルクを基準通貨として固定相場制を維持すべく，ドルに代わってマルクで為替介入をするようになるとともに，準備通貨としても保有することになった。本来，対称的なシステムであるEMSは，マルクを中心とした非対称的体制となったわけであるが，アジアでもAMS下の公的部門で同じことが生じると予想される。[31]

　では，ドルに代わって，AMS下での基軸通貨にはどこの国の通貨が選択されるのであろうか。基軸通貨は経常勘定および資本勘定における交換性，購買力の安定性，使用・保有上の容易性・利便性，国際的な受領性で最も優れた国際通貨であり，通貨圏の中心的通貨であることといった必要条件を備えた通貨が選択されるといわれている。[32] しかし，実際のところは為替媒介通貨と同義であり，アジアの外国為替市場で最大の取引量を誇り，ボラテリティが少なくアンカー通貨としての信認が高い通貨にその座が与えられよう。一言でいえば，市場の選択に委ねられるということに他ならない。したがって，AMS下でのアジアの貿易取引や資本取引において，どの国の通貨の信認が一番厚く，どの国が最も貿易や資本の取引量が多く，かつバーゲニング・パワーを有するかによって，選択される通貨が決まると考えられる。現時点であれば円の可能性が最も高いが，将来は人民元かもしれないし，他のアジア通貨かもしれない。少なくとも，AMSの成立が長引けば長引くほど，円に代わって，人民元の可能性が高まるといえるように思われる。

　ただし，アジアにおいて最終的に共通通貨による通貨統合を目指すのであれば，その過渡期に過ぎないAMS下で基軸通貨の座を争うことに，さしたる重要性は認められない。究極的には，円でも人民元でもない共通通貨が登場することになるからである。むしろ，重要なことは基軸通貨の座の争奪ではなく，基軸通貨国はアジア全体の経済動向を考慮した適切な金融政策の運営を目指し，周辺国はそれに足並みを合わせた政策運営を行うという政策協調に他ならない。ヨーロッパが曲りなりにもEMSを長年にわたって維持することができ，通貨統合へとつなげ得た最大の要因が，基軸通貨国・ドイツの金融政策への収斂にあったことに鑑みれば容易に理解されよう。

4-3　アジア共通通貨の創出

　以上のように，アジアでも AMS 下で脱ドルが実現し，円や人民元などの中からいずれかの通貨が地域的な基軸通貨となり，対外的にはフロート，域内は固定といういわゆる共同フロート制が安定的に維持できるようになると期待したい。その中で，一段と域内経済の一体化・同質化が進展し，政策協調がスムーズになされるようになれば，後は適切なタイミングと一定の条件の下で，再び政治的意思・決断によりゴールである通貨統合，すなわち共通通貨の導入を目指すことが可能になろう。各国の利害を乗り越えた政治的意思の結集により，タイム・スケジュールを策定し，ヨーロッパにおけるコンバージョン・クライテリアのような参加条件を設定することによって，新たな共通通貨を導入し，通貨統合を図るということに他ならない。

　もし，以上のようなプロセスによって，アジアが通貨統合を完成しうるならば，ドルの不安定性から域内経済を防護しやすくなると期待される。なぜならば，大きなウエートを占める域内経済が安定的に運営可能になるからである。さらに世界全体で見ても，アジアがドル圏から新しい通貨圏に転換することによって，ドル圏，ユーロ圏，アジア共通通貨圏が拮抗する形での3極鼎立体制が形成され，世界的な通貨安定に向けての協調体制が確立しやすくなると思われる。少なくとも，今日のドル1極に近い国際通貨体制が崩れることにより，通貨交渉におけるパワーバランスが取れ，アメリカの独走を阻止しやすくなると期待されるからである。

　ただし，アジアにおける共通通貨の創出による通貨統合に際しては，近年ギリシャやアイルランドの財政問題を契機に，ユーロの信認が低下し，共通通貨の維持に不安が生じている事態を教訓にすべきことを忘れてはならない。それは，最適通貨圏を確保するためには，圏内の各国間で財政面から所得の再配分が可能なことという条件が望まれるが，現実にはこれが難しいことに関連している。今回のギリシャの財政問題は異質であるが，通貨統合によって金融政策と為替政策を失ったユーロ導入国においては，残された経済政策手段である財政政策を域内の景気のズレの調整に有効活用することが難しいことを経験してきた。国家主権として残された財政政策を統合し，景気のズレに応じて，全体的立場から域内の所得再配分をすることが理想であるが実現は難しい。かと

いって，財政主権をユーロ導入国自身に委ねた場合，1カ国でも放漫な財政運営をしたことが，ユーロ全体の信認に係ることを痛感させられた。

したがって，通貨統合に当たっては，そもそも非対称的ショックが起こらないように，一体化・同質化した国に限定すべきであるといえよう。そのための選定基準として，EUにおけるコンバージョン・クライテリアで十分かというと，はなはだ疑問である。ユーロ導入16カ国には，ギリシャ以外にも一体性・同質性を疑わざるを得ない国があるように思われる。アジアにおいてはこれを教訓に，共通通貨への参加国の選定は拙速にならないように厳格にし，十分に条件を満たした国から確実に通貨統合を実現すべきであろう。

アジアでも通貨統合という壮大な実験がスムーズに進展した場合のロードマップを提示したが，その実現可能性に懸念がないかというと，必ずしもそうではない。最後に，その懸念を簡潔に指摘しておきたい。アジアは現時点での経済規模や発展段階の格差だけでなく，将来の状況を勘案すると，果たして典型的な対称的通貨システムである共通通貨による通貨統合が構築できるかという危惧が残る。もちろん，ヨーロッパでも経済格差は存在したが，相対的に小さいこと，とりわけ強大国間の経済力が比較的拮抗しており，それを背景とした対等な交渉と譲歩が可能であったが故に，各国が通貨主権を放棄して，それぞれが対等な対称的通貨システムを構築できたといえる。しかし，将来のアジアはどうであろうか。このまま中国が順調な経済発展を遂げうるか疑問もあるが，もしその発展が可能となった場合，アジアは中国を超大国とするガリバー型経済構造になりかねない。その場合に，域内で自己完結性が強まり，調和的・補完的分業関係ができたとしても，中国と他のアジア諸国の貿易依存関係は対等ではなく，したがって通貨外交のバーゲニング・パワーが異なるということが起きかねない。

具体的な数値を表5-3で見ながら，考えてみよう。ヨーロッパの場合，ユーロ導入に至る経済・通貨同盟（Economic and Monetary Union：EMU）の検討時の経済規模の比較ではないが，それと大差がないとして表からいえることは，中核をなした国々の経済規模が拮抗していることである。憶測に過ぎないが，ドイツ・シュミットとフランス・ジスカールデスタンの個人的関係だけでなくこうした経済力の状態が背景にあったが故に，対等の通貨交渉ができたこ

表 5-3　代表的ユーロ域国とアジア共通通貨参加予想国の経済規模の相違

(単位：兆ドル)

ユーロ域国 （イギリスは参考）	GDP （2009年）	アジア共通通貨参加予想国（インド,台湾,香港は参考）	GDP （2009年）	GDP 予測値 （2030年）	GDP 予測値 （2050年）
ドイツ	3.35	中国	4.90	25.16	33.38
フランス	2.67	日本	5.06	4.70	4.99
（イギリス）	2.18	（インド）	1.23	10.29	19.10
イタリア	2.11	韓国	0.83	1.85	2.02
スペイン	1.46	インドネシア	0.53	1.73	3.07
オランダ	0.79	（台湾）	0.37	—	—
ベルギー	0.47	タイ	0.26	1.00	1.45
オーストリア	0.38	（香港）	0.21	0.34	0.46
ギリシャ	0.33	マレーシア	0.19	0.70	1.17

出所）2009年値は，百科事典『Wikipedia』によるIMFのデータ。2030年，2050年の予測値は日本経済研究センター長期経済予測（2007）によるが，2005年の実績値をベースとした予測であるため，2009年の実績値段階ですでに誤差を生じている。正確性には問題があり，あくまでも大まかな目安に過ぎない。

と，さらに市場メカニズムによって，EMSの下での外国為替市場でマルクがヨーロッパの基軸通貨になっても，ドイツはマルク圏創設という行動に走らなかったことがユーロ誕生につながったといえないだろうか。

　これに対して，現在でもアジアは経済格差が大きいといわれている。ひとつの経済予測値に過ぎず，正確さにはかなり問題があるものの，日本経済研究センターの長期経済予測によれば，中国の突出ぶりが際立っている。すなわち，2050年には中国はアメリカとほぼ拮抗し，アジアにおいては実に日本に対してさえ6.7倍，他のアジア諸国に対しては桁違いの規模になるとされ，その超大国化が歴然としているからである。やや中国の成長が過大評価のように思われるし，今後の交渉はそこまで格差が広がる前になされるかもしれないが，対等な立場で協調的な通貨交渉，とりわけ中核をなすと見られる日本と中国でそれが可能かという懸念は拭い難いものがある。

　この問題は，終章でもう少し詳しく論じたいと思うが，要するに中国が人民元の国際化を推進したうえで，市場メカニズムに委ねていれば，いずれ人民元

がアジアの基軸通貨になる可能性が高いという見方もある中で，あえてその基軸通貨国の特権を放棄し，共通通貨の創出に協力してくれるかということである。あるいは，いかに日本を始めアジア各国が，共通通貨創出に向けた交渉をなしうるかということであろう。筆者は，時期尚早などといわず，今から2段階を経ても通貨統合を目指すことを，アジアで明確に意思表示することが肝要であると考えている。とりわけ，アジアが非対称的な人民元圏化した場合に，最も深刻な打撃を受けるに日本こそ，対等に交渉可能なうちに中国と積極的な交渉に臨むべきであり，韓国，ASEAN，さらにはインドを取り込むといった戦略的通貨外交を展開すべきであると思料する。

小括

　以上のように，アジアでは当面必要とされる通貨システムの改革を急ぎ，それを最終的に通貨統合へとつなげていくことが希求されている。そのプロセスにおいては，何が為替政策・制度運営の目標なのかを明確に認識し，それにふさわしい通貨システムの改革を遂行することが肝要であり，筆者は第1段階と第2段階の2ステージに分けて改革すべきことを強調したい。最終的に，その道程のポイントを要約するならば，表5-4のように取りまとめることができる。
　すなわち，まず第1段階では，すでにアジアで発生しているミスアライメントを是正し，二度とアジア通貨危機のような混乱を引き起こさないような通貨システムの構築が政策目標である。そのために，中国の人民元の過小評価の是正をアジアの調和的・補完的分業関係の形成という観点から促し，そのうえで各国別のG3通貨バスケット制経由，あるいはダイレクトにG3共通通貨バスケット制を導入し，これをBBCルールに則って運営することが望ましい。なぜならば，この通貨システムによって，アジア各国は日本も含む主要域外地域との経済関係の安定的運営を維持し，同時に躍動的な域内各国間の調和的・補完的分業関係を構築していくことが可能になると考えられるからである。
　この体制下で，アジア地域では次のような経済的変貌が生じると期待されるし，またアジア全体として第2段階への移行を目指し，次のような政策的努力を傾けなければならない。すなわち，

表 5-4　アジアにおける通貨システム改革の工程表

第 1 段 階	第1段階から第2段階への移行期の変化と移行条件	第 2 段 階
ミスアライメントの調整と G3 共通通貨バスケット制の導入		AMS から通貨統合へ
[為替政策目標] ★「協調の失敗」によるミスアライメントの是正：人民元の過小評価の是正 ↓ ★域外（含む日本）との経済関係の安定 ★過剰ドル流入の抑制 ★域内各国間の調和的・補完的分業関係の形成 ∥ 域外通貨との安定，域内各国通貨の合理的伸縮性 [具体的為替政策・制度と変化プロセス] ★人民元の段階的切上げ，変動幅拡大 ★各国別の貿易ウエート G3 通貨バスケット制導入 ★G3 共通通貨バスケット制導入 ★中心レートから何％かの変動を容認 ★中心レートのクローリング ★為替政策運営のサーベイランスと政策協調 　ex：ACU 実質乖離指標等の活用	★域内経済依存関係の深化 　域内貿易比率の上昇 ★自己完結的貿易構造への転換 　域内貿易の現地通貨建て化 ★域内資本取引の活性化 　アジア債券市場の発展 　域内資本取引の現地通貨建て化 ★円の国際化の進展と人民元等の国際化 ★経済運営のサーベイランスと政策協調の進展 ∥ 最適通貨圏の条件の充足 政治的意思・決断により，第 2 段階へのドラスチックな転換	[為替政策目標] ★域内（含む日本）各国通貨の固定化 ★域外通貨との変動 ∥ 共同フロート制 ★共通通貨による通貨統合 [具体的為替政策・制度と変化プロセス] ★AMS の創設 　ACU の創出 　ERM の導入 　信用供与メカニズム ↓ ドルから特定アジア通貨への基軸通貨の交代 ★特定アジア通貨国を中心とした政策協調と経済の一体化・同質化推進 ★新たな共通通貨を創出し，通貨統合を実現

出所）筆者作成。

(1)　域内貿易比率の上昇を中心に，域内経済依存関係が深化すると見られること

(2)　「三角貿易」構造から「自己完結的貿易」構造へと転換が進み，域内貿易の現地通貨建て化が進展すること

(3)　「アジア債券市場育成イニシアティブ」等の通貨・金融協力を通じて，アジア域内の資本取引を活性化させるとともに，その資本取引を現地通貨により行うこと

(4)　アジアにおける日本のプレゼンスに見合う形で円の国際化が進展すると

同時に，ACUを構成することになるアジア各国通貨の国際化を推進すること
(5) アジアに調和的・補完的分業関係を構築するためには，アジア各国間でミスアライメントが発生しないように，G3共通通貨バスケット制をBBCルールに則って適正に運営しなければならず，アジア各国は経済運営のサーベイランスを実施し，政策協調を図らなければならないこと

等がそれである。これらが実現するということは，とりもなおさず，すでに通貨統合前のヨーロッパ並みに進展を見ているともいわれる最適通貨圏の条件がより完全に充足されるということに他ならず，機を見てアジア全体としての政治的意思を集約し，次の段階への移行を決断すべきといえる。

第2段階では，アジアがドル圏を離脱し，独自の通貨圏を形成することが政策目標であり，そのために日本を含めて域内通貨を固定化し，域外通貨とは変動する共同フロート制を採用し，最終的には新たな共通通貨を誕生させて通貨統合を図ることを目指さなければならない。

具体的には，まずヨーロッパでの経験に倣って，円を含むアジア各国通貨からなるACUを創出し，それと各国通貨の中心レートを定めて固定化し，その維持のために信用供与メカニズムを備えたAMSを構築すべきである。この体制がアジア各国の政策協調，とりわけ金融政策の協調によって維持されうるならば，アジアの外国為替市場において，為替媒介通貨，さらには基準通貨，介入通貨，準備通貨がドルからアジアの特定通貨に転換され，その通貨を基軸通貨とした独自の通貨圏がアジアに出現すると期待される。円，人民元，あるいは他のアジア通貨のいずれが基軸通貨になるかは不明であるが，この独自通貨圏において，各国の経済依存関係が一段と深化し，一体化・同質化が進展したならば，一定の条件を満たした国が参加し，新たな共通通貨を導入して通貨統合を完成させることが可能になろう。

もし，アジアが通貨統合を果たし，独自通貨圏を出現させることができたならば，アジアはドルの不安定性からくる衝撃を最小限に抑制する可能性を手にすることができよう。なぜならば，まず域内の経済依存関係が増大し，かつ安定的であるからである。そのうえ，アメリカにドルの安定性維持のために節度が重要であることを認識させうるかもしれないし，国際通貨システム全体の安

定のために，ドル，ユーロ，新アジア共通通貨という3極での協調体制が構築しやすくなると期待されるからである。

注
1) 李暁・丁一兵 (2005)，さらには李暁・平山 (2001) を参照。
2) 代表的なアジアの通貨システム改革案として，伊藤・小川・清水 (2007)，Ogawa and Shimizu (2008)，中條 (2004, 2008)，村瀬 (2000, 2004, 2007)，李暁・丁一兵 (2005) 等を参照。
3) 経済産業省 (2001)，黒田 (2001) 参照。
4) 熊谷 (2003) を参照。この分析によって，日本における中国脅威論，ASEAN における中国楽観論は一面的見方であることを明らかにしている。この他にも，Kwan (2002) はアメリカ市場での日本と中国の付加価値指標から両者の競合度は低く，高付加価値品と低付加価値品の間で，棲分けができていると分析している。

　　向山 (2003) 参照。
5) 関志雄 (2002) の主張は，第1章参照。石川 (2002) 参照。
6) 長岡 (2003)，122 ページより引用。
7) Ogawa and Shimizu (2005, 2009) においては，AMU 乖離指数によってアジア通貨単位からの乖離が確認でき，アジア各国通貨が整合性や合理性を持たない動きをしていることは明らかになる。しかし，AMU はアジア各国通貨の加重平均値であり，これをもって適正レート（均衡為替レート）とすることはできない。したがって，各通貨の過大・過小評価を議論するためには，今のところ購買力平価か独自の適正レート概念に依拠する必要があるため，それに従って議論した。

　　前掲論文中條 (2004) の実証結果のエッセンスのみ再論。
8) 宮川・外谷・牧野 (2003) では，Yoshikawa (1990) の均衡為替レート概念に基づき，日本・韓国，アメリカ・韓国，日本・中国，アメリカ・中国間の均衡為替レートを推計している。その結果，円はウォン，人民元に対して約 10〜15% 程度割高であるだけで，国際競争力を損なうほど大きくはないこと，人民元はドルに対しても，それほど割安でないなどの結論を得ている。しかし，人民元と円，ドルが均衡に近い中で，円がドルに対して 45% 近くも割高だという結果は矛盾があるように思われる。
9) 上野 (2003) において，購買力平価から見たドルに対する人民元の評価がなされている。当時の塩川財務大臣の発言の根拠は，購買力平価から見た円・ドルレートの OECD 試算（146 円/ドル）および世銀試算（157.6 円/ドル）にあった。
10) 例えば，2001 年当時の朱鎔基首相の発言参照（日本経済新聞 2001 年 11 月 22 日）。

　　なお，Zhang (2003) によれば，中国政府の人民元切上げ要求に対する反論のポイントは人民元の安定が中国経済の安定と発展に不可欠であり，その中国の成長が世界の GDP 拡大に大きく寄与したり，中国での外資系企業の活動で諸外国も利益を得ていることから，それがアジア太平洋地域，全世界にメリットをもたらしているという点にあった。しかし，中国の世界 GDP に対する寄与率の高さは，人民元の過小評価が近隣窮乏化的に中国の一人勝ちをもたらした結果の現れであり，やや我田引水的主張過ぎると思われる。
11) 日本経済新聞，2002 年 8 月 13 日の「16 品目の世界生産量シェア調査」参照。
12) 日本総合研究所 (2010)「変化しつつある中国の貿易」『マンスリーレポート』，2 月号の数値を使用した。
13) 人民元の切上げは，中国自身のためにすべきという主張は，関志雄 (2004) でも表明されている。
14) McKinnon and Ohno (1997) によれば，日米両国政府の政策協調の失敗と市場における円先高感により為替レートがオーバーシュートし，日本は円高不況，資産バブル，長期デフレといった困難に直面するという「円高シンドローム」に陥ったという。それに対して，日米通商合意と日米通

貨協定により円・ドルレートの安定化を提唱した点については，政策的措置により円・ドルレートの安定化が可能か疑問であるが，プラザ合意後の異常な円高が，90年代の日本経済の長期低迷の根底にあるとの見方には同感である．
15) 中国の人民元為替政策の改革の実情は，伊藤・小川・坂根（2007）の実証分析を参照．
16) アジアにおいて，通貨危機を再発させないような通貨システムの改革に関する一連の先行研究として，Ito, Ogawa and Sasaki (1998)，Ogawa and Ito (2000)，Kawai and Akiyama (2000)，McKinnon (2001)，Hernandez and Montiel (2001)，Ogawa (2002)，Fukuda (2002)，中條 (2002)，Kawai (2002)，Ho, Ma and McCauley (2002)，西 (2004)，大野・福田 (2006) などを参照した．McKinnon（2001）などの一部を除けば，通貨バスケット制，あるいは何らかのドルとの伸縮的な為替相場制度への移行を主張しているものが多い．
17) 実際に，AMUは伊藤隆敏・小川英治・清水順子氏らのグループによって創出され，経済産業研究所（RIETE）のウェブサイトで公表されている．一方，ACUは2006年にアジア開発銀行から公表されるという報道がなされたが，頓挫したようである．
18) Williamson（1999）以外にも，Ito（2002）において，各国個別の通貨バスケットをGDPベースで加重平均することによって共通通貨バスケットを作成した場合，両者は類似性が強く共通通貨バスケットの設定は可能であることが論証されている．
19) 渡辺・小倉（2006），8ページ引用．
  アジアにおける最適通貨圏の条件の充足に関する議論は，渡辺・小倉（2006）論文で参照されたものも含め，Bayoumi et al. (2000)，Park (2002)，Goto (2002)，Ogawa and Kawasaki (2003)，Kawai and Motonishi (2004)，Sato ((2007) などが参考になる．
20) Ogawa and Shimizu（2008）参照．
21) 早くからいくつかの同氏論文で表明されているが，比較的新しいものとして浦田（2007）を参照した．小川（2002）のアンケート結果参照．さらに，前掲論文Hayakawa and Kimura (2008) を参照．
22) 経済産業省（2005）において詳述されているが，青木（2005）の83-89ページでは，IT産業においてその傾向が強いため，特にIT三角貿易と称している．
23) 井上（2003）参照．
24) アジア域内間の資本取引が少ないことは，Park（2002）の33ページにも示唆されている．
  ただし，McCauley, Fung and Gadanecz（2002）によれば，アジアの経済主体が発行した国際債（1999年4月〜2002年8月で412億ドル）のうち，発行市場ではアジアの投資家が約45％を取得したという．また，シンジケート・ローンについては，アジアの経済主体が導入したもののうち，約2/3がアジアと日本の銀行の供与によるということであり，長期の安定的資金がアジア間を交流しているかにも見える．しかし，前者の国際債の発行市場がアジアであるとは限らず，むしろ域外の国際債市場でアジアの発行体と投資家が結びついている可能性が高い．さらに，国際債もシンジケート・ローンも世界全体の総額に比べると，極めて少ない金額にとどまっており，これをもって域内資本取引の盛況とはいい難い．ちなみに，シンジケート・ローンでは2000年前後のアジアの導入額（約年間100〜300億ドル）は，世界全体のわずか2％弱に過ぎない．
25) G3通貨バスケット建て債券についてはOgawa and Shimizu (2004)，AMU建てについてはShimizu and Ogawa (2005) において，投資家にとって為替リスクの軽減効果があることが実証されている．
26) 李暁（2010）では，日本は日本経済とアジア経済の関係の緊密性という地域的特性を考慮せず，ドル本位制下において一国で円の国際化に挑戦したことに問題があったとし，現在はアジアとの通貨・金融協力の中で円の国際化を図るという戦略調整をしたことを評価している．
27) Mundell (1961)，McKinnon (1963) 参照．

28) 村瀬（2000）の281-282ページ，河合（2008）参照。なお，李暁・平山（2001）および李暁・丁一兵（2005）では，G3通貨バスケット制からアジア各国の中で例えばASEAN，中華圏，日韓といったように，可能なところから固定的な通貨圏を創出したうえで，それを統合しAMSを形成するというシナリオを提示しているが，この方法ならば受け入れやすいと思われる。
29) 前者は田中（1996），106ページ引用。後者の主張は，Frankel and Rose（1998）による。
30) 以下，ヨーロッパの経験を参考にしてAMSの議論をするために，主に田中（1996）と山下（2002）を参照した。
31) ヨーロッパにおける基軸通貨のドルからマルクへの転換については，多くの先行研究があるが，ここでは主に井上（1994）と田中（1996）を参考にした。
32) 石見・河合（1990）参照。

第6章
アジアにおける円の国際化への再チャレンジ

はじめに

　端的にいえば、アジア通貨危機は「過剰なドル依存の軽減・解消」を、さらに世界金融危機は「ドルからの脱却」を教訓としてアジアにもたらした。それを踏まえ、前章までにアジアが推進してきた金融・通貨協力の現状と課題、さらにアジアに独自の通貨圏を創出すべく共通通貨による通貨統合を達成するための道程表を提示した。是非とも、アジアが一致団結して、参加国が対等の立場に立ちうる対称的な通貨システム、すなわち共通通貨圏を構築し、域内全体として成長のダイナミムを享受し発展を遂げうることを切望したい。

　しかし、その可能性はありうるであろうか。今日のヨーロッパの現状を観察すると、ユーロ導入国は比較的経済の一体性・同質性が確保されていたと見られていたにもかかわらず、経済状態に格差が生じ、ひとつの金融政策での運営が難しい局面にも遭遇してきた。また、1国の財政破綻がユーロの信認を左右することも痛感した。したがって、ヨーロッパ以上に経済規模の格差、発展段階の相違の大きいアジアは、一体化・同質化に向けての地域協力が問われることになろう。特に、通貨統合の負の部分に十分配慮し、共通通貨への参加国の選択は厳格に行わなければならない。可逆性の乏しい通貨統合のためには、この最終段階のハードルを高くすることによってデメリットを排除し、メリットを最大限に享受することが肝要である。こうした努力によって、アジアでの壮大な実験に挑戦すべきであると勘考する。

　その通貨統合に向けたアジアの地域協力にとって、日本の役割は極めて大きいと推察される。なぜならば、将来のアジアは「超大国」中国の傘に覆われ、対等な立場に立った議論で共通の方向性を見出せなくなる危険性を抱えている

からである。そうした懸念があることを認識し、日本の国益とアジア全体の利益の確保を目指して、現時点では大きな発言力を持ちリーダーシップを発揮できる立場にあるわが国は、今こそ積極的な行動を起こさなければならない。

その第1は、アジアにおける通貨システムの改革への第一歩である各国独自あるいは共通のG3通貨バスケット制の導入議論をリードし、自らは「過剰なドル依存の軽減・解消」に資するべく、円の国際化の推進に再チャレンジすべきということである。

第2点は、日本は「アジアには将来人民元圏が誕生する可能性があり、その場合には日本は極東の弱小国に陥落しかねないし、アジア全体の利益が損なわれかねない」という認識を持って、共通通貨による通貨統合の実現をアジア全体の共通目標に高めることに官民あげて取り組むことである。

本章では、前者の円の国際化問題を検討してみたい。2000年代半ばから、ともすれば断念かとも見られかねないほど、話題にのぼらなくなった円の国際化の推進に、もう一度取り組まなければならない。なぜならば、通貨危機の再発を抑制すべく、依然として続いている過剰なドル依存を軽減し、アジアに安定的な通貨・金融システムを構築するためである。さらに、将来アジアで人民元の台頭が予想される中で、円が一定の存在感を示すことは、共通通貨の創出に大きな意義があるからである。具体的にいうならば、前述のAMS下において、市場メカニズムによって人民元が為替媒介通貨、ひいては基軸通貨に選択された場合でも、拮抗する円が存在することはそのまま人民元圏への移行という動きを抑制し、共通通貨誕生への推進力になると期待されるからである。したがって、日本は自国の国益のみでなく、過剰なドル依存の軽減や対称的な通貨システムの構築がアジア全体の利益にかなうという大義名分を忘れることなく、官民一体となった円の国際化への再チャレンジをすべきであるといえる。

その際に、筆者が強調したい論点は抽象的な円の国際化議論ではなく、具体的阻害要因を見極め、戦略的な対応策を講じることであるという点である。そのポイントを勘案すれば、一定水準までのアジアでの円の国際化は可能であると確信している。

第1節　アジアにおける円の国際化の現状

1-1　尻すぼみの円の国際化気運：それでも必要な円の国際化

過去，円の国際化が注目を浴びたのは3回あった。最初は，1980年代前半の異常ドル高の中で，その原因の一端が円の国際化の遅れにあるという誤った認識に基づく米国のレーガン政権の外圧によって，1984年に円・ドル委員会が設置され，円の国際化が推進された時である。2回目は，1990年代前半の超円高時代において，外貨建ての貿易や資産運用の為替リスクを軽減・回避するという観点から関心が高まった時期である。

3回目は，アジアの通貨危機が直接の契機になったといえる。アジアの通貨危機は，前述のように端的にはアジア各国の対外経済関係と通貨のミスマッチをもたらしている過剰なドル依存によって，輸出競争力の減退や短期ドル資金の流入によるバブルが原因になっていた。とすれば，アジア経済の安定化のためには，ドル漬けともいえる状態を解消すべく，円の国際化を図ることが望ましいことになる。こうして，円の国際化は従来からいわれてきているように，日本にとってそのメリットが大きいだけでなく，[1] アジアの経済的安定化のためという大義名分を得たが故に，再び注目を浴びるようになったということに他ならない。

特に，アジア通貨危機を契機とした円の国際化の進展には，筆者自身も大きな期待を抱いた。それはアジア各国の為替政策・制度が実質ドル・ペッグ政策から転換され，アジア各国通貨がドルと伸縮性を増すことにより，円の国際化にとっての最大の障害が除去され，かつアジアの安定化に対しても，円の国際化が資するという好機を迎えたと考えたからである。1998年5月のAPECで，当時の松永大蔵大臣がその推進を表明したのを受けて，大蔵省，通産省（いずれも当時）において，円の国際化が検討されて推進策が打ち出され，その一部が実施されている。しかし，残念ながらその後の推移は期待はずれの結果となっている。すなわち，全世界においてはドルとユーロの狭間に埋没し，円の地位は後退傾向にあり，大きな期待が寄せられたアジアにおいてさえ，ドルの独占的地位を侵食するような進展は見せていない。

そのせいか，1998年から2000年にかけて，当時の大蔵省，通産省，経済団体連合会，経済同友会，全国銀行協会，日本貿易会等で，相次いで円の国際化に関する調査や研究報告書が公表されたが，その後は目立った動きに乏しい。特に，財務省では2003年1月に「円の国際化推進研究会」座長とりまとめを発表して以来，新たな検討やレビューがなされていない。極論するならば，すっかり円の国際化への関心は薄れ，あきらめムードさえ漂っている感がある。しかし，円の国際化は日本の国益にとってプラスであることはもちろん，二度とアジアで通貨危機を起こさないためにも有用であり，さらに今後アジアで共通通貨による通貨統合を実現するうえでも極めて重要である。したがって，ここで再度円の国際化，とりわけそれをアジアで推進するために，何が必要かを検討してみたい。すでに，筆者は1998年から2000年にかけて，アジアで何が円の国際化を阻害しているかについての現地調査を行い，それに基づいて，中條（2001）で円の国際化推進のための具体策を提言している。基本的には，ほとんどそれを変更する必要がないため，若干の新たな事実を加えて，以下にその主旨を再論することにしたい。[2]

1-2　後退気味のアジアにおける円の国際化

アジアの貿易や資本取引における円の国際化の阻害要因を明確にする前に，アジアにおいて円がどの程度使用されているかを簡単に見ておきたい。近年，日本とアジアとの間では，政府の経済援助に加え，日本企業の進出に伴う分業関係の深化が著しく，また民間での資金交流も活発化しつつあり，確実に日本とアジアの経済相互依存関係は緊密化している。すなわち，やや古いデータであるが，アジア側から見れば第2章の図2-1から分かるように，日本はアメリカ，EUとほぼ同じ経済依存関係にある。逆に，日本側から見ると中国の存在感が増しつつあり，今やアメリカやEUを凌駕する経済依存関係となっている。にもかかわらず，アジアでの円の使用は極めて限定的といわざるをえない。

貿易取引

まず，貿易取引について見てみると，日本と全世界およびアジアの輸出入においては図6-1に示すとおりである。確かに，全世界に対する輸出および輸入

における円建て比率に比べると，アジアの場合はいずれもそれを上回っており，円の使用が他地域に比べれば活発であるといえる。特に，1985年のプラザ合意後の円高を契機にアジアへの直接投資が急増したことにより，日本とア

図6-1 日本の貿易取引のおける通貨別比率の推移

(a) 対世界輸出

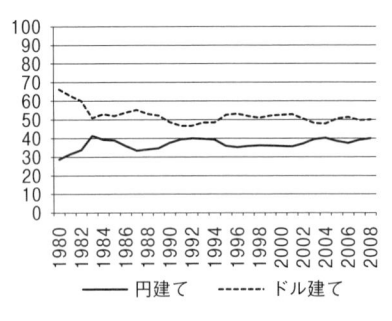

(b) 対アジア輸出

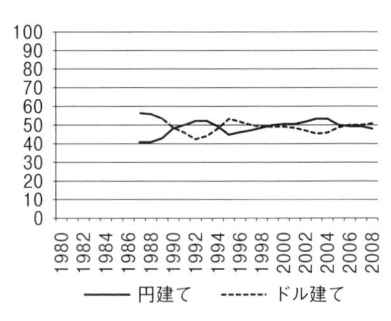

注）1999年のデータは入手できない。1992年～97年は9月のデータ，98年は3月のデータ，2000年～2008年は下半期のデータを指す。

資料）日本銀行『輸出信用状統計』；通産省『輸出確認統計』；通産省『輸出報告書通貨建動向』；通産省『輸出決済通貨建動向調査』；財務省関税局ホームページ。

(c) 対世界輸入

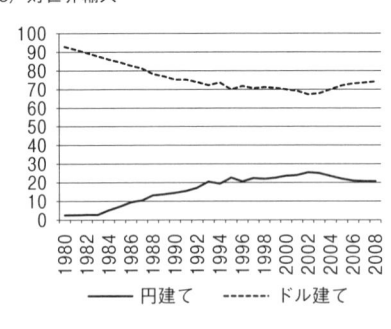

(d) 対アジア輸入

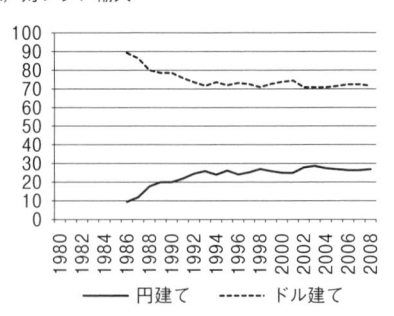

注）1999年のデータは入手できない。対世界輸入において，円建ては1981年，82年，84年，ドル建ては1981年～85年のデータは入手できない。1986年は年度のデータ，1992年～97年は9月のデータ，98年は3月のデータ，2000年～2008年は下半期のデータを指す。

資料）通産省『輸入承認届出報告書』；大蔵省『報告省令に基づく報告』；通産省『輸入報告統計』；通産省『輸入報告通貨建動向』；通産省『輸入決済通貨建動向調査』；財務省関税局ホームページ。

出所）伊藤その他（2009）「インボイス通貨の決定因とアジア共通通貨バスケットの課題」，RIETI Discussion Paper Series 09-J-013，8-9ページ。

ジアとの間で工程間分業が進展し，日本の本社とアジアのグループ企業の間で企業内分業が拡大するとともに，90年代初めにかけて輸出入双方で円建て比率の上昇が見て取れる。これを受け，当時はアジアでの日本企業の生産ネットワークの拡大・深化とともに，さらに円建て比率が上昇するとの期待が高まったといえる。[3]

しかし，その後もアジアへの日本企業の進出は活発に推移し，重層な生産ネットワークが構築されてきたにもかかわらず，90年代半ばから今日まで，輸出入ともに円建て比率はほぼ横ばい状態にある。さらに，アジア通貨危機後，過度のドル依存の危険性への認識やアジア各国通貨に対するドルの伸縮性の高まりから円建てへの転換が期待され，一部にはその兆候も見られたが，潮流とはなりえていない。依然として，第三国通貨であるドルが輸入は70％強，輸出は約半分を占めるという状態にある。このことは，ドイツが密接な経済依存関係にあるヨーロッパとの貿易において，輸出で約80％，輸入で約60％をマルク建てで行っており，ドル建ては極めて少なかったことと比べて非常に見劣りがする。日本の対アジア貿易において，決して円が十分活用されているということはできない。ましてや，アジアにおいて円が日本とアジアの貿易以外，すなわち第三国通貨として使用されているかという点では，タイ中央銀行のデータによって，シンガポールなど域内諸国およびアメリカ向け輸出にわずかながら存在することが確認できるにすぎない。しかし，恐らくそれはアジアの日系企業の生産ネットワーク内での取引に限定されたものではないかと推測される。

アジアでの貿易取引における円建て比率の低迷の原因は，どこにあるのであろうか。とりわけ，アジアとの分業関係が深化し，日本企業の生産ネットワークが重層性を増しているにもかかわらず，それが目立った円建て比率の上昇につながっていない理由を探ることは，アジアでの円の国際化を推進するうえで，重要な鍵になるといえる。

資本取引

次に，資本取引について見てみたい。まず初めに，アジアの長期資金調達における円の地位から見ると，図6-2に示されるような状況にある。このデータ

図6-2 アジア・太平洋地域の長期債務の通貨別構成

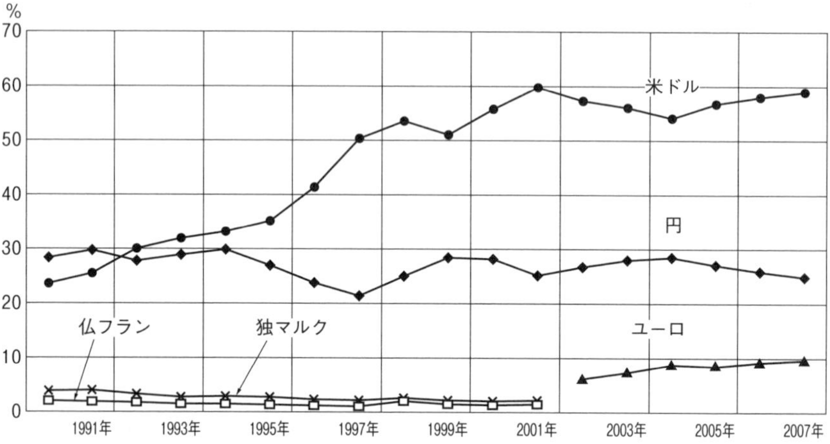

出所）World Bank, *World Debt Tables*, *Global Development Finance*.

には太平洋地域の発展途上国分がわずかながら含まれているが、大宗はアジアの長期債務といってよい。それによれば、円は発展途上国全体の長期債務では10％程度にとどまっているのに対して、20〜30％と一定の役割を果たしているように見受けられる。これは、公的部門でアジアにとって日本が最大の援助国であり、円借款が大きなウエートを占めていることが影響していると推測される。しかし、そもそも円借款はほとんどがアンタイド化され、日本の円建て輸出を誘発する効果は薄いといわれているし、他の債務も含めたアジア・太平洋地域全体の長期債務では、1990年代後半から急速にドルの比重が高まっている反面、円は横ばいかわずかながら低下傾向にあり、この面でも円の活用に進展はない。

次に表6-1によって、邦銀のアジア・太平洋地域向けの融資という側面から、円の比重を見てみたい。このデータにも、太平洋地域の発展途上国分が若干含まれるが、ほとんどアジアへの融資と見なすことができる。世界の主要国の銀行の国際融資活動における円の使用状況は、1990年代前半の10％強から低下傾向にあり、近年では5％程度となっているが、アジアでは円の借入は多少活発なようである。他の国際金融センターの銀行からのユーロ円の借入もあるが、その多くは邦銀の融資によると見られる。そこで邦銀のアジア向け融資に

表 6-1　邦銀のアジア・太平洋地域向け債権残高の通貨別推移

(単位：100万ドル，カッコ内は％)

	合計	外貨建て	ドル建て	円建て
1990	34,302	18,108	–	16,194 (47.2)
1991	35,181	18,456	–	16,725 (47.5)
1992	35,189	19,650	–	15,539 (44.2)
1993	36,512	22,418	–	14,094 (38.6)
1994	42,666	27,227	–	15,439 (36.2)
1995	69,416	38,220	–	31,196 (44.9)
1996	73,707	42,122	–	31,585 (42.9)
1997	62,718	39,532	–	23,186 (37.0)
1998	59,738	36,590	33,816	23,148 (38.7)
1999	48,948	31,544	28,066	17,404 (35.6)
2000	40,747	27,759	24,127	12,988 (31.9)
2001	35,095	22,614	19,273	12,480 (35.6)
2002	34,481	20,206	16,934	14,275 (41.4)
2003	37,290	20,631	16,409	16,659 (44.7)
2004	40,632	23,753	17,426	16,878 (41.5)
2005	40,954	28,912	19,702	12,042 (29.4)
2006	49,906	38,370	21,767	11,537 (23.1)
2007	72,013	56,551	25,428	15,462 (21.5)
2008	70,744	46,822	26,932	23,922 (33.8)
2009	80,521	56,559	28,109	23,962 (29.8)

出所）日本銀行「BIS 国際資金取引統計および国際与信統計の日本分集計結果」。

ついて見てみると，ドルに次いで一定の比重を占めているが，その時々の金融情勢によってかなりの増減が見られる。90年代前半のアジア経済の活況の中での増加，通貨危機を契機とした資金の回収および日本の金融危機による国際融資活動縮小の影響，近年の国際融資活動再開の兆し等が反映されているように見受けられるが，傾向として拡大の方向にあるとはいい難い。とりわけ，通貨危機後アジア各国通貨がドルと伸縮性を増す中で，期待された円借入へのシ

表 6-2 世界の国際債発行残高と通貨別構成比

(単位：%，10 億ドル)

	1995	2000	2005	2006	2007	2008	2009
ドル	37.6	50.6	38.6	36.4	34.9	36.2	36.2
ユーロ	27.7	29.5	45.2	47.3	48.8	47.8	47.5
円	16.2	7.5	3.4	2.8	2.7	3.3	2.7
総発行残高	2,695	5,996	13,952	17,546	21,572	22,731	26,078

出所）BIS, *Quarterly Review*.

フトは 2000 年初頭に兆しが見受けられたものの，近年はドルも低金利化し，かつ先行きドル安予想が強いこともあってか，むしろドルによる融資の拡大が目立っているといえる。

　一方，債券市場を通じてのアジアへの円資金の供与はどうであろうか。その供給ルートは円建て外債とユーロ円債という国際債であるが，アジア諸国の発行状況を直接示すデータが見当たらない。そこで参考までに，表 6-2 に，世界の国際債発行残高と通貨別シェアを提示してみた。それによれば，世界全体の国際債発行における円建ての比率は，1990 年代半ばに比べ近年の凋落が著しいといえる。その中で，アジア各国がどれだけ円建て外債とユーロ円債を発行しているかは不明であるが，断片的情報から見て極めて少額であると推察される。かなり古いデータ（OECD）であるが，1994 年時点ではアジアは 70 億ドルの外債を発行し，うち約 50％が円建て外債，181 億ドルのユーロ債を発行し，うち 6.7％がユーロ円債であった。最近でも，上表の BIS のデータにおけるアジア・太平洋地域の国際債発行残高は 3,720 億ドル（2009 年末）であり，全世界のわずか 1.4％を占めるにすぎない。ということは，仮にその中の円建て分が OECD データのような状態であったとしても，絶対額はさしたる額ではないと考えられるからである。周知のように，東京円建て外債市場はアジア諸国の起債が中心であるが，その低迷は長期にわたって続いている。ユーロ債市場での起債はユーロ円に関する規制緩和によって，発行額は増加傾向にあるが，ドルの増加には及ばないと見られるし，アジアのユーロ債発行の大部分がユーロドル債という状態が，今でも続いているのではないかと推測される。

外貨準備等

アジア各国の公的部門が保有する外貨準備における円の地位も，正確には把握できない。図6-3は，世界の外貨準備における円のウエートと発展途上国におけるそれを表示したものである。いずれにおいても，ドルが高水準を維持している中でユーロが台頭し，円はその狭間で後退している様が見て取れる。恐

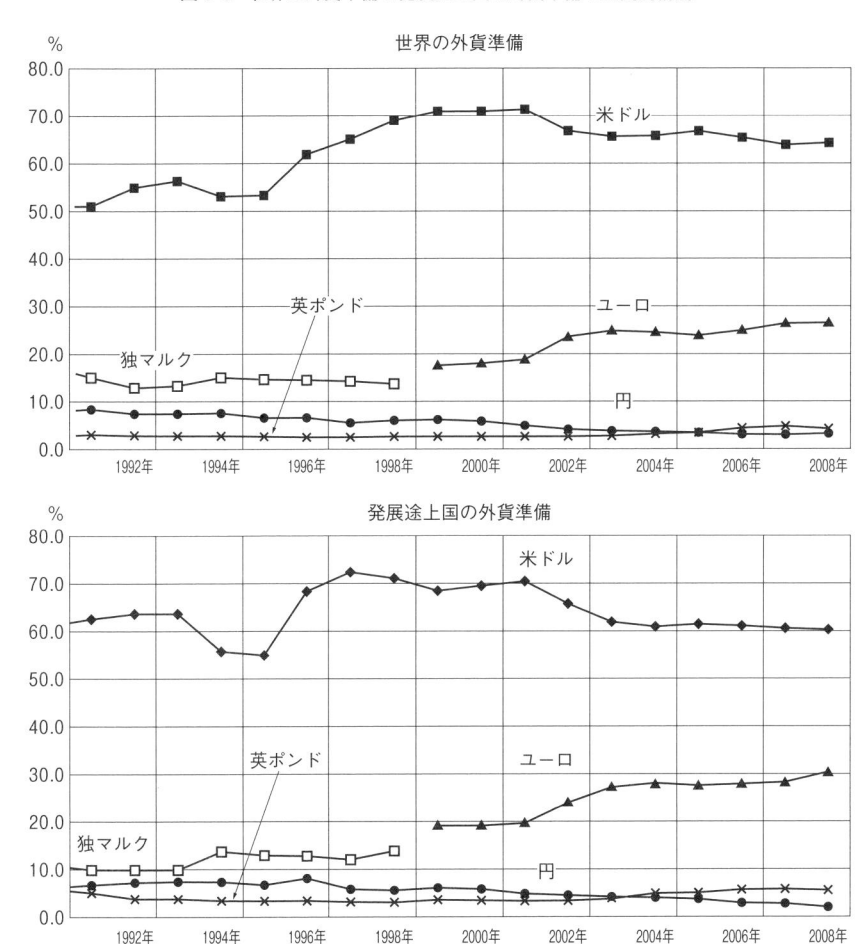

図6-3 世界の外貨準備と発展途上国の外貨準備の通貨別構成

出所）IMF, *Annual Report.*

らく，発展途上国の中で大きな比重を占めるアジアでも，同じような動きにあるものと推測される。

ただし，近年のアジアの外貨準備の急増は著しく，世界全体の約 6 割にも及んでいる中で，前述のようにアメリカの TB を中心とした運用から ABF2（日本の国債は対象外）が創設されただけでなく，第 4 章で紹介したような効率的な共同運用基金の創設が話題にのぼり始めたこと，順調に拡大してきたユーロでの保有にリスクが認識されたこと，IMF に通貨別データを報告していない世界最大の外貨準備保有国・中国が，一部分について日本国債を保有するといった行動を見せていること等を勘案すると，今後公的準備資産として円が見直される可能性がまったくないわけではない。

以上のように，アジアでは貿易取引や資本取引において，円の活用は他の地域に比べれば多少活発ではあるが，ドルには遠く及ばず，アジア通貨危機後の増加期待は叶えられていない。これを受け，アジアの代表的な外国為替市場である東京，シンガポール，香港の外国為替取引の通貨構成を見ても，ドルを対価とした取引が 90% を超える圧倒的シェアを占めており，ドル以外のいわゆるクロス取引は微々たるもので，しかもその中にアジア各国通貨と円の直接取引はほとんど存在していないと見られる。ここに，アジアにおいて，企業等が円を主体とした為替管理・操作を遂行するうえでの問題点がある。依然として，アジアはドル圏のままなのである。

第 2 節　アジアにおける円の国際化の具体的阻害要因

これまで，多くの円の国際化に関する調査・研究論文が発表されてきた。[4)]そこで指摘された円の国際化の阻害要因は，実に多岐に渡るが，
(1) 輸出で対米依存度が高い，輸入で原燃料が多いといった日本の貿易構造の特殊性
(2) 市場におけるバーゲニング・パワーの欠如や市場別価格設定行動（PTM）の存在
(3) 日本の金融・資本市場の整備の遅れ
(4) 基軸通貨・ドルにおける規模の経済によって，慣性効果が作用している

こと

(5) 日本企業における親会社等への為替リスクの集中管理

等があげられている。

　実際に，アジアにおいて円の国際化を推進するためには抽象的議論ではなく，できるだけそれを直接的，具体的に阻んでいるものを特定し，取り除いていかなければならない。そこで，筆者は1998年から2000年にかけて，アジアの4カ国と日本で若干の実態調査を行った。[5] それに，他の機関が実施した実態調査結果を勘案しながら，実際に最も円の国際化の障害になっている具体的要因を整理したが，それは今日でもおおむね変わりがない。多少の新しい事実を加えるならば，次のようにまとめることができる。

2-1 円建て取引の為替リスクが大きかったこと

　ほとんど全ての訪問先で，異口同音にドル建て取引に比べ円建て取引の為替リスクが大きいことが，円の使用を妨げる最大の原因だとの指摘があった。ドルはアジアでも基軸通貨であるため，外国為替取引や資金調達・運用面での利便性が高いうえ，アジア各国通貨と安定的であったために為替リスクも小さかった。そうした中で，あえて円を選択する余地はほとんどないといってもよいというのが大方の見解であった。

　インボイス通貨の選択は，一般には輸出業者と輸入業者の交渉力の差とリスク回避度の差，為替リスクの確率分布に対する見方の差によって，当事者間でリスクをどう配分しあうかを決めることであるという。したがって，多少ともリスクにチャレンジするという方針の企業で，自社に有利な為替レート予想に自信を持つ場合は，外貨建てを選好することもありうる。例えば，日本では長期にわたって円高傾向が持続した時期は，輸入企業が円建てに消極的であったといえないこともない。逆に，円高による為替差益が期待されるアジア側から見れば，円建て輸出が選好されてもおかしくないにもかかわらず，安定的で利便性の高いドルがある中では円に目がいかなかったということであった。

　為替リスクの問題は，貿易取引のみにとどまらず，資本取引においても影響が大きい。さくら銀行（当時）バンコク支店によれば，「シンガポール，香港等のインターバンク市場，および本支店勘定を通じて資金を調達し，日系企業

約50％,地場企業約40〜45％,ソブリン約5〜10％に融資しているが,円資金調達の場合でもドルにスワップして貸し付けるといったように,ドル融資が圧倒的に多い。ドルはバーツに対して金利が低いうえに,為替レートが安定的なこと,ドル建て債権を保有している企業が多く,ナチュラル・ヘッジが可能なため選好されている。ちなみに,ドル貸付のうち7割がアンカバーで,3割がスワップ付である。円はドル以上に金利は低いが,為替リスクが大きいために借入のニーズが少なく,親子ローンがある日系企業において,ようやく10％程度といったところである。」ということであった。つまり,円高によって債務負担が膨らむ危険のある円を避け,ほぼ安全確実にバーツより低い金利で調達できるドルが導入されてきたということである。

　円とドルの為替リスクの差異は,いうまでもなくアジア各国が実質ドル・ペッグの為替政策を採用してきたことにあった。念のため,円とドルの現地通貨に対するボラティリティを試算してみると,表6-3のような結果が得られる。それによれば,通貨危機まではウォン,バーツ,ルピアに対して,円とドルとではボラティリティに大きな差があり,ドルは安定的であるが円は変動が激しく,為替リスクが大きかったことが一目瞭然である。しかし,通貨危機以後は3通貨とも,円だけでなくドルに対しても変動が激しくなっており,危機直後はドルのほうの為替リスクが大きいともいえる状態になったが,2000年代はほぼ

表6-3　円とドルのウォン,バーツ,ルピアに対するボラティリティ

		1991年から通貨危機まで	通貨危機後2000年まで	2001年〜最近時	2001年〜2005年	2006年〜最近時
対ウォン	円	10.28	25.86	20.50	7.35	27.39
	ドル	4.74	35.46	15.20	9.14	19.49
対バーツ	円	10.06	22.21	9.49	5.77	12.40
	ドル	1.44	30.86	6.85	6.65	6.35
対ルピア	円	11.41	117.49	15.17	11.12	18.69
	ドル	1.08	144.32	13.11	13.76	12.08

注）各為替レートの前年同月比の標準偏差を試算。
資料）IMF, *International Financial Statistics*.
出所）筆者試算。

同等，ないしは最近はややドルが安定的といった状況にあるといえる。

まさしく，アジア各国の中でも韓国，タイ，インドネシアは，実質ドル・ペッグが放棄されたといえるほど伸縮的な為替政策を採用しており，対ドル・レートも大きく変動するようになっている国である。そこでは，対外取引を行うに当たって，通貨選択の余地が出てきたといえる。自社のリスク管理方針に基づきながら，対円レートと対ドル・レートの先行きを予想し，有利と思われる通貨を選ぶことに意義が出てきたからである。あくまでも，為替リスクという点では，円はようやくドルと同じ土俵にのぼるチャンスを得たということに他ならない。

実際に，前章でも紹介したように井上（2003）によれば，通貨危機から2000年初頭にかけて，タイではドルへの過剰依存のリスクを認識したことにより，資金調達においてバーツ選好が強まると同時に，低金利で為替リスクがドルより低減したと見られる円へのシフトが生じたという。それだけでなく，ナチュラル・ヘッジを可能にし，借入円資金（円債務）の返済のために，対日輸出の円建て（円債権）比率が向上したことが示されている。韓国でも，対日貿易について，2000年前後に円建て化の動きが新聞で報じられた。実際に韓国は日本との貿易面での競合関係が強いため，筆者の訪問した各国の中で，最も対円レートの動向への関心が高かったが，表6-4に見られるように，通貨危機から2000年初頭にかけて対日輸出入において円建て比率の上昇が明白であり，それが韓国全体の輸出入の円建て化を若干ながら促したことが確認できる。[6]

しかしその後は，韓国の場合対日貿易は不明であるが，全体の貿易における円建て比率は低下気味であるし，タイにおいても目立った円建て化の進展という情報はない。とはいえ，アジア各国通貨に対してドルが伸縮性を増すということは，アジアと日本の貿易および資本取引における通貨の選択にとって，重要な意義を持っていることは，上記の変動の著しかった国および時期の事例から見ても間違いないと思われる。アジアの一部の国においては，近年ようやく対日ビジネスの為替リスクという点で，円がドルと比較選択の対象となりうる状況が生まれつつあるということに他ならない。にもかかわらず，アジアにおける円の国際化が進展しないのは，下記のような他の阻害要因があることと，

192　第6章　アジアにおける円の国際化への再チャレンジ

表6-4　韓国の貿易におけるドル建てと円建て比率の推移

	輸出				輸入			
	全輸出		対米輸出	対日輸出	全輸入		対米輸入	対日輸入
	ドル	円	ドル	円	ドル	円	ドル	円
1980	96.1	1.2	100.0	6.9	93.2	3.7	100.0	14.1
1990	88.0	7.8	100.0	40.2	79.1	12.7	100.0	47.7
1996	89.1	5.1	100.0	41.8	81.0	10.7	100.0	51.2
1998	88.5	5.0	–	–	82.4	10.6	–	–
2000	84.8	5.4	100.0	45.4	80.4	12.4	100.0	62.6
2001	87.4	5.4	100.0	49.1	82.2	11.5	100.0	60.8
2002	85.0	5.4	100.0	55.9	78.2	13.2	100.0	61.7
2003	83.6	5.6	100.0	59.6	76.2	14.5	100.0	69.0
2004	82.3	5.6	–	–	77.2	14.6	–	–
2005	79.1	5.6	–	–	79.3	12.6	–	–
2006	79.6	5.0	–	–	80.9	11.2	–	–
2007	77.2	4.8	–	–	80.7	10.8	–	–
2008	81.6	4.7	–	–	82.0	9.7	–	–

注）データの出所が異なるため，全輸出と全輸入の数値は2001年と2002年の間にわずかながら断絶がある。
出所）全輸出と全輸入の2001年までのデータは，韓国銀行・金融経済研究員の尹聖勳（2004）の個人的執筆である「わが国輸出の決済通貨選択に関する研究」（翻訳：趙泰亨）による。対米輸出，対日輸出，対米輸入，対日輸入の全データは，その報道参考資料による。2002年以降の全輸出と全輸入のデータは，韓国知識経済部，関税庁の報道参考資料による。

依然としてドルと安定的な為替政策・制度を採っている国，とりわけアジアで存在感を増している中国がそうであることが影響していると考えられる。

2-2　輸出入における企業の交渉力（バーゲニング・パワー）の弱さ

　一般的に，輸出入においては為替リスクを削減するために双方とも自国通貨建てを主張することが多く，日本側の交渉力が弱いと円建てを強要できず，現地通貨やドル建てを余儀なくされることになりかねない。したがって，技術的な優位性，市場支配力などを背景とした日本側のバーゲニング・パワーの強弱が，円の国際化の基本的決定因といえる。日本のアジア向け輸出では，自動車

を中心にした輸送機械，精密機械，電気機械の円建て比率が高く，輸入では国際商品市場で取引されている一次産品が多い原燃料の円建て比率が低い中で，自動車，半導体，金属製品，事務用機器などが高く，日本側の交渉力が影響していることがうかがわれる。

　より具体的事情は，日本貿易会による2つの調査からうかがうことができる。輸出では例えば繊維製品，原料の原油がドルで取引されているという事情もある化学製品など競争力の弱いと見られる商品は予想通りとして，パソコン・周辺機器でさえもアジア企業と競合することが多く，円建てを要求すると，これら企業に契約を奪われてしまいかねないという。反面，化学製品でも医薬品等高付加価値製品，金属加工機械，さらには日本製品に圧倒的な競争力があるといわれている半導体製造装置は，交渉力の強さを背景に円建てを可能にしている代表的商品であることが分かる。

　一方，輸入では原料品，原油などは国際相場商品であるため，LNGなどは価格が原油価格に連動しているため，化学製品は原料となる原油がドル建てのために円建てでの取引が困難とされているが，これもある意味で日本側の交渉力のなさといえなくもない。逆に，マグロは日本が独占的市場であるため円建て比率が80％と高く，鉄鋼は韓国，台湾，ブラジル等にとって日本は重要なマーケットであるため，日本の輸入業者の要求により円建て契約になっているというし，機械機器でも日本企業の海外生産工場から輸入する場合，円建てが中心であるということであり，日本側の交渉力の強さが影響していることは間違いない。[7]

　以上のように，日本側の交渉力の有無が重要であることは明白であるが，アジアでのヒアリングの中でも，若干ながら日本の輸出入の最前線にある商社の出先機関で同様の事情が確認された。例えば，長瀬産業のタイ現地法人であるNagase (Thailand) Co., Ltd. では，貿易は日本からの輸入が中心であり，その太宗が本社経由という。貿易取引の約46％がドル建てであり，むしろ円建ての方が約54％と，より大きなウエートを占めている。その事情は，「輸入商品のほとんどがタイ国内販売であるため，当社としてはバーツで輸入したいがそれは無理であり，円かドルを選択せざるをえない。化学製品が多いため，汎用性の強いプラスチック関連を中心に，商慣習上ドルで値決めするのが一般的

となっている。しかし，特殊な化学品原料，電子部品関連商品（例えば，ベアリングを磨く特殊砥石）といった日本のメーカーが強い競争力を持つ商品の場合は，長瀬産業本社か当子会社が為替リスクを負わざるをえない。幸い，こうした特殊な商品は現地顧客に対しバーツ建てで販売するにしても，為替レートの変動リスクをほぼカバーできるルールを顧客との間で設定可能なため，本社経由での円建て輸入をしている。中小企業であっても，競争力が強く，大きなマーケット・シェアを持つ特殊な商品を積極的に取り扱うことが当社の基本方針であり，それが円建て取引の多さにつながっている。」ということであったからである。

2-3　両為替を保有する機会，特に円建て債権の取得機会の欠如

　確かに，わが国の貿易においては，総合商社の存在が円建て化への誘因を減じている面がある。おおむね，総合商社は日本の輸出，輸入双方において，半分に関与している。もちろん，メーカーと商社との間の契約がドル建て・円決済である鉄鋼輸出のように，その全てで総合商社が為替リスクを負っているわけではないが，多くにおいてリスク負担機能を発揮している。総合商社は両為替を抱え，自動的に為替リスクの回避，すなわちナチュラル・ヘッジができるだけでなく，外貨マリーや機動的な為替操作などにより効率的な為替リスク管理が可能になるからである。

　さらに，製鉄会社の場合も，石炭，鉄鉱石などの原料輸入と鉄鋼製品輸出があり，外貨マリーが可能なため，ほとんど円建て化が進んでいないように，外貨建ての輸出債権と輸入債務の双方を持つ企業では，比較的為替リスク管理が容易なため外貨建て取引を容認しやすい。それだけではなく，超円高といわれた90年代前半には，円高対策としてわが国の輸出企業がアジア等に資材調達センターを設置して，積極的に原材料・部品をドル建てで輸入し，いわゆる「コストのドル建て化」を図ることによって，極力為替ポジションのスクエア化を目指す行動が目立った。いずれにしても，日本の企業においては，両為替を保有することによって為替リスクを回避できるのであれば，能動的であれ，受動的であれ，外貨建て取引を選択する傾向があるということである。

　このことは，日本では円の国際化にブレーキをかけかねないが，逆に海外の

企業でも同様のことがいえるならば，円の活用を促進するうえで，極めて重要な意味を持つことを強調したい。アジアでのヒアリング調査において，どちらかというと中小企業で，資金調達も含めた対外取引による為替ポジションをスクエア化できるか否かが，円建て化できるか否かの決定的要因になっているとの声が聞かれたからである。代表的な事例を，次に紹介しておく。

韓国の日系企業である Dongbu Adeka Corp. は，合成樹脂の酸化防止剤等の化学品原料を日本から輸入し，製品は韓国国内に販売しているが，一部は日本，東南アジア，ヨーロッパに輸出しており，シンガポール，タイ，中国といった東南アジア向け輸出はドル建て，ヨーロッパ向けはユーロ建てで輸出している。東南アジア向けの場合は，競争相手がドル建てで建値してくるため円建て輸出は難しいが，日本からの原料輸入，日本への製品輸出とも，現在は円建てである。原料輸入は円とドルでプライス・リストを提出してもらった結果，円建てのほうが安かったため，年間150万ドルほど円建てで輸入している。製品輸出は輸出先である旭電化側が希望していることと，原料を円建てで輸入している同社にとっても望ましいため円建てにしている。その輸出はL/Cベースの一覧払い手形，輸入はDAベースの90日手形決済であり，輸出代金を一時円預金で運用し，後日そのまま輸入代金の支払いに当てるという外貨マリーをすることも可能であるという。しかし，何種類かの通貨で資金管理をするのは煩わしいため，輸出代金の円もいったんウォンに転換して，資金管理をしているとのことであった。

韓国の地場企業の事例として，財閥SKグループの化学品メーカーで，化学繊維を50%，繊維原料を20%，特殊繊維を20%，その他を10%生産しているSK Chemicalsでは，日本向けにボトル用および繊維用ポリエステル・チップ，ポリエステル・フィラメント/ファイバーなどを輸出しているが，その輸出比率は低く，円建てはさらにその一部に過ぎないため，日本からの原料輸入も円の為替ポジションを持って為替リスクに晒されるのを回避したいため，極力円建ては避け，ほとんどドル建てで行っているという。さらに興味深いのは，そうした中でSK Chemicalsが60%，新日本理化が30%，三菱商事が10%出資し，ポリエステル樹脂用添加剤を製造販売するジョイント・ベンチャーSKNJCを設立したが，製品の50%位を日本へ円建てで輸出する予定であるため，資金

調達も新宮沢構想に基づく国際協力銀行の円融資を受ける予定であるという点である。

約50社にのぼるアジアの子会社群を統括している日商岩井（当時）シンガポール会社の財務担当者からは，「アジアのグループ企業全体における資金の調達・運用や為替リスクの集中管理を検討はしているが，今のところまだ実施しておらず，日本の大手メーカーには遅れをとっている。グループ企業全体を集計してみると，資金調達先は邦銀支店が48％，外銀支店が19％，地場銀行が19％，親子ローンが14％であるが，調達通貨はドルが80％強，現地通貨が20％弱で，円資金の調達はほとんどない。その理由は，輸出入がほとんどドル建てでなされているためドルは資金需要があるうえ，各社とも債権・債務をバランスさせやすくナチュラル・ヘッジが可能であり，為替リスクを回避しながら低コストで調達できる。しかし，円は金利が低いにもかかわらず，円建て輸出入がないため資金需要が少なく，為替リスクも大きいからである。とりわけ，円建てで商品を輸出して円建て債権を取得する機会が少ないため，各社がナチュラル・ヘッジできないことが最大の障害となっている。したがって，グループ企業内の取引を円建てに転換し，各社が円建て債権・債務をバランスよく保有するチャンスを広げることが必要かもしれない。」との説明を受けた。

すでに見たように，ドルに比べ格段に円の為替リスクが大きいとはいえなくなってきたかもしれないが，為替リスクに敏感なアジアの日系企業や地場の企業においては，日本との双方向の取引の有無が円建て化を大きく左右しているという声が，上の事例の他にも随所で聞かれた。特に，日本の企業では原則として海外子会社が本来の営業活動に専念できるように，為替リスクは本社が負担するという方針を基本にしているところが多いが，仮に円建て取引であっても，両為替であれば子会社側も為替リスクを回避しやすいため，アジアの日系企業でもその場合は円建て化しているケースが見受けられた。

ただし，大手の日本企業になると，後述するようにアジア地域のグループ企業群全体の為替リスクを円以外の通貨で集中管理する体制を構築しているところが多く，必ずしも子会社側が両為替を保有しても円建て化につながっていない点は看過すべきでない。したがって，日商岩井（当時）シンガポール会社のような地域統括会社が，グループ企業全体の為替リスク管理に乗り出したとし

ても，円建て化が進展しないことが多く，どちらかといえば集中管理体制に組み込まれておらず，自ら為替リスクを管理しなければならないような日系企業や地場企業において，日本との双方向取引が重要な意味を持っているように思われる。

もうひとつ，ヒアリング調査で感じたことは，日本との双方向取引といっても，日本への輸出機会が得られるか否かがより重要であるという点である。マクロ的に見て，アジアは対米貿易収支が黒字であり，なおかつそれはほとんどがドル建てであるためドルの受取りは多いが，対日貿易収支は赤字であり，とりわけ円建てでの対日貿易収支の赤字が大きく，円は巨額の支払い超過状態に陥っている。このことは，個別企業ベースで見ると円建てでの対日輸出機会が得にくく，円建て債権を保有しにくいため，結局は円建て輸入や円資金の借入を手控えることにつながる傾向が強いといえそうである。上記の事例からだけでなく，訪問した銀行の担当者から円建て融資に興味を示す企業はあるが，実現するためには為替リスクを回避しながら最終的な返済ができるように円を取得するための対日輸出機会があることが望ましいという話を聞いたからである。

以上の点は，アジアで円の国際化を推進するうえで，一つの有効な突破口を示唆しているといえる。

2-4 外国為替市場および金融・資本市場の未整備

すでに，多数の先駆的研究で指摘され，その改善に向けて対策が講じられてきていることから分かるように，外国為替市場も含めて円に関する金融・資本市場が十分発達していないことが，利便性という点で円を魅力の乏しいものにしているというのは周知の事実になっている。このことは，アジアの現地においても，円を使用する際の障害となっていることが確認された。

まず，さくら銀行（当時）バンコク支店によれば，一般論としてタイの日系企業等が円建て取引を選好するようにするためには，円の魅力的な運用先の確保が必要であるとのことであり，東京国際金融市場の整備・育成が必要なことは間違いない。しかし，さらに財務省・円の国際化推進研究会（2003）によれば，アジアの企業がわが国から資機材を輸入し，製造・加工をしてわが国に輸

出するケースで，円建て貿易金融を受けられないことが，円建て化のネックになっているとのことである。この解消のため，邦銀の地場金融機関への円資金供与およびアジア各国通貨と円の間の為替業務，日本からの輸入に対する輸入金融等のノウハウの供与を推奨している。[8]

　ソニーのアジアにおけるグループ企業の統括のための金融子会社（当時）である Sony Electronics Singapore（SES）では，より具体的な実情が聞けた。すなわち，「ソニーではシンガポールにアジアの金融子会社として当社を設立し，為替リスクと資金の集中管理を行っている。アジアのグループ企業の貿易に伴う外国為替を集中化し，1カ月1回決済をしている。大きな入金と支払いはほぼ一致しているが，今のところアジア地域全体では資金余剰にあるため貿易金融の必要はなく，余剰資金は全てドルに転換して運用している。さらに，各国の規制もあるため，6社だけであるがシティ・バンクに米・ドルとシンガポール・ドル建てのマスター・アカウントを開設し，ゼロ・バランスでのプーリングを行っている。

　いずれも，円でなくドル中心で行っているのは，ドル建ての金融商品の方が厚みがあり運用の選択肢が広いこと，緊急の調達の場合も機動的に対応できることによる。また，アジア各国通貨の対ドル・レートの直物レートはもちろん，先物レート，直先スプレッドが絶えず建値されており瞬時の判断ができるが，円はそういうわけにはいかない。したがって，機動的な判断によって，効率的な財務活動を展開するためにはドルが望ましい。」とのことであった。

　東京金融・資本市場が未整備であるという問題だけでなく，アジアの外国為替市場で円と現地通貨の取引，いわゆるクロス取引が少ないことが障害となっているようである。経済同友会の調査報告書（2000）によれば，「為替市場では，ドル・ウォン取引が圧倒的であり，円・ウォン取引をする場合はソウル市場でのドル・ウォン取引と，東京，香港，シンガポールなどでの円・ドル取引とを組み合わせる。一時，円・ウォン取引を人為的に始めたが，ほどなく市場が消滅してしまった。為替相場が乱高下しない限り，円・ウォンという発想は出てこない。」[9] ということで，インターバンク市場ではドルを為替媒介通貨して取引されており，取引コストもドルに比べ割高にならざるをえない。また，東京三菱銀行（当時）ソウル支店によれば，「顧客にとって，円・ウォン取引は

直物取引，先物取引とも一応はできる。しかし，ドルのように絶えず建値されており，モニターで動きを見ながら，すばやく取引するというわけには行かない。何行かに問い合わせをし，レートを提示してもらいながら取引をしている。金利裁定を行う場合は，ウォンの金融商品が充実していないため，円だけでなくドルとの間でも円滑に行いにくい。」とのことであったし，タイでも同様の状況のようである。

以上のように，東京国際金融市場の魅力の乏しさだけでなく，アジアの外国為替市場で円と現地通貨の取引が少なく，機動的な建値や安価な売買マージン，スムーズな取引の成立といった面で問題を抱えていると思われる。そして，その使い勝手の悪さが円の使用を抑制し，外国為替市場での円取引量を少量のものにしているという悪循環に陥っており，好循環をきたしているドルとは対照的である。まさしく，アジアの外国為替市場では基軸通貨・ドルには規模の経済が作用し，慣性の効果をもたらしており，その壁が円にのしかかっているといっても過言ではない。

2-5 ドル中心の為替リスク管理体制の確立，構築が多いこと

外国為替市場で基軸通貨・ドル体制が確立し，慣性の効果が強く支配している状態を，個別企業の観点から見ると，アジアではドルをベースとした国際財務管理体制，とりわけ為替リスク管理体制がすでに確立されており，その転換が容易でないこと，さらには新規にそうしたシステムが導入されていることが大きな問題といえる。

大手企業のグループ企業全体の集中的な為替リスク管理体制の問題に限らず，日系企業等がアジアでのドルを中心とした取引関係の中で，容易に自社だけ円建てに転換できないという声も無視できない。マレーシアで日本からの鉄鋼の輸入業務を中心に行っている Malaysia（Sunlock）では，マレーシアでの販売先の日系家電メーカーでドル建て輸出が多いため，そこがドル建ての納入を希望し，かつ輸入元の日本の鉄鋼メーカーが外貨マリーが可能なためドル建てを希望しており，自らの意思で建値通貨の変更は不可能であるという。

シンガポールで電磁鋼板等の加工販売を行っている Singapore Electrical Steel Services Pte. Ltd.（SESS）でも，「日本の鉄鋼メーカーから日商岩井を

通じて，原料の電磁鋼板等を輸入している。その際の鉄鋼メーカーと日商岩井との間の取引はメーカーの希望もあり，ドル建て・ドル決済かドル建て・円決済というようにドル建て輸入となっている。当社は，日商岩井からドル建てとシンガポール・ドル建てでその原料を購入し，加工したうえで6割強をシンガポールの日系企業にドル建てで販売し，残りをシンガポール・ドル建てで地場企業に納入している。松下電器や三洋電機の子会社である日系企業への納入がドル建てなのは，彼らの製品の販売がほとんどドル建てのためである。結局，何がユーザーのコスト計算の通貨であるかに応じて，取引通貨を決めざるをえず，アジアでは円よりもドル中心にならざるをえない。」ということであった。アジアにおいては，ドルでの取引の流れが構築され，その中に日系企業も組み込まれているため，一社だけで容易にそれを円に転換しにくいことがうかがわれる。

　しかし，より大きな障害は日本企業でもアジア各国に多数の子会社を設立し，大々的な事業展開を図った結果，重層的な生産・販売ネットワークを構築している大手企業のグループ企業群のケースといえよう。そうした企業では，アジア各地の拠点間で錯綜したロジスティックスが形成されており，この企業内取引を主体とした債権・債務について，グループ企業全体の為替リスクを集中的に管理する体制が形成されつつあるが，その集中管理のための主要通貨がドルであるというところに大きな問題があるということに他ならない。例えば，ソニー本社と前出SES（当時）によれば，ソニーグループのアジアの取引とその為替リスク管理は，おおむね次のようになっていたようである。すなわち，「ソニーの財務管理は基本的に4極体制が敷かれており，アジアでは一部は本社およびマレーシアの金融子会社の管轄下にあるが，大部分はSESが統括している。日本の本社および国内関連会社から高機能製品やICといった中枢部品などがアジアの子会社や第三者の協力工場に輸出され，逆にアジアで製造された製品などが輸入されているが，大部分がドル建てであり，円建ては10％未満に過ぎないと思われる。この日本側と第三者の協力工場との取引とアジアのグループ企業間の取引は，SESがマーケティングを行ったり，その取引に伴う為替リスクを集中的に管理している。その方法は，例えばマレーシアの協力工場からシンガポールの生産子会社が原料を輸入し，生産した製品をタ

イの販売子会社に輸出する場合には，図6-4のように，それぞれに書類上SESが当事者として関わるリインボイシングを行っている。その際の建値は，SESとの取引相手の国の通貨建てとしており，アジアのグループ企業は為替リスクを負わない仕組みになっている。為替リスクはSESに集中化されることになるが，SESではドルに一元化し，外貨マリーやネッティングなどによりできるだけ効率的に管理し，基本的にドルと現地通貨の間の為替リスクはSESが負っている。そのうえで，SESの財務活動で生じたドル・ポジションは本社財務部につないだり，本社とアジアの子会社群との取引にSESが介在する場合は，本社とSESとの建値通貨はドルとすることで，基本的に円とドルとの間の為替リスクは本社が負担するというシステムになっている。

すでに述べた資金管理と合わせ為替リスク管理も，アジアではSESに一元化してドル中心で行っているのは，前述のように金融市場や外国為替市場での

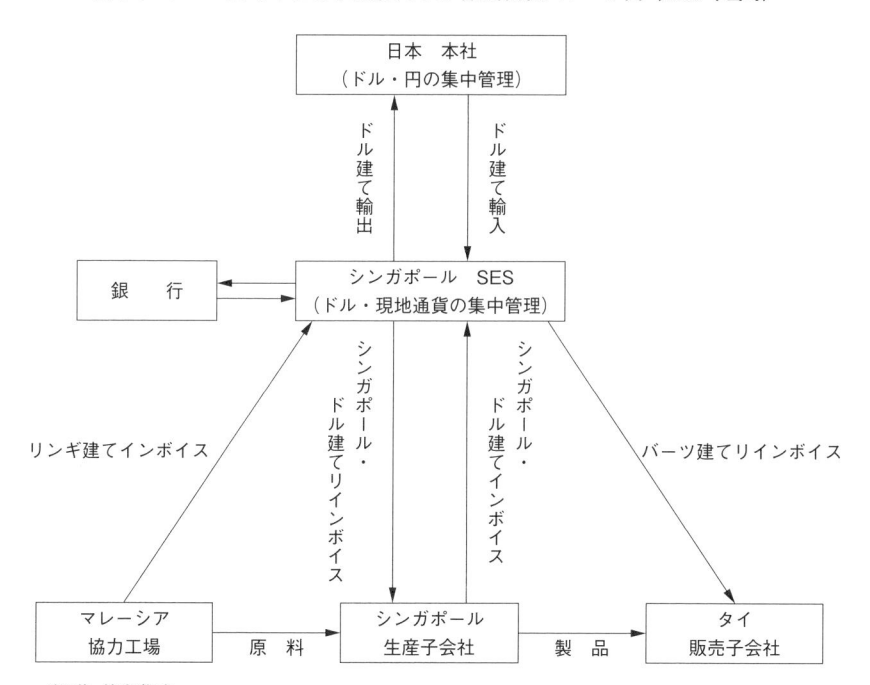

図6-4 ソニーのアジアにおける為替リスク管理体制のイメージ図（2000年当時）

出所）筆者作成。

ドルの利便性もあるが，基本的にはアジアはドル圏であり，商慣習としてドル取引が定着していることにある。特に，ユーザーがどの通貨で値段を評価しているか，生産コストはどの通貨で算定しているかという観点から見ると，現地通貨かそれと連動性の高かったドルということになるが，貿易となると現地通貨より受領性の高いドルにせざるをえない。われわれは，企業として当然の合理的行動の結果として，ドルを選択しているに過ぎない。」

さらに，アジアにおける松下電器のグループ企業の為替リスク管理は，シンガポールで統括を行っているアジア松下が，ソニーと同じようにリインボイシング方式によって集中化し，効率的に行っている。ただし，その際の建値通貨はソニーのように現地通貨ではなく，ドルを使用しているという。したがって，松下電器の場合は，ドルと現地通貨の間の為替リスクはアジア松下ではなく，アジアのグループ企業各社がそれぞれ負うという方式を採用している。現地通貨の対ドルレートは安定的であったとはいえ，各社は適宜先物予約などでヘッジを行っているということであり，為替リスクの分担方針に両者の違いがうかがわれた。

1998年の新外為法の施行以来，わが国企業は財務センターである地域統括会社（金融子会社）や本社財務部によって，現地での規制がないならば，

(1) 資金の一元的な調達・運用（グループ・ファイナンス）
(2) 取引決済と為替リスク管理の一元化
　　グループ企業間の取引主体（ネッティング）
　　グループ外企業との取引（代金回収・支払代行：ため受け・ため払い）
(3) 資金の集中管理（プーリング）

といったように，各種取引の外国為替を一元的に集約し外貨マリーやネッティングをするのみでなく，国際財務活動を幅広く行うようになっている。いわゆる，インターナショナル・キャッシュ・マネージメントの一環として，為替リスク管理も重要な業務となっており，膨大なグループ企業間取引の債権・債務，さらにはグループ以外の企業との取引の債権・債務が財務センターに報告・集中化され，マルチネッティングにより処理されている。そこでは，オープン・アカウント方式という決済手法が採用され，多数の企業間の多様な通貨建て債権・債務も社内共通通貨に換算し，周期的に相殺決済されるが，その換

算に適用される為替レートが一定期間安定的なものであれば，為替リスクは財務センターに集約され，周期的決済日の為替レートが適用されるということであれば，現地グループ企業が分散負担することになる。通常は，前者が一般的のようである。[10]

こうした国際財務活動の一元的管理がアジアでも進展し，前述のようにSESが効率的な財務管理を行いやすいドルをマスター・アカウント（一部，シンガポール・ドル，プール口座ともいう）として日常的に資金管理を行い，さらにドルを主体に為替リスク管理も行う体制を確立しているということである。大手企業でのそうした一元的管理体制の確立が，円の国際化の阻害要因になっていることを，すでに中條（2001）において指摘した。[11]

さらに近年，日本企業のアジアでの生産ネットワークが拡大・深化しているにもかかわらず，そうしたマルチネッティング等を活用した大手企業の為替リスク管理において，ドルへの統一化が進んでいるとの極めて興味深い調査・研究論文が，伊藤その他（2008，2009）によって公表されており，注目される。ただし，2009年の論文は調査対象企業数が多く，ヒアリング内容も精緻であるが，主に日本からの輸出のインボイス通貨に関する調査であり，アジア域内のグループ企業群の取引も含めた実情を知るうえでは，2008年の調査が有用である。それによれば，1998年の新外為法施行以降，日系電機メーカーおよび自動車メーカーにおいてグローバルな統括会社が設置され，マルチネッティングが行えるようになったため，多様なインボイス通貨が使用されるようになったが，先進国向け輸出では多様化されているのに対して，アジアではインボイス通貨のドルへの統一化傾向が見られるという。その理由として，最終輸出先としてアメリカが重要であることと，ドルの金融面での便宜性があげられており，示唆に富んでいる。[12]

ただし，マルチネッティングがどの方式でなされているのか，社内共通通貨は何か，その為替レート（社内レート）は固定的か否かといった仕組みや意義が不鮮明であったり，金融面でのアジアの為替規制の影響にも実務的誤解（例えば，外国為替のスワップ取引の機能に関する誤解）が見受けられる。そこで，筆者は最先端にある代表的企業として，かつて調査したソニーの現状を再度ヒアリングし裏付けを取ってみた。ソニーでは4極体制（SESはその1極）を

解消し，よりグローバルな財務管理体制を構築すべくロンドンに Sony Global Treasury Service (GTS) を設立し，その下部組織として東京支店とシンガポール支店がアジア地域を管理している。アジアのグループ企業間取引と対日貿易は，SES 時代と同じようにリインボイス方式により GTS シンガポール支店に集中化され，外貨マリーやネッティングがなされており，インボイス通貨はドルが多いが，現地通貨建てもあるとのことである。

　上記のようなオープン・アカウント方式が採用されていないことは意外であったが，重要なことはリインボイス方式でも，ネッティングをするための共通通貨が何で，それが決済周期間固定的であるか否かである。ソニーはドルで一定期間固定的レートを設定しており，したがって現地通貨建て取引はもちろん，ドル建ての場合も現地のグループ企業には為替リスクの負担を強いていないという。かつ，ドルのマスター・アカウントでプーリングがされるという資金管理方式が採用されている。ということは，相殺されないネットの債権・債務や日常の余剰資金や不足分の移動について，シンガポール支店はドルと現地通貨の間の為替リスク管理・操作と資金取引を行っているということであり，アジアの現地金融市場や国際金融センターでの資金取引はもちろん，アジアの外国為替市場ではドルと現地通貨取引を行うことになり，円も含め，いわゆるクロス取引は発生しにくいということを意味する。逆にいえば，こうした実情がすでに SES の担当者の弁として紹介したように，円を中心とした機動的な為替リスク管理，さらには資金管理を難しくしているという悪循環を招いているということに他ならない。

　大手企業がアジアに多数の拠点を展開することによって，そのグループ企業群の間で複雑なロジスティックスが形成され，また各拠点で種々の通貨での資金調達・運用が必要になるため，日系企業のアジアでの事業展開は円や現地通貨の使用につながるとの期待があったことは否めない。しかし，財務活動というのは企業の各種職能分野の中で，最も一元管理が可能な分野であり，その一元化は特定通貨を中心に据えて行うことにより有効性が高まる。日本企業は為替リスク管理も含めた一元的管理体制の確立に当たって，グループ企業間取引のインボイス通貨だけでなく，その取引による債権・債務の集約のための共通通貨，資金管理の中心通貨を円ではなくドル主体としているということに他な

それは，アジア各国通貨がドルと安定的な関係にあったこと，最終製品の販売先としてアメリカが多いこと等により，ドル建て取引が現地で商慣習化してきたこと，金融商品の層の厚さや外国為替市場での利便性を勘案した結果であり，アジアの現場担当者の間では極めて合理的行動との認識が強いことを痛感させられた。アジアに生産・販売ネットワークを張りめぐらし，アジアの貿易取引に大きな影響力を持つに至った日系企業が，ドルによる一元的な財務管理システムを構築していることは，せっかくのアジアにおける円の国際化のチャンスを摘み取っているだけでなく，ドルに規模の経済をもたらし慣性の効果を高めているとさえいっても過言でない。この壁を打破し，少なくとも日系企業を中心に本格的な円での為替リスク管理体制，さらには財務管理体制へと転換する方途を探ることも，ミクロ的視点から見たアジアにおける円の国際化進展のキーポイントに他ならない。

　以上のように，日本とアジアにおける実情を調査することにより，上記のような円の国際化に対する具体的な阻害要因が鮮明になってくるが，それらは個別のものではなく，相互に関連性を持っているということも看過しえない。その点も考慮すると，アジアにおいて円の使用が進展してこなかった原因は，次のように取りまとめることができる。すなわち，最も根本的な要因はドルに比べて円の為替リスクが大きかったことにあった。現在は，ほぼ同等の条件になった国もあるが，それは全てのアジア諸国ではない。ドルの伸縮性が増大した国においても，為替政策・制度の画期的な転換が明確にされたわけではなく，ドルの為替リスクの高まりは認識しながらも，特段円選好を高めるまでに至っていない。あくまでも，一応為替リスクという点で，ほぼ同等の条件が整いつつあるという状態に過ぎない。結局，今のところ円の使用は技術的な優位性や市場支配力などを背景に，バーゲニング・パワーが強い商品やアジアの取引相手が両為替を保有でき為替リスクを回避しやすいケースに限定されがちである。それ故に，アジアの外国為替市場で円取引が少なくスムーズに低コストの外国為替取引ができないし，東京金融・資本市場やアジアの現地金融市場の未整備もあって，円の使い勝手が悪いという問題を生じている。そのことやデファクト・スタンダードとして確立されてしまっているドル中心のアジアの商

慣習を踏まえて、日本の大手企業の中にはドルを中心とした為替リスク管理、さらには財務管理システムを構築するところが増えており、アジアにおけるせっかくの円使用のチャンスを摘んでしまっている。それだけではなく、日本企業のそうした行動によって、ますますドルの利便性が高まるというポジティブ・フィードバックが働き、アジアの基軸通貨・ドルに慣性効果をもたらしている。逆にいえば、円にはネガティブ・フィードバックが働いているため、円の割り込む余地は限定され、日本のアジアにおけるプレゼンスに相当する活用がなされていないということに他ならない。

小括：アジアにおける円の国際化対策のあり方

　これまで分析したアジアでの円の国際化の具体的阻害要因を踏まえるならば、おのずとわが国がアジアで円の国際化を推進する際の基本的対応の方向性が見えてくる。以下、若干とも具体的な対策を示しながら基本的対応のあり方を提示することで、本章の結びにかえたい。

　まず第1は、円取引の為替リスクを軽減すべく、アジア各国通貨の対円レートを安定化させることである。とりわけ、アジアにおいて基軸通貨・ドルと比較しても遜色のないほどに円が安定化しうるような為替政策の採用、あるいは為替制度の確立を実現することが、最低限の条件として不可欠である。現在、韓国等の何カ国かでは管理フロート制が採用され、為替リスクという点で円はドルと同じ土俵にのぼりつつあるが、まだ完全に対等の立場とはいい難い。この状態が恒常化するか否か不透明であるし、あくまでも自国の為替政策として管理の対象となっているのは対ドルレートであり、円はそのドルとの自由変動の結果、アジアの通貨とのレートが決まるという中では、先行き見通しの難易度に差があり、依然として脇役といわざるを得ない。

　したがって、アジアでの円の国際化の一歩としての土俵作りという意味でも、各国独自ないしは共通のG3通貨バスケット制のように、アジア側から見て円とドルが明示的に対等な為替政策・制度の構築が望まれる。かつて、わが国政府はアジア各国に対して、「多くのアジア諸国にとって、十分広いバンド幅を持たせる等により伸縮性を保ちつつ、貿易等の経済ウエート等を勘案し

た，ドル，円，ユーロ等を構成要素とする通貨バスケットとの関係が安定的となるような為替制度はひとつの有力な選択肢と考えられる。」13) という提言をしたが，その後のアジアに対する通貨外交に，その実現に向けた積極性が感じられない。

　最終的な選択権はアジア各国政府にあるとはいえ，わが国としてもアジア各国に円にも配慮した為替政策がアジア各国の国益に適うことを強調し，その採用を促していかなければならない。そのためには，一般論として指摘されているように，日本とアジアの経済相互依存関係を深化させることによって，日本のプレゼンス，ひいては円への関心を高めることが恒常的に必要であることは否定し得ない。しかし，すでに日本は多大な経済的影響力を有している中で，通貨危機を機にアジアにおいて実質ドル・ペッグ政策の問題が認識され，円の国際化が大義名分を得た当時こそ，積極的な通貨外交を展開するとともに，円を中心にした金融支援を推進すべきであった。

　せっかくの好機を逃した感がなくもないが，今後ともアジアの通貨システムの安定化にとって，円の活用が欠かせないことを二国間およびASEAN+3のような多角的交渉の場で訴え続け，アジアの民間ビジネスの場において，対ドルと対円双方の為替レート動向を勘考しなければならない各国独自ないし共通のG3バスケット制への移行を促していくべきである。

　第2は，アジアに対して円資金が安定的に供与されうるシステムを，地域協力の一環として構築することである。二度と通貨危機を招来しないための安定的な金融システムを日本のリーダーシップの下に円を活用しながら構築することが，円の国際化にとっても有用である。仮に，アジア各国が各国独自ないしは共通のG3通貨バスケット制に転換し，対ドルおよび対円レート予想，ドルと円の金利等を勘案するようになり，アジアで円資金調達へのニーズが潜在的に発生したとしても，それだけでアジアへ円資金がスムーズに供与されるという保証はない。とりわけ，アジアで経済不安が起こっているような時はなおさらである。現に，全国銀行協会は金融業界として円の国際化に貢献できることや望まれる環境整備を取りまとめた中で，アジアへの円建て貸付を推進するためには，業界として円建て金融の情報を十分提供していくとともに，顧客ニーズを的確に捉え，アジアの潜在的借入需要を発掘する努力をする一方で，公的

機関による信用リスク補完の制度を確立することを要望している。[14]

　本来は，アジア通貨危機に対する金融支援の一環として，1,400兆円ともいわれる潤沢な日本の民間円資金が安定的にアジアに注入されるように，公的機関による信用リスク補完システムを構築すべきであった。しかし，当時の日本の金融支援は政府自らがドル中心に巨額の資金を供与するというもので，円の国際化への効果は限定的であった。[15] 今後は，アジアの為替政策・制度の改革促進とともに，アジアの通貨・金融協力において，円の活用の場を増すように日本が指導力を発揮することが肝要ある。具体的には，日本の潤沢な民間円資金をアジアの経済開発に活用しやすいようにする信用リスク補完システムを構築することであろう。それは，貿易保険制度の適用や国際協力銀行の債務保証といった日本政府のみで構築したものだけではなく，アジア全体の地域協力によって形成する方が効果は大きいと考えられる。実際には，ABMIにおいて国際開発金融機関による東京円建て外債市場での起債推進，信用保証・投資ファシリティを活用した円建て債の発行等が望まれるが，筆者としてはすでに提言したように「アジア通貨機構」といった新たな機関の創出によって，その機関自らが東京円建て外債市場等で円資金を調達してアジア各国に融資したり，アジアの企業等が日本の銀行から融資を受ける際に，債務保証をする機能を持たせることを検討してはどうかと思っている。より具体的にいえば，それはアジア開発銀行のような既存の機関でもよいし，新しい機関の設立でもよい。要するに，アジアの中で豊かな資金を持つ日本の民間からアジアに円滑な円資金供与がなされるような呼び水機能を果たす仕組みを，アジアの通貨・金融協力の一環として構築する努力をすべきと考える。

　第3になすべきことは，日系企業を含めアジアの企業が両為替を保有することによって，為替リスクを回避しやすくなるように，日本向けに円建てで輸出をする道を開いてやることである。

　日本の大手企業で原則として為替リスクは本社側で集中化して負担するという方針のところでも，アジアの子会社自らがうまく為替リスクを回避できる場合は，自主的対応を尊重していると聞いた。例えば，日本に円建てで製品を逆輸出する機会を持っているようなアジアの製造子会社には，円建てで原材料を供給したり，円で親子ローンを供与することにより，日本側は為替リスクを負

わず現地側に管理を委ねることもあるという。このように，大手企業のアジア子会社も含むできるだけ多くの日系企業およびアジアの地場企業が，日本への円建て輸出の機会を得て円資金を獲得しやすくなれば，それによって円での借入も容易に返済できるし，円で原材料や資機材を輸入しやすくなる。ということは，上記のような対応がなされ，アジア通貨がドルだけでなく円とも対等の連動性を持ち，アジアへの民間円資金供与にアジアの公的金融機関の呼び水機能が作動しているとすれば，アジアの企業はスムーズに円資金の調達ができ，それで必要な原材料や資機材を輸入でき，最終的には日本への円建て輸出で得た円資金で円借入の返済が可能になるということで，まさしく日本とアジアの間を円が貿易取引に活用されながら循環するということになりうる。

　そのための環境整備として，アジアの地場企業に対しては円建て貿易に伴う貿易金融を容易に受けられるように，邦銀がアジアの地場銀行に協力することが有用かもしれない。さらに，日本の市場開放が不可欠であることは否定しえないが，それだけで円建て輸入が目立って増加するとは思われない。円の使い勝手がドルよりも悪く，わが国企業でもアジア地域のグループ企業群の為替リスク管理，財務管理をドル主体で構築しているところが多い中では，人為的に円建てにすることにインセンティブを与え，円建てへの転換を誘発する措置が必要である。例えば，円建て輸入に対する税制上の優遇措置を検討する余地があると思われる。さらに，円建てBA市場に代わる有利な円建て貿易金融として，全国銀行協会は貿易債権を担保として投資家向けに証券を販売する流動化・証券化スキームの検討を提言しているが，[16] アジア側での地場銀行による円建て貿易金融の供与への協力等も含め，何らかの制度の創設を急ぐべきである。

　第4に必要なことは，ある程度円に対するドルの優位性を克服できた場合は，日本企業が思い切った意識改革によりシステム転換をいっせいに断行することである。確かに，わが国企業でもアジアの最前線の担当者になればなるほど，ドルによる財務管理体制の経済的合理性を強く認識し，円への転換を疑問視する声が強い。しかし，規模の経済により慣性効果が働いており，デファクト・スタンダード化したドルの優位性を別にすれば，すでに指摘した阻害要因の緩和を中心に一定の条件が充足されるならば，ドルによる管理体制と円による管

埋体制に大きな相違はなくなるはずである。

　すなわち，まずはアジア各国の為替政策・制度が各国独自ないしは共通のG3通貨バスケット制に転換され，アジアの各国から見てドルも円も同じように為替リスクを持ち，双方の動向に同じように配慮しなければならなくなることである。とりわけ，アジアの貿易において最大の存在感を持つに至った中国の為替政策・制度が，ドルとの安定性維持から転換されるならば，大きな影響を持つと期待される。さらに，政府は地域金融協力の一環として，日本の潤沢な民間円資金をアジアに還流させるシステムを構築し，アジアの開発に長期安定的な円資金の活用を推進することである。次に，アジアの貿易構造が「三角貿易」構造から「自己完結的貿易」構造へと転換され，製品の最終仕向け地が必ずしもアメリカ中心でなくなることである。前記の伊藤その他（2008, 2009）のヒアリングにおいても，明確にインボイス通貨のドル化の理由として，最終仕向け地がアメリカであることがあげられており，その構造転換は円建て化にとって意味があると考えられる。さらに，現地日系企業からの逆輸入はもとより地場の企業も含めたアジアの対日輸出の円建て化を促進し，両為替化によって輸出入双方の円建て化を進展させるとともに，アジアでの円資金の調達増大を促すといったことも有用と考えられる。要するに，これらの進展によって，アジアの金融・資本市場や外国為替市場で円へのニーズを多少とも増加させ，円での金融の厚みや外国為替取引の機動性を芽生えさせなければならないということである。

　となれば，アジア全体がドルでの取引という商慣習に緊縛されている状態が緩和され，日本の大手企業もアジアのグループ企業群の財務管理をドル主体で遂行する必要性は薄れるのではなかろうか。特に，本来のマルチネッティングによって，例えばアジアでもグラスマンの法則やマッキノン仮説が作用するように，各グループ企業間で多様なインボイス通貨が選択された取引が財務センターに報告され，特定の共通通貨との固定的レートで仕切られ，集計されたうえ，相殺されるかぎりでは円で一元化することも可能である。というより，理論上はアジアのグループ企業群と地域統括会社間はドル，地域統括会社と日本の本社は円でという2段階の管理方式より，会計基準が海外のグループ企業も含めた連結決算になっている今日では，ドルを挿まず直接円1本で管理する方

が効率的とさえいえる。しかし，現実はネッティングしきれないネットのエクスポージャーを財務センターが為替リスクの管理や操作をしたり，金融市場でのグループ・ファイナンスのための調達・運用などを行うに当たって，アジアでは円の利便性が劣るということであったが，上記のような環境が整いつつある中で，大手の日本企業が現場からというよりも，大局的観点に立ってトップ・ダウンで思い切った意識改革を断行し，一挙にシステムの転換を図ったらどうであろうか。強力なドルへの慣性効果を打破するには，これ以外にないのではなかろうか。

　実際に，経済同友会の調査報告書に，精密機器B社の話として「円建て取引が海外取引のうち66%（対アジアについては100%）と，非常に高い水準。理由は同社及び同社グループ全体が，グループ内取引に関して決済は歴史的に"Shipping Currency"，つまり販売側のローカル通貨で行うとのルールを適用しているため。例えば，アジア地域で販売する商品に関しては，東京の本社がシンガポールの地域統括会社に商品を円で販売するかたち。現在ではその下流にいる流通会社等までルールの適用を進めている。北米・ヨーロッパのグループ会社への販売も同様。

　当然ながら，グループ外への販売は円建てでないケースが多い。諸国のエンドバイヤーに販売する会社にはローカル通貨VS円の為替エクスポージャーが発生するが，連結ベースで見れば会社自体の為替エクスポージャーなので実質的な問題はないという視点。」との紹介がされている。[17]

　恐らく，抜群の競争力を誇る企業ではないかと類推されるが，現実にグループ全体の視点に立って，円での取引，ひいては管理体制を構築しているところもあるということで参考になる。問題は，限られた企業だけが円による管理体制に転換しても，基軸通貨・ドルが支配的なアジアでは不便さを強いられ，不利な立場を余儀なくされかねない。したがって，今後上記のような一定の潜在的素地が形成されたならば，多くの日本企業が同時的に円による管理体制へと転換することが，アジアにおける円の国際化の進展を決定付けるといえよう。

　最後に指摘すべきことは，繰返しになるかもしれないが，わが国の政府，民間金融機関，企業が一致協力して，アジアにおける円の国際化のための対応を総合的，体系的に講じることである。ドルにポジティブ・フィードバックが働

いて強い慣性効果が存在し，円の使用を妨げている中では，政府が積極的な通貨外交，地域協力での指導力を発揮するとともに，円の使い勝手を高めるべく金融・資本市場の整備を推進することは必要条件であるが，十分条件ではない。すでに指摘したようにアジア各国に積極的に働きかけ，為替政策・制度の改革や円を主体とした通貨・金融面での地域協力体制を確立するとともに，人為的に円を使用することに強いインセンティブを与えるような思い切った施策を講じ，円の国際化へ向けての戦略的対応を内外にアピールすべきである。

それに対して，民間金融機関はアジアへの円資金の供与などに努力し，わが国企業は進んで円をベースとしたアジアでの貿易，グループ企業経営を推進するという協力なくしては，円の国際化が進展することはありえない。国を挙げての，さらにはアジア各国を巻き込んでの総合的，体系的取組みによって，アジアにおけるドルへの好循環・円への悪循環の連鎖を断ち切る以外に，円の国際化は不可能であるといえよう。是非とも，その可能性を信じて，円の国際化に再チャレンジすべきである。

注

1) 一国の通貨が国際化することによるメリットとデメリットについては，河合正弘（1994），331-333 ページにおいて簡潔に整理されている。ただし，デメリットとしてあげられているもののほとんどは，その国の通貨の国際化に関わりなく，金融・資本市場が自由化・国際化されるとともに生じるものである。したがって，金融・資本市場の自由化・国際化が世界的な潮流となっている中では，一国の通貨の国際化によるメリットは大きいと考えられる。

2) 詳しくは，中條（2001）参照。

3) 例えば，河合（1992），勝（1994），佐藤（1997a）を参照。特に，佐藤（1997a）は企業内分業において，親子間で輸出入双方がなされることが，円建て比率の上昇につながることを強調している。

4) 次の調査・研究論文が参考になる。Hamada and Horiuchi（1987），Tavlas and Ozeki（1992），河合（1992），Ito（1993，1994），福田（1994），Taguchi（1994），佐々木その他（1995），Fukuda（1996），佐藤（1997a, b），日本貿易会「円の安定化」研究会（1996），日本貿易会・貿易動向調査委員会（1998），経済団体連合会（1998），通産省・アジア通商金融研究会（1998），全国銀行協会（1999），大蔵省・外国為替等審議会（1999），経済同友会（2000），財務省・「円の国際化」推進研究会（2001, 2003），井上（2003），大野・福田（2004），伊藤その他（2008），伊藤その他（2009）。

5) アジアでのヒアリング調査にあたっては，円を使用する可能性の高い日系企業，日系金融機関を中心に，地場の企業と金融機関も若干訪問した。具体的なの訪問先は，以下の通りである。

  タイ（1998 年）：さくら銀行バンコク支店，Nagase (Thailand) Co. Ltd., Nicher Trading Co. Ltd., Thepchai

  韓国（1999 年）：東京三菱銀行ソウル支店，日商岩井ソウル支店，HANA Bank, Dongbu Adeka Corp., SK Chemicals

  シンガポール（2000 年）：第一勧業銀行シンガポール支店，日商岩井シンガポール支店，

Singapore Electrical Steel Services Pte. Ltd., Sony Electronics Singapore

マレーシア（2000 年）：マレーシア東京三菱銀行，Nomura Advisory Services（Malaysia）Sdn. Bhd., Malaysia（Sunlock），Matsusita Air-Conditioning Group of Companies in Malaysia（MACG）

日本側の事情はある程度分かっているため，ソニー，松下電器，東京電力に若干ヒアリングしただけである。

6) 井上（2003）の 340-345 ページ参照。

日本経済新聞（夕刊），1998 年 1 月 12 日。それによれば，対日貿易を中心に円建て取引が増加し始め，1999 年 1～7 月には対日貿易の過半数を超え，全体の円建て比率も前年同期に比べて 1.8 ポイント上昇し，8.7％になったという。その背景には，日本企業が円建て要求を強めていることもあるが，韓国企業サイドで対ドル・レートの変動が激しくなったため，あえて円建てを希望するところが出てきたためという。

なお，韓国メディア（MBN TV）でも，2004 年 7 月 15 日に，対日貿易における円建て比率の上昇を報じた。

7) 日本貿易会「円の安定化」研究会（1996），日本貿易会・貿易動向調査委員会（1998）参照。
8) 財務省・円の国際化推進研究会（2003），7-10 ページ参照。
9) 経済同友会（2000）の 60 ページより引用。
10) 中條（2006）および中條（2008）において，わが国企業で幅広い国際財務活動が一元的に管理されつつあることを詳述した。その一元的管理においては，インターナショナル・キャッシュ・マネージメント・システム全体として，どの通貨を主体に管理するかが決定されている。
11) 中條（2001）の 29-32 ページ参照。
12) 伊藤その他（2008，2009）参照。
13) 大蔵省・外国為替等審議会・アジア経済・金融の再生のための専門部会（2000）の 3 ページより引用。
14) 全国銀行協会（1999）参照。
15) 筆者はアジア通貨危機の克服のために，日本の豊富な民間円資金をアジアに呼び込むシステムを作り，その円資金がアジアを巡り復興に寄与する方策を講じるべきであるという円による支援戦略を提唱した。例えば，中條（1999）参照。しかし，わが国政府による金融支援の中には，円借款や民間の円建て融資に対する貿易保険の保証なども多少含まれていたが，約 420 億ドルにのぼる支援コミットメントや 300 億ドルの新宮澤構想ともに，ほとんどがドルを主体とした政府自身の支援であった。いわゆる，1999 年 5 月の新宮澤構想第 2 ステージである「アジアの民間資金活用構想」を大々的に推進すべきであったと思われる。
16) 全国銀行協会（1999），3 ページ参照。
17) 経済同友会（2000）の 36-37 ページより引用。

終章
通貨統合か人民元圏の誕生か

はじめに

　今回の世界金融危機は，すでに進捗しつつあったアジアの通貨・金融協力をさらに推進すると同時に，これまでまったく進捗のない通貨システムの改革の必要性を改めて浮き彫りにした。すなわち，超長期的にはアジアは「過剰なドル依存の軽減・解消」にとどまらず，「ドルからの脱却」を図るべく独自の通貨圏形成を目指した一歩を踏み出すべきということであった。通貨統合を最終ゴールとしたそのロードマップを第5章に示したが，その実現に向けては日本が最も重要な役割を果たしていかなければならない。なぜならば，その成否によって，遠い将来のアジアにおける日本の地位や存在感は大きく左右されるからである。

　そのために前章で検討したように，まず自らは再び円の国際化，とりわけアジアでの円の国際化に再チャレンジし，アジアでの実物経済におけるプレゼンスに見合うように円の地位の向上に努めるとともに，将来のAMS下では，通貨統合までの基軸通貨の候補として機能しうるよう努力しなければならない。しかし，日本の課題はそれだけにとどまらない。むしろ，現在のアジアの通貨・金融協力の延長線上に通貨統合を位置づけ，その実現をリードするよう通貨戦略，通貨外交を遂行することが最重要課題と考えられる。なぜならば，どこの国の国民通貨でもない共通通貨によって通貨統合を図ることが，アジアにおいて参加国が対等な対称的通貨システムをもたらすが，その維持や運営においてリーダーシップを発揮することこそ，アジアで日本が一定の存在感を発揮しうる唯一の道であるからである。

　しかし，アメリカ国際経済研究所のF.バーグステン所長やR.マンデル教授

の発言にうかがわれるように，比較的近い将来アジアでは人民元圏が形成され，世界はドル，ユーロ，人民元の3極通貨体制が具現するとの見通しが随所で聞かれる。1) 第5章で一瞥したような将来のアジアの経済力の格差，とりわけ対抗馬を持たない中国の超大国化が実現するならば，そのシナリオを否定することは難しいかもしれない。人民元圏の誕生の成否は，全てではないものの相当部分が，今後中国がいかなる人民元に関する通貨戦略を展開するかにかかっているといっても過言ではない。今のところ，筆者は中国の人民元の通貨戦略に関しては極めて限られた情報しか持ち合わせてないが，本書を締めくくるに当たり，推論も含め大まかな整理をしたうえで，アジア，特に日本にとっての影響，さらには最悪事態を回避するための日本の対応を問題提起の意味で提示してみたい。

中国の人民元国際化の現状

2005年7月に，中国は「人民元の為替制度改革」を公表し，為替レートの弾力化の姿勢を示したが，これは資本取引の自由化を睨んだ中国の国際金融戦略の一環と考えることができる。国際金融のトリレンマ論が教えるように，経済大国に躍進した中国がアメリカに従属した金融政策でなく，自立的な金融政策を遂行していくためには，これまでの厳しい資本取引の規制と固定的な為替政策という政策の組合せを再考せざるを得なくなってきたといえる。なぜならば，資本取引の自由化は世界的な潮流であり，2001年の世界貿易機関（WTO）加盟等により国際社会の一員として重きを増すとともに，中国への外部からの自由化要求が高まっているだけでなく，中国自身にとっても国際資本へのアクセスは，さらなる経済発展のためにも有用となっているからである。さらに，固定的な為替政策の維持のための為替介入のコスト，過剰流動性問題といった副作用が認識され，かつ資本取引規制の有効性にも限界が指摘される中では，資本取引の自由化に合わせて為替レートの弾力化を同時並行的に推進するという組合せが妥当な選択となりつつある。

とはいえ，中国は資本取引の自由化および人民元の為替レートの弾力化を進めるに当たって，極めて慎重な姿勢を貫いている。人民元の為替制度改革に関して，通貨当局は「主体性，制御可能性，漸進性」を原則として遂行すると表

明しているし，資本取引の自由化についても国内の金融システムの強化を睨みながら，あくまでも自主的判断に基づいて，慎重かつ段階的に実施する方針をとっている。すなわち，日本の経験も踏まえながら，まず長期安定的な資本の国内流入を優先すべく対内直接投資の自由化から始め，「走出去」と呼ばれる対外直接投資の推進および急増，適格外国機関投資家（QFII）制度および適格国内機関投資家（QDII）制度に基づく対外・対内証券投資，許可制を中心とした国家外貨管理局の管理下での認可された金融機関による対外貸付・借入等，長期安定的資本の流出入の両面で均衡的に自由化を進める段階へと前進した。しかし，依然として多くの資本取引に厳しい規制が課せられているが，今後は長期資本から短期資本へ，流入側から流出側へ，金融機関・機関投資家から個人へと徐々に自由化が図られていくものと推察される。

　このように，漸進的な資本取引の自由化によって人民元の交換性が徐々に拡大されつつある中で，今まさに「人民元そのものが国際経済取引に使用され，かつ非居住者によって保有される」という人民元の国際化が，その端緒についたところであるといえる。とりわけ，アメリカ発の世界金融危機によって，ドルへの信認が低下し，国際通貨システムの改革の必要性やドル建て資産保有の為替リスクが認識されるとともに，中国でも人民元の国際化への模索が本格化したという。現時点での，主な人民元の国際化の動きとしては，以下のようなものが指摘される。[2]

　(1) 貿易取引における人民元決済の試験的実施

　すでに，ラオスやミャンマー，北朝鮮等の中国の辺境貿易において，人民元のキャッシュが決済通貨として使用されてきたが，2008年12月24日に，広東省・長江デルタ地区と香港・マカオ間の貿易取引，広西チワン族自治区・雲南省とASEANとの間の貿易取引について，人民元建て口座決済を試験的に導入することを決定し，2009年7月には上海と広東省4都市のテスト企業により，ASEANや香港との貿易で人民元決済が開始された。さらに，2010年6月には海外企業の対象地域を全世界に広げたほか，中国側も北京，天津など20の省・自治区，直轄市に拡大された。ただし，人民元決済を利用できるのは，当局の認可を受けた限られた企業のみである。

　その決済のメカニズムは図7-1のようになっており，中国のテスト企業は国

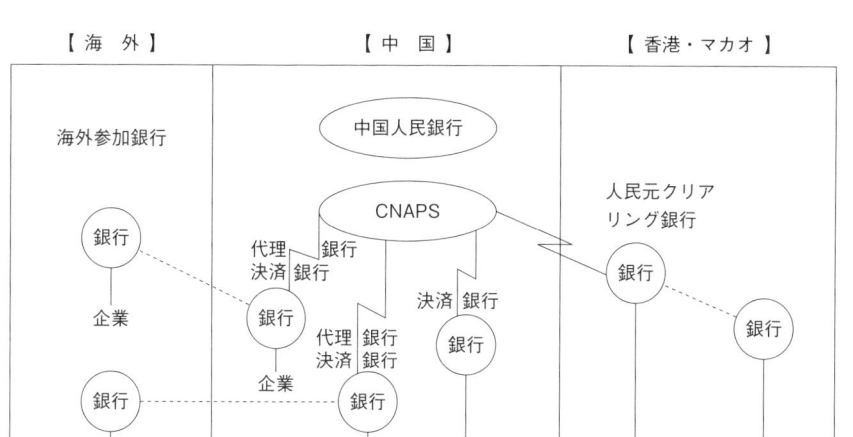

図7-1 人民元建て貿易決済スキーム

【海外】　　　　　　　　【中国】　　　　　　　【香港・マカオ】

（図：海外参加銀行―企業、中国人民銀行、CNAPS、代理決済銀行、決済銀行、人民元クリアリング銀行―銀行―企業 等の関係図）

　　　オンライン　　　　　　コルレス　　　　　　口座開設

出所）露口洋介「中国人民元の国際化」『東亜』No.519, 39ページ。

内決済銀行，海外の輸出入企業は海外の参加銀行との間で，それぞれ決済する。特に，海外では輸出入企業が参加銀行に人民元建て預金口座を開設し，そこへの入金・引落としで決済可能になった点が注目される。国境を越えた銀行間の決済・送金は中国のエージェント（コルレス）銀行ないしは香港のクリアリング銀行を通じて行われる仕組みであるが，香港以外では海外の参加銀行の人民元建てコルレス勘定が中国のエージェント（コルレス）銀行に開設され，その口座への入金・引落としによって人民元の海外送金・決済が可能となった。このことは，人民元についても辺境貿易での現金とともにコルレス勘定という預金口座が，国際流動性として経常取引の決済に試験的に使用されるようになったことを意味する。

(2) 資本取引における部分的な人民元の使用

前述の資本取引の自由化の一環として，極めて限定的であるが，人民元建てでの調達・運用がなされている。

① 非居住者による人民元建て外債（パンダ債）の発行

2005年に，中国政府の認可の下で国際金融公社とアジア開発銀行が人民元建て外債を発行したが，中国側の発行に関わる規制内容が厳しく，その後の実績は乏しい。

② 香港での人民元預金の解禁と人民建て債券発行

2004年に，香港では人民元預金業務が解禁された。そして，2007年には中国人民銀行による認可制の下で，中国本土の金融機関が香港で人民元建て債券を発行することが可能となり，2009年には中国政府は香港において人民元建て国債の発行に踏み切った。さらに，2005年には国際開発機関という非居住者による人民元建て外債の発行を認めている。

こうした預金や債券という形で，香港で徐々に人民元建て資産保有が可能になってきたことは，中国の一部である香港は為替管理上は外国扱いであるため，人民元の国際化には意義があるといえる。香港は人民元のオフショア市場として，預金市場および債券市場が形成されつつあり，そこを通じて周辺国・地域との決済や融資，さらには広く非居住者によるパンダ債の発行や購入が可能になると期待されるからである。

③ 中国の証券市場の部分的解禁

非居住者が人民元建て資産を取得することは厳しく制限されてきたが，2002年にQFII制度が導入され，一定の限度内で中国の証券市場への投資が認められることになった。そこでは，証券監督管理委員会から許可を受けた海外の証券会社，保険会社などの機関投資家が，国家外貨管理局によって認められた運用枠の範囲内で，中国国内の人民元建て証券（株式，債券，投資信託など）に投資できるようになっている。ちなみに，2010年6月末現在，177.2億ドルの運用枠が認められているという。

④ 非居住者人民元預金口座開設の一部解禁

2009年12月に，上海市，その後広東省，深圳市でも，中国国内の銀行に海外の企業が人民元建て預金口座を開設することが認められた。とはいえ，日本の非居住者自由円預金のようにまったく自由化されたわけではなく，海外企業が貿易の人民元建て決済を行ったり，適格海外機関投資家が中国への証券投資の決済を行うためなど，一定の取引に基づいたものに限定されている。

(3) 人民元と相手国通貨の通貨スワップ協定締結

中国はCMIに基づく通貨スワップ協定とは別枠で，韓国，香港，ベラルーシ，インドネシア，アルゼンチン，アイスランド，シンガポールの8カ国・地域と，合計8,035億元にのぼる人民元と相手国通貨による通貨スワップ協定を締結している。

本来，通貨スワップはCMIを見るまでもなく，緊急の国際流動性不足への対応が主目的であるし，通貨スワップ協定そのものが人民元の国際的使用を意味するわけではない。協定が発動され，相手国が自国通貨との交換で人民元を取得して初めて，それが実現する。しかし，この中国の通貨スワップ協定の目的は緊急の国際流動性の供与だけでなく，3年間の有効期限をさらに3年間延長でき，長期の資金供与が可能なこと，海外の通貨当局は通貨スワップで得た人民元を市中銀行に供与し，それが貿易金融に活用されることによって，人民元建ての貿易や投資の拡大につながることを想定している。その意味で，潜在的に人民元の国際化の促進に資すると期待される。

以上の為替管理および人民元の資本取引規制の緩和による人民元の国際化の最大のポイントは，露口（2010）が指摘しているように，人民元は依然として海外で売買が可能なデリバブルな通貨にはなっていないが，これまで禁止されてきた海外取引の受払いを人民元による外国為替送金の形で決済することを経常取引について解禁し，それに伴って人民元コルレス口座，および非居住者人民元預金口座が一定の範囲で開設されたこと，海外の銀行に貿易等を行う企業が人民元預金口座を開設可能になったことであろう。まさに，人民元預金通貨が，国際流動性として機能する道が開けたということに他ならない。さらに，一部ではあるが資本取引について，人民元での資金調達・運用の道が開かれることになった。例えば，香港を人民元のオフショア・センターとすべく，本土から流出した人民元を預金として受入れ，それが一部の非居住者の提供する人民建て債券も含めて，いくつかの人民元建て金融商品で運用されうること，経常取引や中央銀行間の通貨スワップ協定の発動で海外に支払われた人民元に限っては，その投資対象を提供するため，中国国内の銀行間市場で取引される国債などの債券に投資することを認めているという。

人民元の国際化戦略の行方

　中国では，ようやく人民元の国際化が一歩を踏み出した状態にあるが，かなり画期的で大きな一歩と評価しうる。既述のとおり，アジアの通貨システムの改革においては，AMSのような固定的な通貨システムの第2段階へ進むための条件として，円の国際化だけでなく人民元等の国際化も不可欠であり，中国がその歩みを始めたことは高く評価すべきである。

　しかし，問題は中国がこの人民元の国際化をどのように推進し，最終的に人民元をどのような国際通貨にしようとしているのか，あるいはどのような国際通貨になりうるのかという点である。本書で検討してきたアジアの通貨・金融協力の延長線上で，かつ第5章で描いたアジアの通貨システムの改革シナリオの具現化に協力的な形で，人民元の国際化が推進されることを期待したいが，懸念がないわけではない。以下，限られた情報しか持ち合わせていないが，あえて問題を提起してみたい。[3]

　現在，中国の学術研究者の間では人民元の国際化の研究が盛んに行われているし，マスコミでも大きく取り上げられているようである。李婧（2010）は，人民元国際化のリスクと可能性の低さを指摘する少数意見もあるが，「中国は『超主権通貨』の創設を通じて，人民元の国際化を推進し，すでに人民元国際化を国家戦略に取り込んでいる。」と述べ，[4] 中国の通貨当局の重要な国際金融戦略の柱と位置付けている。とりわけ，中国の学術研究者の間では日本の円の国際化の経験に関する研究が進められており，そこから人民元の周辺国化，地域化（アジア化），国際化ともいうべき段階的国際化プロセスを主張する傾向が強いように思われる。その論拠は，円の国際化の失敗の経験と近年のアジアでの通貨・金融協力の進展という現実を踏まえていると推察される。

　吉林大学の李暁教授は，現行の「ドル体制」は依然として強大性を有しており，いかなる国も単独の力でドル覇権に挑戦し，国際通貨になることは困難であるため，地域的な協力が重要であるとの考えに立っている。そのうえで，李暁（2010）では日本は世界規模で円の国際通貨機能を高めることに一国で挑戦してきたことが失敗だったとし，アジア通貨危機以降，通貨・金融協力を通じてアジアでの円の国際化，すなわち円のアジア化戦略に転じたことに一定の評価を与えている。[5] 同様に，人民元の国際化についても，まず香港，マカオ，

台湾や国境の周辺国・地域において，人民元の使用や保有を高め，次いでアジア地域において，通貨・金融協力を通じて人民元が一定の役割を果たしたうえで，域内の中心通貨，基軸通貨になるという想定での議論が中核をなしているようである。具体的にいえば，アジアの通貨・金融協力の一環としてアジアの通貨システムをいかに改革し，人民元はいかなる役割を果たすべきかという議論である。

例えば，Li（2007）は人民元がアジアの主要準備資産になり，地域通貨になるまでの4段階のステップを提示している。Zhang and He（2006）は外国貿易の安定性，内外均衡，為替リスク軽減といった観点から見て，ドル・ペッグ，G3通貨バスケット・ペッグ，ACU・ペッグには中国にとってそれぞれ利点，欠点があることを検討したうえ，アジアの通貨・金融協力は域内貿易不均衡問題に対応すべきであり，そのために通貨システム改革は第一歩となるが，ACUの採用には時間が必要であるとしている。また，Ding（2006）ではアジアの実物経済の安定という観点から，現行の各国の通貨システム，G3通貨バスケット制，AMUと域内外の通貨を含む最適通貨バスケットを比較。現行システムよりはG3通貨バスケット制，AMUが適切であるが，次善の制度であり，かついずれにせよペッグではなくバンドやクローリングが望ましいとの結果を得ている。このように，人民元が一翼を担うアジアの通貨システムの選択に関する研究が盛んになされているが，李暁（2007）によれば，その選択肢は ① 各国が同時に域内単一通貨にペッグ，② 各国が同時に域外単一通貨にペッグ，③ 各国が自国の目標に基づき独自の通貨バスケットにペッグ，④ 各国が同一の通貨バスケットにペッグ，⑤ 統一通貨の使用の5つがあるが，大多数は ④ の共通通貨バスケットへのペッグを重視しているという。さらに，その先の最終ゴールとして ⑤ で，域内の国民通貨を選択することも可能ではあるが，新たな共通通貨による通貨統合を見据えたシナリオが提示されている。[6]

さらに，高海紅・余永定（2010）では，世界金融危機後人民元の国際化は世界の金融安定にとって一つの要因になるとしている。しかし，通貨の国際化は市場の力で決められ，人為的な力ではなり得ないものであるから，人民元の国際化は政府がそれを政策目標にするのではなく，国内の金融自由化，金融改革および開放を促進し，人民元の国際化の条件を整えるべきである。人民元の国

際化の初期段階では，中国はアジアの他の国との地域的通貨協力を通じて，人民元のアジアでの使用を促進すべきであり，これは人民元の国際化のスタートとして可能かつ有用な第一歩である。中長期に見れば，人民元の地域化は人民元の国際化に向けて避けて通れない第一歩であると主張している。[7] これらの主張は，いずれもアジアの通貨・金融協力の中での人民元の地域化（アジア化），国際化を推進しようというものであり，その先には共通通貨創出の可能性が十分うかがえる。こうした中国の学術研究者の声が，実際の中国の通貨当局の基本的通貨戦略として遂行されるよう学界としてもさらなる努力が必要である。

しかし，残念ながら学術研究者の間でも，完全に上記のようなコンセンサスが形成されているわけではないようである。人民元の独立的地位を追求するアジア通貨戦略をとるべきであるとして，真っ向から異を唱えているのが姚枝仲（2008）であることはよく知られている。中国とアジア各国との間では，非対称競争圧力ともいうべき関係，すなわち中国のアジア諸国に対する競争圧力はアジア諸国の中国に対するそれより大きい，ないしは今後ますます大きくなると予想されるため，アジア各国は中国の人民元に対する為替レートの安定性を求めざるを得なくなるという。こうした中では，アジアでの協調的な通貨システム構築への参加圧力を受けることなく，アジアにおける中心通貨（基軸通貨）の地位を獲得するという国益を追求すべきであるとの主張である。つまり，第5章で提示したアジアの通貨システムの改革プログラムでも，AMSのような固定的なシステムの下では基軸通貨が必要であり，多分に超大国化した中国の人民元が市場の選択によってその役割を担う可能性が高い。多くの中国の学術研究者が賛意を示していると思われる前記シナリオ，すなわち中国が協調的な通貨システムの構築に参加しながら人民元のアジア化を推進するという考え方では，第5章で筆者が示したシナリオどおり地域基軸通貨の地位を得たとしても，それは仮の姿であり，共通通貨の導入による通貨統合という最終ゴールでは人民元に特殊な地位はありえない。しかし，この主張はアジアでは人民元がドルに代わって，通貨発行特権を持つ基軸通貨として，非対称的通貨システムの中核に位置する人民元圏が誕生するということに他ならない。

さらに，趙海寛（2003）では国際通貨の誕生，発展および現状を考察した後，

人民元の国際化の条件などを分析している。そこでは地域通貨と国際通貨の目標などは異なり，両者は階段的な関係ではないという。すなわち，一国の通貨は地域通貨になった後に，初めて国際通貨になるというわけではなく，人民元が国際通貨になるのは地域通貨になるよりも簡単であり，容易いと見ている。したがって，人民元はアジアの地域通貨ではないからといって，それが国際通貨になる可能性がないということではなく，人民元の国際通貨化さえありうると主張している。[8]

　はたして，中国，とりわけ通貨当局はどちらの道を選択するのであろうか。中国は通貨危機直後，日本が提案した AMF 構想には賛意を示さなかったものの，すでに紹介した ASEAN+3 を舞台としたいくつかの通貨・金融協力では中心的役割を果たしてきた。しかし，アジア全体としての協調的な通貨システムの改革に関しては，前記の人民元為替制度の改革「三原則」に則り，漸進的あるいは消極的ともいいうる姿勢のようにうかがえる。例えば，確かな情報ではないは，2006年にアジア開発銀行がアジア通貨単位 ACU を開発・公表をするとのマスコミ報道がなされたが，結局実現しなかったのは，この計算において当面は日本のシェアが最大になることから中国が反対し，韓国も日中の狭間に埋没することを嫌ったためという。[9] ACU が活用できるようになれば，アジアの通貨が全体としてドルやユーロに対していかなる状態にあるか，あるいはアジア全体の水準に対して，自国がどの位置にあるかを知ることができ有用性が高いと思われるが，その試みにさえ反対があることに失望さえ感ぜざるを得ない。

　中国の通貨当局の意図は，どこにあるのであろうか。まったくの推論であるが，次のような懸念を抱かざるを得ない。ひとつは，経済成長著しい中国としては当面の為替政策の目標はその経済成長の維持にあり，目標変更を迫られる可能性もありうることに関しては，それがたとえアジア全体の利益のためであっても，消極的姿勢を崩せないのではなかろうか。現に，これまで ASEAN+3 で推進されてきた通貨・金融協力は win-win の施策，すなわちアジア全体のコモン・インタレストと各国のナショナル・インタレストが両立しうるものであった。しかし，アジア全体としての協調的な通貨システムの構築はそういうわけにはいかず，特定の国のナショナル・インタレストが抑制されることも

ありうる。もし，中国がACUの開発・公表に反対したとすれば，それはアジア開発銀行によってASEAN+3のERPDでACU関連の情報が報告され，討議の対象となりうることを避けたかったのかもしれない。つまり，通貨システムの改革を経済サーベイランスの俎上に載せるということであり，それは人民元為替政策・制度の運営に関する主体性を損なうことにもなりかねないとの危惧を抱いているのではなかろうか。とすれば，アジア全体としての協調的な通貨システムの構築は，入り口のところでつまずいてしまい，共通通貨による通貨統合の実現などはるか彼方の蜃気楼のようにかすんでしまう。

　それだけではない。そもそも中国の通貨当局には，人民元の独立的地位を追求するアジア通貨戦略が念頭にあり，やがて人民元をアジアの地域的基軸通貨とし，人民元圏の誕生を想定しているのではないかと危惧される。日本の円の国際化の失敗が，李暁教授がいうようにアジア化を目指さなかったことだけではなく，随所で指摘されているように円が不安定でアジアのアンカー通貨として相応しくなかったことだったとすれば，人民元にはチャンスが十分にある。なぜならば，現在でもすでに非対称競争圧力が作用しているうえ，今後アジアで中国が超大国化するならば，その圧力はますます増大することが予想され，アジア各国通貨の側から人民元に対して安定化しようとする力が増すことになる。さらに，かつて日本が円の国際化を推進した時代は，円，ドルが変動相場制の下で激変する中で，アジア各国が実質ドル・ペッグ政策によって貿易や投資の促進を図っていたことが，円の不安定性の主因であり，それが前述の円の国際化の具体的阻害要因である「為替リスクの大きいこと」につながっていた。しかし，アジア通貨危機の教訓として，アジア各国は実質ドル・ペッグ政策の問題を認識したため，対外経済関係の安定性を重視し徐々に柔軟な為替政策・制度を選択するようになりつつあり，自国の貿易等における中国の影響力の増大とともに，人民元との安定化を図るインセンティブは増すと考えられるからである。

　したがって，中国の場合はあえてアジアでの地域協力として協調的な通貨システム構築に参加するまでもなく，独自のアジア通貨戦略によって人民元圏を創出することができる可能性がありうる。その場合の最大のネックは，現時点では人民元の交換性が乏しいことであり，「時間的余裕」の確保こそが中国の

通貨当局の戦術といえるかもしれない。すなわち，今後も経済成長を持続し貿易の拡大を図る中で，国内の金融システムを強化しながら資本取引の自由化を漸進的に推進するならば，おのずと人民元のアジア化は進み，人民元圏の誕生も可能であり，アジア全体としての協調的な通貨システム構築の動きには，「待ちの姿勢」で臨むということではないかという懸念が拭いがたい。

ただ一方で，中国人民銀行の周小川総裁が一国の国民通貨が基軸通貨となった場合は，R. トリフィンのいう流動性のジレンマに直面せざるを得ず，ドル基軸通貨体制には限界があるとし，SDR の国際通貨機能を拡大することを提案した。[10] まさしく正論であり，中国の通貨当局の有力者がこのような認識を有しているということは，局地的とはいえ，アジアに同じ限界を持つ人民元基軸通貨体制を構築するという選択をしないのではないかとの期待を抱かせる。この発言が当面の米中の通貨・通商交渉において，アメリカに揺さぶりをかけるための高等戦術に過ぎないということではなく，中国の通貨当局の共通認識であることに期待をしたい。

アジア諸国と日本への影響：後退する日本の存在感

残念ながら，中国の通貨当局が独自のアジア通貨戦略をとり，人民元圏が誕生したとすれば，アジア諸国や日本はどのようになるのであろうか。基本的には，一部のユーロ域を除いて今のところ世界を覆うドル基軸通貨体制のミニ版が，アジアに構築されるということに他ならない。したがって，それは非対称的通貨システムであり，中心国・中国と周辺国・アジア諸国は対等な立場にないし，流動性のジレンマの問題も内包したものとなる。したがって，アジア諸国は資本取引が自由化された中で，人民元との固定的為替レートを維持するためには，金融政策の自立性を放棄し，中国のそれに追随しなければならない。もし，中国が自国経済重視，あるいは安易な経済運営をするならば，アジア諸国に悪影響が及ぶことになるし，それに抗しようとすれば固定的為替レートが維持できなくなり，通貨危機に見舞われかねない。すでに，ドル基軸通貨体制の限界を知りつつ，あえて人民元基軸通貨体制をアジアに構築するより，参加メンバーが対等な立場にある共通通貨による通貨統合を選択することが望ましいことはいうまでもない。中国自身にとっても，人民元圏の中で通貨発行特権

等を享受することより，新たな共通通貨圏の中でリーダーシップを発揮してアジア全体の繁栄を図り，自らも共存共栄を得るメリットの方が大きいのではなかろうか。

　アジアに人民元圏が誕生した場合に，最も深刻な立場に立たされるのが日本のように思えてならない。石田（2008）では，人民元圏が成立するならばアジアは日韓の円圏と人民元圏に分裂するとしているが，すでに韓国の貿易において中国の地位が日本を上回っており，将来さらに格差が拡大すると予想される中では，日韓の円圏成立に期待することはできない。円は単独の通貨として，何らかの存在感を維持しうるか，人民元圏に飲み込まれるかであろう。[11]

　この点に関して，慶応義塾大学の白井教授は朝日新聞の「争論」（2010年7月22日）において，長期的には人民元圏誕生の可能性を予想しながら，日本はイギリスのような存在になるべきことを示唆している。しかし，筆者はもっと悲観的で，それすらおぼつかないのではないかと危惧している。なぜならば，イギリスは世界の基軸通貨がポンドからドルに転換しても，かつて培った国際金融のノウハウと信用力を背景に，急増著しいユーロ・ドルの集配センターとして機能し，ユーロが誕生してもパリやフランクフルトにない強みを発揮し，独自の存在感を維持できたが，日本には無理があると思われるからである。1996年の日本版ビッグバンにもかかわらず，東京はロンドン，ニューヨークに水をあけられ，シンガポールや香港の追い上げに晒されている。もし，アジアが人民元圏になるとすれば，ドル，ユーロ，そして人民元という3大基軸通貨のアジアでのオフショア業務（ユーロ市場）では香港が優位に立つであろうし，人民元の国際金融業務は2020年までに国際金融センター化を目指す上海が，豊富な人民元資金をバックに圧倒的競争力を発揮することになり，東京が存在感を発揮する余地は少ないと思われるからである。

　また，実物経済面でも日本経済には厳しいものがある。アジアに人民元圏が成立した中で，円だけがそれに参加せず独自の通貨システムを採用しながら，アジアでの貿易・投資をスムーズに遂行することは極めて難しいと思われる。巨大な中国経済とアジア各国は固定的な為替レートの下で，人民元を基軸通貨とした取引で相互依存関係を深める中で，円のみが不安定な関係にあるならば，日本はアジア市場で孤立しかねない。やはり，人民元圏に参加し，その中

で日本企業は一段と国際競争力を高める努力とアジアでの生産ネットワークの一段の重層化を目指す以外に，生き残りの道はないと推察されるからである。

結語：問われる日本のアジア通貨戦略・通貨外交

　今まさに，日本は明確なアジア通貨戦略を持って，それを実行に移さなければならない。時期尚早論に立って無作為で過ごすことは，アジアに人民元圏が誕生することを事実上認めることに等しいといっても過言ではない。なぜならば，第5章の表5-2に掲げた日中の経済力格差は過大予想かもしれないが，時間の経過とともに中国の経済力が日本を上回り，相当の格差がつくことは間違いない。とすれば，かつてのヨーロッパの主要国のような経済力関係によって対等かつ協調的な対話や交渉が可能ではなくなる危険性があるからである。その時には，中国が独自なアジア通貨戦略を採用している限り，市場メカニズムによって人民元が基軸通貨化することは避けられず，日本に抗する術はないであろう。

　したがって，通貨当局を始め日本は中国との対等な交渉力とアジアでのリーダーシップを発揮できる今こそ，次のような積極的な通貨外交を展開すべきである。まず，遠い将来にはアジアで共通通貨による通貨統合を達成すべく，今からアジア全体として協調的な通貨システムを構築するために通貨・金融協力を推進する意義，あるいは大義名分を明確に掲げることである。いうまでもなく，それはドル基軸通貨体制の限界の中で，ドル不安からアジアを隔離し，かつアジア各国が対等な関係を保ちうる対称的な通貨システムを構築することによって，アジア全体の繁栄を図ることにある。そして，それはアジア通貨危機以来，推進されてきた通貨・金融協力の延長線上で，さらに通貨システムの改革へと一歩を踏み出すことであるといえよう。

　中国に対しては，アジア全体の繁栄こそが中国の利益につながることをあらゆる面で説得すべきである。特に，通貨当局同士の対話が重要であり，2008年に中国で設置されたというアジア通貨協力検討会などとの協議を通じ，率直に意見交換をすべきである。それによって，学術研究者の間では理解の深まっているアジア全体としての調和的な通貨システム構築への一歩を，日中両国の

リーダーシップによって踏み出せることに期待をしたい。

　同時に，ASEAN＋3を中心的な舞台にして，中国以外の国々にも積極的に働きかけなければならない。特に，中国が消極的姿勢を崩さない場合は，ASEAN諸国や韓国も含めたコンセンサスの形成は重要な通貨外交の交渉戦術となりうるであろう。さらには，ASEAN＋3の枠を超えて，遠い将来には日本に代わって中国に対抗しうる経済力を有することが予想されるインドを取り込んだアジア共通通貨圏を構想し，通貨外交を展開するといったことも検討すべきと考える。いずれにしても，日本はアジアで一定のプレゼンスを保持している今こそ，長期的視点に立ったアジア通貨戦略を立案し，遂行しなければならないことを強調したい。

注
1) 例えば，F.バーグステン氏については，日本経済新聞，2008年1月5日付けのインタビュー記事を参照。R.マンデル教授については，中華工商時報，2009年10月14日に掲載された「2009年アジア太平洋フォーラム」（広東省広州市）での発言「今後2年以内に，人民元は円に代わる世界第3位の通貨になる」がある。
2) 人民元の国際化の現状については，野村資本市場研究所（2009），露口（2010）によった。ただし，厳密には前者の報告書では，居住者である中国に進出した外資系企業の起債，QDII制度による対外証券投資，海外直接投資など，資本取引の自由化ではあっても明らかに人民元の国際化とはいえないものも含まれているので，それらは割愛した。
3) 多数の中国の学術研究者の文献をサーベイした上川・李暁（2010）に多くを依存したが，特にそこに収録された李暁（2010），李婧（2010），丁一兵（2010）に負うところが大である。さらに，李暁（2007），李暁・丁一兵（2005，2008），姚枝仲（2008），Ding（2006），Zhang and He（2006），Li（2007），余永定（2009），村瀬（2010），趙海寛（2003），高梅紅・余永定（2010）等を参照した。
4) 李婧（2010）の202ページを引用。
5) 李暁（2010）参照。
6) Li（2007），Zhang and He（2006），Ding（2006），李暁（2006）参照。
　　世界経済政治研究所所長の余永定（2009）が，IMF等の国際通貨体制の改革だけでなく，アジアの通貨・金融協力の推進と地域通貨同盟の創設を主張しているのは，特筆に価する。
7) 高海紅・余永定（1010）を参照。
8) 趙海寛（2003）を参照。
9) 村瀬（2009）16ページ参照。筆者も直接アジア開発銀行に問い合わせをしたが，ACUを開発・公表するという動きがあったことさえ，公式には認めようとしなかった。
10) 周小川（2009）を参照。
11) 石田（2008）を参照。

参考文献

青木健（2005）『変貌する太平洋成長のトライアングル』日本評論社。
荒巻健一（1999）『アジア通貨危機と IMF』日本経済評論社。
石川幸一（2002）「直接投資をめぐる中国と ASEAN の競合―直接投資は中国に集中するのか」，木村福成・丸谷豊二郎・石川幸一編著『東アジア国際分業と中国』ジェトロ。
石田護（2008）「東アジア通貨協力の文脈と意味」『国際金融』1187 号。
伊藤隆敏（1999）「アジア通貨危機と IMF」『経済研究』Vol.50，No.1。
伊藤隆敏・小川英治・坂根みちる（2007）「人民元改革の実際と意義」伊藤隆敏・小川英治・清水順子編著『東アジア通貨バスケットの分析』東洋経済新報社，第 4 章。
伊藤隆敏・鯉渕賢・佐々木百合・佐藤清隆・清水順子・早川和伸・吉見太洋（2008）「貿易取引通貨の選択と為替戦略：日系企業のケーススタディ」RIETI Discussion Paper Series 08-J-009。
伊藤隆敏・鯉渕賢・佐藤清隆・清水順子（2009）「インボイス通貨の決定要因とアジア共通通貨バスケットの課題」RIETI Discussion Paper Series 09-J-013。
犬飼重仁編著（2007）『アジア域内国際債市場創設構想―アジアボンド市場へのロードマップ』レクシスネクシス・ジャパン。
井上伊知郎（1994）『欧州の国際通貨とアジアの国際通貨』日本経済評論社。
――（2003）「円の国際化」上川孝夫・藤田誠一・向壽一編『現代国際金融論：新版』有斐閣ブックス，第 17 章。
岩田規久男（2009）『金融危機の経済学』東洋経済新報社。
石見徹・河合正弘（1990）「基軸通貨と国際通貨システム（1）」『経済学論集』第 56 巻第 2 号。
上野和孝（2003）「PPP からみた中国人民元水準についての評価」財務省大臣官房総合政策課『調査月報』第 92 巻第 6 号。
浦田秀次郎（2007）「東アジア共同体構想と日本の対応」田中素香・馬田啓一編著『国際経済関係論』文真堂，第 13 章。
大蔵省・外国為替等審議会，アジア金融・資本市場専門部会（1998）『アジア通貨危機に学ぶ―短期資本移動のリスクと 21 世紀型通貨危機』
大蔵省・外国為替等審議会（1999）『21 世紀に向けた円の国際化―世界の経済・金融情勢の変化と日本の対応』
大蔵省・外国為替等審議会，アジア経済・金融の再生のための専門部会（2000）『アジア経済・金融の再生への道― 21 世紀の持続的成長と多層的な域内協力ネットワークの構築』
大野早苗・福田慎一（2006）「通貨危機後の東アジア経済圏の為替政策」福田慎一・小川英治編『国際金融システムの制度設計：通貨危機後の東アジアへの教訓』東京大学出版会，第 1 章。
大野正智・福田慎一（2004）「貿易契約通貨の決定メカニズム―東アジアにおける「円の国際化」の視点から」ESRI Discussion Paper No.86。
小川英治（2002）「FTA とアジアの通貨体制」浦田秀次郎・日本経済研究センター編『日本の FTA 戦略』日本経済新聞社，第 10 章。
――（2006a）「東アジアにおける金融協力・通貨協力のあり方」小川英治・財務省財務総合政策研究所編著『中国の台頭と東アジアの金融市場』日本評論社，第 9 章。
――（2006b）「アジア通貨協調のためのバスケット通貨戦略」『フィナンシャル・レビュー』4 月号。

──(2009)「世界金融危機の中の東アジアの地域通貨協力」中央大学経済研究所学術研究振興資金プロジェクトの国際シンポジュウム「世界金融危機と東アジアの経済・金融協力」(5月30日)における報告.
小川英治・清水順子 (2007)「東アジアにおける為替相場制度協調のための AMU と AMU 乖離指標」伊藤隆敏・小川英治・清水順子編著『東アジア通貨バスケットの経済分析』RIETI, 第2章.
小田尚也 (2000)「為替投機の理論とアジア通貨危機」国宗浩三編『アジア通貨危機—その原因と対応の問題点』アジア経済研究所.
柏原千英 (2006)「東アジア地域における金融協力フレームワークの進展と課題」平塚大祐編『東アジアの挑戦』アジア経済研究所.
片山稔・絹川直良・三浦潔 (2000)「いまなぜアジア通貨基金か」『国際金融』1048号.
勝悦子 (1994)『円、ドル、マルクの経済学』東洋経済新報社, 第5章.
上川孝夫 (2010)「世界金融危機の構図とアジアの将来」上川孝夫・李暁編『世界金融危機・日中の対話』春風社.
河合正弘 (1992)「円の国際化」伊藤隆敏編『国際金融の現状』有斐閣.
──(1994)『国際金融論』東京大学出版会.
──(2008)「アジア通貨危機から10年」『金融経済研究』日本金融学会.
関志雄 (2002)『日本人のための中国経済再入門』東洋経済新報社.
──(2004)「なぜ人民元の切り上げが必要なのか」関志雄・中国社会科学院世界経済政治研究所編『人民元切り上げ論争』東洋経済新報社.
木下悦二 (2008)「21世紀初頭における「金融資本主義」とその挫折 (上, 下)」『世界経済評論』世界経済研究協会9月号, 10月号.
金京拓司 (2010)「アジア通貨危機後の為替レート制度」日本金融学会秋季大会報告論文.
熊谷聡 (2003)「中国と日本, アジアの貿易補完関係」伊藤元重・財務省財務総合政策研究所編著『日中関係の経済分析—空洞化論・中国脅威論の誤解』東洋経済新報社.
黒田篤郎 (2001)『メイド・イン・チャイナ』東洋経済新報社.
経済産業省 (2001)『通商白書 2001』ぎょうせい.
──(2005)『通商白書 2005』ぎょうせい.
──(2006)『通商白書 2006』ぎょうせい.
経済団体連合会 (1998)『短期金融市場の整備と円の国際化』6月16日.
経済同友会 (2000)『民間から見た円の国際化—日本とアジアの安定と成長のための一考察』5月.
高阪章 (2000)「金融グローバル化とアジア通貨危機」国宗浩三編『アジア通貨危機—その原因と対応の問題点』アジア経済研究所.
国宗浩三 (2006)「通貨危機の理論—マクロ経済学の潮流との関係を中心として」梅崎創編『調査研究報告書 発展途上国のマクロ経済分析序説』アジア経済研究所.
熊倉正修 (2003)「アジア金融通貨危機とアジア諸国の為替レート政策」三尾寿幸編『金融政策レジームと通貨危機』アジア経済研究所, 第2章.
項衛星・劉暁鑫 (2009)「ドル本位制と東アジア域内金融協力」『国際金融』1203号.
小宮隆太郎・須田美矢子 (1983)『現代国際金融論・理論編』日本経済新聞社.
近藤健彦・中島精也・林泰史・ワイス為替研究会 (1998)『アジア通貨危機の経済学』東洋経済新報社.
財務省・円の国際化推進研究会 (2001)『円の国際化推進研究報告書』.
──(2003)『円の国際化推進研究会座長とりまとめ』.
佐賀卓雄 (2009)「金融システム危機と金融規制の動向」中央大学経済研究所・国際経済部会報告.
佐々木文之・佐野鉄司・吉本元 (1995)「円の国際化の展望」『財界観測』11月号.

佐藤清隆（1997a）「日本−東アジア間の貿易取引と円の国際化」上川孝夫・今川英悦編著『円の政治経済学』同文舘，第 2 章．
── （1997b）「日本―東アジア間の資金フローと円の国際化」上川孝夫・今川英悦編著『円の政治経済学』同文舘，第 3 章．
篠原興（1999）「『アジア通貨基金』に向けて」『IIMA Newsletter』国際通貨研究所，No.4．
── （2007）「地域通貨研究所創設について」『国際金融』1182 号．
清水聡（2009）『アジアの地域金融協力』東洋経済新報社．
全国銀行協会（1999）『円の国際化に向けて』11 月．
孫立堅（2008）「アジアにおける金融協力とリスク管理」中央大学 125 周年記念上海国際シンポジウム「東アジアの経済連携と金融通貨協力」（11 月 8 日）における報告．
高安健一（2006）「東アジア 4 カ国（タイ、インドネシア、韓国、マレーシア）における金融改革（1997〜2003 年）」小川英治・財務省財務総合政策研究所編著『中国の台頭と東アジアの金融市場』日本評論社．
滝井光夫・福島光丘編著（1998）『アジア通貨危機』日本貿易会．
竹内淳（2006）「アジア債券市場育成とアジアボンドファンド」日本銀行ホームページ．
竹下興喜（2009）「新たな国際的火種としてのグローバル・インバランス」『フォーリンアフェアーズ』
田中素香（1996）『EMS：欧州通貨制度』有斐閣．
── （2005）「東アジア通貨協力における DEY バスケットと ACU バスケットの使い分けをめぐって」『中央大学経済学部創立 100 周年記念論文集』．
── （2008）「グローバル・インバランス」田中素香・岩田健治編『現代国際金融』有斐閣，第 12 章．
丁一兵（2010）「アジア通貨協力と中日の協調：中国の視点と構想」上川孝夫・李暁編『世界金融危機・日中の対話』春風社．
通産省・アジア通商金融研究会（1998）『円の国際化について』10 月 26 日．
露口洋介（2010）「中国人民元の国際化、その現状と展望」『東亜』No.519．
德永潤二（2009）「世界金融危機の原因は 40 年前に作られた？」『週刊東洋経済』2 月 14 日号．
内閣府（2008）『世界経済の潮流 2008 年 II』12 月．
── （2009）『世界経済の潮流 2009 年 II』12 月．
長岡貞男（2003）「中国経済との「競争」と日本産業空洞化の虚実」伊藤元重・財務省財務総合政策研究所編著『日中関係の経済分析―空洞化論・中国脅威論の誤解』東洋経済新報社．
中條誠一（1990）『貿易企業の為替リスク管理』東洋経済新報社．
── （1999）「アジア通貨危機克服のカギは円の国際化」『週刊東洋経済』2 月 6 日号．
── （2000）「タイの通貨危機と為替政策―円の国際化への可能性」『国民経済雑誌』第 181 巻第 1 号．
── （2001）「アジアにおける円の国際化」『経済学論纂（中央大学）』第 42 巻第 1・2 合併号．
── （2002）「アジア通貨危機と通貨・金融協力」青木健・馬田啓一編『日本の通商政策入門』東洋経済新報社，第 12 章．
── （2006）「日本企業における国際財務活動の新展開」『経済学論纂（中央大学）』第 46 巻第 3・4 合併号．
── （2008a）「日本企業の国際財務活動と国際金融」田中素香・岩田健治編『現代国際金融』有斐閣，第 5 章．
── （2008b）「アジアにおける通貨システム改革の道筋」『経済学論纂（中央大学）』第 48 巻第 1・2 合併号．
── （2008c）「東アジアの通貨・金融協力の現状と展望」馬田啓一・木村福成編著『検証・東アジアの地域主義と日本』文眞堂，第 5 章．
西孝（2004）「アジアの為替相場制度をめぐって」青木健・馬田啓一編著『政策提言：日本の対アジ

ア経済政策』日本評論社，第 8 章．
日本銀行信用機構局・金融市場局（2005）「ヘッジファンドを巡る最近の動向」『日本銀行調査季報』7 月号．
日本経済研究センター（2007）『人口が変えるアジア―2050 年の世界の姿』．
日本貿易会「円の安定化」研究会（1996）『円の安定化のための提言』3 月．
日本貿易会・貿易動向調査委員会（1998）『貿易における円の国際化―円の使用状況に関する調査報告』10 月 26 日．
野村資本市場研究所（2009）『中国の人民元国際化に向けた動きに関する調査』．
平塚宏和（2004）「投資主導の成長へ金融改革を速めよ」浦田秀次郎・日本経済研究センター編『アジア FTA の時代』日本経済新聞社，第 4 章．
福田慎一（1994）「円の国際化：決済通貨としての円の役割」『フィナンシャル・レビュー』January．
藤田誠一・岩壷健太郎編（2010）『グローバル・インバランスの経済分析』有斐閣．
みずほ総合研究所編（2008）『サブプライム金融危機』日本経済新聞出版社．
宮尾龍蔵（2003）「アジア通貨危機の発生要因―対外借入制約に基づく再検証」高木信二編『通貨危機と資本逃避』東洋経済新報社，第 2 章．
宮川努・外谷英樹・牧野達治（2003）「東アジア諸国の均衡為替レート―ウォン／円レート、元／円レートを中心として」日本経済研究センター『産業構造研究：産業空洞化と日本経済』3 月．
向山英彦（2003）「拡大均衡に向かう日中韓関係」渡辺利夫編『ジレンマのなかの中国経済』東洋経済新報社．
村瀬哲司（2000）『アジア安定通貨圏』勁草書房．
――（2007）『東アジアの通貨・金融協力』勁草書房．
――（2009）「アジア太平洋における通貨・金融協力―現状と課題」中央大学経済研究所・学振プロジェクト研究会報告論文．
――（2010）「アジアの通貨・金融協力の現状と課題」塩見英治・田中素香・中條誠一編著『東アジアの通貨・経済統合への道（仮題）』中央大学出版部，近刊予定．
矢野順治（2008）「通貨危機」藤田誠一・小川英治編『国際金融理論』有斐閣．
山上秀文（2009）『東アジアの新しい金融・資本市場の構築』日本評論社．
山下英次（2002）『ヨーロッパ通貨統合』勁草書房．
大和俊太（1999）「ポートフォリオ投資とアジア通貨危機」『証券経済学会年報』第 34 号．
姚枝仲（2008）「非対称競争圧力と人民元のアジア戦略」『国際金融』1191 号．
吉冨勝（2003）『アジア経済の真実』東洋経済新報社．
李暁（2007）「人民元の切上げ動向とアジア戦略―中国経済学会の視点」『国際金融』1178 号．
――（2010）「円の国際化の歴史とその戦略調整：中国学者の評価」上川孝夫・李暁編『世界金融危機・日中の対話』春風社．
李暁・丁一兵（2005）「東アジア通貨体制の構築（上）（下）」『国際金融』1148 号，1149 号．
――（2008a）「世界金融不安下の東アジア金融協力―政策の選択と提言」『国際金融』1195 号．
――（2008b）「グローバル金融不安の下における東アジア金融協力：政策選択及び提言」*Economic and Monetary Cooperation in East Asia: Possibility of Convergence of the Cooperation Concepts among the Three Countries ―China, Japan, Korea―*, Institute of Economic Research, Chuo University．
李暁・平山健二郎（2001）「東アジア通貨システムの構築と「円の国際化」（上，中，3，4）」『世界経済評論』11 月号，12 月号，2002 年 1 月号，4 月号．
李婧（2010）「人民元の台頭とアジア化・国際化戦略」上川孝夫・李暁編『世界金融危機・日中の対話』春風社．

渡辺真吾・小倉將信（2006）「アジア通貨単位から通貨同盟までは遠い道か」『日本銀行ワーキングシリーズ』No.06-J-21。
高海紅・余永定（2010）「人民币国际化的含义与条件」（鄭甘澍訳「人民元国際化の意味と条件」）『国際経済評論』2010年第1期。
周小川（2009）「关于改革国际货币体系的思考」（Reform the International Monetary System）http://www.pbc.gov.cn/english/
赵海宽（2003）「人民币可能发展成为世界货币之一」（鄭甘澍訳「人民元が国際化通貨の一つになる可能性」）『経済研究』2003年第3期。
余永定（2009）「国际货币体系改革和中国外汇储备资产保值」『国际经济评论』第5-6月期。
ASEAN+3 Research Group Studies (2003-2004a), "Toward a Regional Financial Architecture for East Asia".
—— (2003-2004b), "An Exchange Arrangement for East Asia".
—— (2004-2005), "Economic Surveillance and Policy Dialogue in East Asia".
www.mof.go.jp/kokkin/ASEAN+3research.htm
Asian Development Bank (1999), *Asian Development Outlook 1999*, Oxford University Press.
Bayoumi, T., B. Eichengreen and P. Mauro (2000), "On Regional Monetary Arrangements for ASEAN", *CEPR Discussion Paper*, No.2411.
Bernanke, B. S. (2005), "The Global Saving Glut and the U.S. Current Account Deficit", Homer Jones Lecture, St. Louis, Missouri, April 14.
(http://www.federalreserve.gov/boarddocs/2005/2005414/default.htm)
BIS (2008), *Credit risk transfer? Developments from 2005 to 2007*.
Calvo, G. A. and C. M. Reinhart (2000), "Fear of Floating", *NBER Working Paper Series*, No.7993.
Chang, R. and A. Velasco (2000), "Financial Crises in Emerging Markets: a Canonical Model", *Journal of Economic Theory*, Vol.90, No.2.
DeLong, J. B., A. Shleifer, L. H. Summers, and R. J. Waldmann (1991), "The Survival of Noise Traders in Financial Markets", *Journal of Business*, Vol.64, No.1.
Ding Y. (2006), "East Asian Exchange Rate Coordination: China's Perspective", presented at The Conference of Jilin University, East Asian Monetary Cooperation and China's Perspective, August 24.
Dooley, M., D. Folkerts-Landau and P. Garber (2003), "An Essay on the Revived Bretton Woods System", *NBER Working Paper* 9971.
Eichengreen, B. (1994), *International Monetary Arrangements for the 21et Century*, The Brooking Institution（藤井良広訳『21世紀の国際通貨制度：2つの選択』岩波書店，1997年）。
Eichengreen, B. and T. Bayoumi (1999), "Is Asia an Optimum Currency Area? Can It Become One?", in S. Collignon, J. Pisani-ferry and Y. C. Park (eds.), *Exchange Rate Policies in Emerging Asian Countries*, Routeledge.
EMEAP Working Group on Financial Markets (2006), "Review of the Asian Bond Fund 2 Initiative", June.
Fischer, S. (2001), "Exchange Rate Regimes: Is the Bipolar View Correct?", *Journal of Economic Perspectives*, 15 (Spring).
Frankel, J. A. and A. K. Rose (1998), "The Endogeneity of the Optimum Currency Area Criteria", *Economic Journal*, Vol.108.
Frankel, J. A. and S. J. Wei (1994), "Yen Bloc or Dollar Bloc? Exchange Rate Policies of the East Asian Economies", in T. Ito and A. O. Krueger (eds.), *Macroeconomic Linkage: Saving,*

Exchange Rates, and Capital Flows, University of Chicago Press.
Freidman, M. (1953), "The Case for Flexible Exchange Rates", in M. Freidman, *Essays in Positive Economics*, University of Chicago Press, Chicago.
Fukuda, S (1996), "The Structure Determinants of Invoice Currencies in Japan: The Case of Foreign Trade with Asian Countries", in T. Ito and A. O. Krueger (eds.), *Financial Deregulation and Integration in East Asia*, University of Chicago Press.
Fukuda, S. (2002), "Post-Crisis Exchange Rate Regimes in East Asia", in Exchange Rate Regimes for Asia (Kobe Research Project), Ministry of Finance.
Gerlach, S. and F. Smets (1995), "Contagious Speculative Attacks", *European Journal of Political Economy*, Vol.11, No.1.
Goldstein, M. (1998), *The Asian Financial Crisis : Causes, Cures and Systemic Implications*, Institute for International Economics, Washington D.C.
Gotou, J. (2002), "Economic Preconditions for Monetary Cooperation and Surveillance in East Asia", in Strengthening Financial Cooperation and Surveillance (Kobe Research Project), Ministry of Finance.
Gourinchas, Pierre-Olivies and H. Rey (2005), "From World Banker to World Venture Capitalist: US External Adjustment and the Exorbitant Privilege", NBER Working Paper 11563.
Hamada, K. and A. Horiuchi (1987), "Monetary, Financial, and Real Effect of Yen Internationalization", in S. W. Arndt and J. D. Richardson (eds.), *Real-Financial Linkages among Open Economies*, MIT Press.
Hayakawa, K., F. Kimura (2008), "The Effect of Exchange Rate Volatility on International Trade in East Asia", *ERIA Discussion Paper Series*, ERIA-DP-2008-03.
Hernandez, L. and P. Montiel (2001), "Post-Crisis Exchange Rate Policy in Five Asian Countries: Filling in the 'Hollow Middle' ?", *IMF Working Paper*, WP/01/170.
Higgins, M., T. Klitgaard and C. Tille (2005), "The Income Implications of Rising U. S. International Liabilities", FRBNY, *Current Issue in Economic and Finance*, Dec.
Ho, C., G. Ma and R. N. McCauley (2005), "Trading Asian Currencies", *BIS Quarterly Review*, March.
IMF (1999), "IMF's Response to the Asian Crisis", January 17.
―― (2001), *Reforming the International Financial Architecture: Progress through 2000*, 9 March.
―― (2008a), *Global Financial Stability Report; Containing Systemic Risk and Reporting Financial Soundness*, April.
―― (2008b), *Global Financial Stability Report: Financial Stress and Deleveraging, Macro-Financial Implication and Policy*, October.
―― (2009), *Global Financial Stability Report: Responding to the Financial Crisis and Measuring Systemic Risks*, April.
―― (2010), *World Economic Outlook*, April.
Ito, T. (1993), "The Yen and International Monetary System", in C. F. Bergsten and M. Noland (eds.), *Pacific Dynamism and the International Economic System*, Institute for International Economics.
―― (1994), "On the Possibility of Yen Bloc", in R. Glick and M. M. Hutchisom (eds.), *Exchange Rate Policy and Interdependence: Perspective from the Pacific Basin*, Cambridge University Press.
―― (2002), "A Case for Coordinated Basket for Asian Countries", in Exchange Regimes for Asia

(Kobe Research Project), Ministry of Finance.
Ito, T., E. Ogawa and Y. N. Sasaki (1998), "How Did the Dollar Peg Fail in Asia", *Journal of Japanese and International Economics*, December.
Kaminsky, G. L. and C. M. Reinhart (2001), "The Center and the Periphery: The Globalization of Financial Turmoil", *NEER Working Paper*, No.9479, Nov.
Kawai, M. (2002), "Exchange Rate Arrangements in East Asia: Lessons from the 1997-98 Currency Crisis", *IMES Discussion Paper Series*, No.2002-E-17.
Kawai, M. and S. Akiyama (2000), "Implication of Currency Crisis for Exchange Rate Arrangements in Emerging East Asia", *Policy Research Working Paper*, No.2505, World Bank.
Kawai, M. and T. Motonishi (2004), "Is East Asia an Optimum Currency Area?", in M. Kawai (ed.), *Financial Interdependence and Exchange Rate Regimes in East Asia*, Policy Research Institute, Ministry of Finance.
Krugman, P. (1979), "A Model of Balance of Payment Crisis", *Journal of Money, Credit and Banking*, Vol.11, No.3.
Krugman, P. (1999), "Balance Sheets, the Transfer Problem, and Financial Crisis", *International Tax and Public Finance*, Vol.6, No.4.
Kwan, C. H. (2002), "Overcoming Japan's China Syndrome", presented at the RIETI international conference", Asian Economic Integration", April, 2002, Tokyo, Japan.
Kyle, A. and W. Xiong (2001), "Contagion as a Wealth Effects", *Journal of Finance*, 55.
Lee, J. Y. (2000), "Exchange Rate Policies in Asian Countries", 大蔵省・円の国際化推進研究会『通貨制度研究部会報告書』3月。
Li, J. (2007), "The Rise of the Renminbi in Asia: Cost-benefit Analysis and Road Map", *The Chinese Economy*, July-August, Vol.40, No.4.
London Summit (2009), "London Summit: Leaders' Statement", "Declaration on Delivering Resources through the International Financial Institution", "Declaration on Strengthening the Financial System", 2 April.
Mason, P. (1998), "Contagion: Monsoonal Effects, Spillovers, and Jumps between Multiple Equilibria", *IMF Working Paper*, 98/142.
McCauley, R. N., S. -S. Fung and B. Gadanecz (2002), "Integrating the Finances of East Asia", *BIS Quarterly Review*.
McKinnon, R. (1963), "Optimal Currency Areas", *American Economic Review*, Vol.53, No.4.
—— (2001), "After the Crisis, the East Asian Dollar Standard Resurrected: An Interpretation of High-Frequency Exchange Rate Pegging", in J. Stiglitz and Y. Shahid (eds.), *Rethinking the East Asia Miracle*, Oxford University Press.
McKinnon, R. and K. Ohno (1997), *Dollar and Yen: Resolving Economic Conflict between the United States and Japan*, Massachusetts Institute of Technology (『ドルと円：日米通商摩擦と為替レートの政治経済学』日本経済新聞社，1998年).
Montiel, P. J. (2004), "An Overview of Monetary and Financial Integration in East Asia", in Asian Development Bank (ed.), *Monetary and Financial Integration in East Asia, Volume1*, Palgrave.
Mundell, R. A. (1961), "A Theory of Optimal Currency Areas", American Economic Review, Vol.51, No.4.
Obstefeld, M. (1986), "Rational and Self-Fulfilling Balance of Payment Crisis", *American Economic Review*, Vol.76, No.1.
—— (1994), "The Logic of Currency Crisis" *NBER Working Paper*, No.4640.

Obstfeld, M. and K. Rogoff (1995), "The Mirage of Fixed Exchange Rates", *Journal of Economic Perspectives*, Vol.9, No4.

Ogawa, E. (2002), "Economic Interdependence and International Coordination in East Asia", in Exchange Rate Regimes for Asia (Kobe Research Project), Ministry of Finance.

Ogawa, E. and T. Ito (2000), "On the Desirability of Regional Basket Currency Arrangement", *NBER Working Paper Series*, No.8002.

Ogawa, E. and K. Kawasaki (2003), "Possibility of Creating a Common Currency Basket for East Asia", *JBICI Discussion Paper*, No.5, Japan Bank for International Cooperation.

Ogawa, E. and J. Shimizu (2004), "Bonds Issuers' Trade-off for Common Currency Basket Denominated Bonds in East Asia", *Journal of Asian Economics*, Vol.15: 719-738.

―― (2005), "AMU Deviation Indicator for Coordinated Exchange Rate Policies in East Asia", *RIETI Discussion Paper Series*, 05-E-017.

―― (2008), "A Role of the Japanese Yen in a Multi-Step Process toward a Common Currency in East Asia", Fukino Project Discussion Papers, Hitotsubashi University, No.003.

―― (2009), "AMU Deviation Indicators and Coordinated Exchange Rate Policies under the Global Financial Crisis", *Discussion Paper Series*, No.125, The Institute of Economic Research, Chuo University.

Ogawa, E. and L. Sun (2001), "How Were Capital Inflows Stimulated under the Dollar Peg System?", in T. Ito and A. O. Krueger (eds.), *Regional and Global Capital Flows: Macroeconomic Causes and Consequence*, University of Chicago Press.

Ohno, K. (1999), "Exchange Rate Management in Developing Asia: Reassesment of the Pre-Crisis Soft Dollar Zone", *ADB Insutitute Working Paper*, No.1.

Park, Y. C. (2002), "Prospects for Financial Integration and Exchange Rate Policy Cooperation in East Asia", *ABD Research Paper Series*, No.48.

Princeton University, the International Finance Section (1998), "Should the IMF Pursue Capital Account Convertibility?", *Essays in International Finance*, No.207（岩本武和監訳『IMF資本自由化論争』岩波書店，1999年）。

Radelet, S. and J. Sachs (1998), "The Onset of the East Asian Financial Crisis", Harvard Institute for International Development, February.

Sato, K. (2007), "East Asia Monetary Integration: an Empirical Assessment of the Optimum Currency Area Criteria", in M. Hisayuki (ed.), *New Developments of the Exchange Rate Regimes in Developing Countries*, Palgrave Macmilan, Chapter5.

Shimizu, J. and E. Ogawa (2005), "Risk Properties of AMU Denominated Asian Bonds", *Journal of Asian Economics*, Vol.16: 590-611.

Sohmen, E. (1961), *Flexible Exchange Rates*, The University of Chicago Press.（足立禎訳『屈伸為替相場制度』勁草書房，1975年）。

Stiglitz, J. E. (2006), *Making Globalization Work*, W. W. Norton & Company, Inc.（船井浩一訳『世界に格差をバラ撒いたグローバリズムを正す』徳間書店，2006年）。

Taguchi, H. (1994), "On the Internationalization of the Japanese Yen", in T. Ito and A. O. Krueger (eds.), *Macroeconomic Linkage: Saving, Exchange Rate, and Capital Flows*, University of Chicago Press.

Tavlas, G. S. and Y. Ozeki (1992), "The Internationalization of Currencies: An Appraisal of the Japanese Yen", *Occasional Paper 90*, IMF, January.

Tsiang, S. C. (1959), "The Theory of Forward Exchange and Effects of Government Intervention

on the Forward Exchange Market", *IMF Staff Papers*, Vol.7, No.1.
Williamson, J. (1999), "The Common Basket Peg for East Asian Currencies", in S. Collignon, J. Pisani-Ferry and Y. C. Park (eds.), *Exchange Rate policies in Emerging Asian Countries*, Chapter 19.
Wolf, M. (2007), "The New Capitalism", Financial Times, June 19.
―― (2008), *Fixing Global Finance*, The John Hopkins University Press.
World Bank (2010), *Global Economic Prospects*.
Yoshikawa, H. (1990), "On Equilibrium Yen-Dollar Rate", *American Economic Review*, 80.
Zhang, B. and He, F. (2006), "Is ACU Attractive to Asian Economies?: The Case of China", presented at The Conference of Jilin University, East Asian Monetary Cooperation and China's Perspective, August 24.
Zhang, Y. (2003), "The Economic Impact of China Accession to WTO and The Prospect for RMB Exchange Rate", presented at The 12th Symposium of the Institute of International Monetary Affairs, Nov. 18, 2003.

索　引

A-W

ABF（アジア債券基金）　76, 79, 113, 127
ABF1　80, 84, 127
ABF2　80, 84, 92
ABMI（アジア債券市場育成イニシアティブ）　76, 87, 113, 157
　　——新ロードマップ　78, 84
ACU, AMU（アジア通貨単位）　65, 145, 149, 158, 162, 165, 174, 221, 223
AMF（アジア通貨基金）　65, 223
AMS（アジア通貨制度）　124, 161, 163, 164, 166, 169, 220
BBCルール　147, 164, 172, 174
BIBF　25, 30
BW II（復活したブレトン・ウッズ）論　94, 111, 117, 127
CDO（債務担保証券）　98, 100
CDS（クレジット・デフォルト・スワップ）　98, 100
CMI（チェンマイ・イニシアティブ）　66, 67, 89, 113, 127
　　——のマルチ化　68, 73
EMEAP（東アジア・オセアニア中央銀行役員会議）　61, 74, 79, 92, 127
EMS（欧州通貨制度）　119, 132, 171
EMU（経済・通貨同盟）　170
EPA（経済連携協定）　122, 151
ERM（為替相場メカニズム）　165, 166
ERPD（経済レビューと政策対話）　69, 70, 74
FECOM（欧州通貨協力基金）　166
FTA（自由貿易協定）　122, 151
G3共通通貨バスケット制　146, 153, 155, 158, 159, 161, 164, 172, 174
G3通貨バスケット制　144
IMFプログラム　67, 68, 70, 74
I-Sバランス　126, 154
PTM（市場別価格設定行動）　188
RMBS（資産担保証券ABSの一種）　96
SIV（仕組投資事業体）　99, 108
WTO（世界貿易機関）　215

ア行

アジア共通通貨　169
アジア共同体　124, 125, 131, 151
アジア通貨機構　87, 88, 157, 162, 208
アジア通貨統合　131
アジアの債券市場育成　56, 58, 61, 66, 75, 81, 113
アジアの民間資金活用構想　91
アセット・アプローチ理論　13, 118
アブソープション　28, 139
域内貿易比率　152, 173
インターナショナル・キャッシュ・マネージメント　202
インボイス通貨　189, 203, 204, 210
ウェイクアップ・コール仮説　6, 9
エクイティ　97
円キャリー・トレード　15
円借款　184
円建て外債　186
円建て比率　182, 183, 191, 193
円建て貿易金融　209
円の国際化　86, 159, 178, 180, 188, 206, 214
オーバーシューティング　141, 152
オープン・アカウント方式　202

カ行

外貨マリー　194, 199, 201, 204
外国為替のスワップ市場　14
外国為替のスワップ取引　16
各種研究・研修プログラム　66
過剰国際流動性　13, 119
過剰なドル依存の軽減・解消　38, 52, 58, 86, 94, 116, 128, 178, 214
過剰流動性問題　215

索　引　239

カレンシー・ボード制　62, 131
為替政策・制度の改革　56, 58, 61, 70, 84, 85, 122, 124
為替政策・制度の失敗　39, 50, 58
為替リスク管理　194, 196, 199, 202, 203, 204, 205, 209
競争的通貨切下げ理論　6
協調の失敗　56, 61, 62, 63, 84, 122, 144
共通の貸し手仮説　6, 9
共同運用基金　127, 188
共同フロート　164, 166, 167, 169, 174
金融資本　11, 95, 125, 126, 129
金融大国　95, 117, 119, 126, 128
金利裁定　14
　――的資本取引　16
グラスマンの法則　210
クローニー・キャピタリズム　54
グローバル・インバランス　13, 111, 117, 119, 121, 133
グローバル金融資本主義　10, 11, 22, 33, 38, 113, 124, 128
クロス取引　188, 198
群集行動モデル　10
経済サーベイランス　56, 58, 61, 65, 66, 70, 71, 73, 86, 158, 161
経常収支危機　7, 22, 103
ケインズの「美人投票」　8
ゲームの理論　3
決済　14
合理的期待形成仮説　8
国際財務活動　202
国際金融のトリレンマ論　2, 215
国際財務活動　202, 203
国際流動性不足　105, 113
コンバージョン・クライテリア　169, 170

サ行

最後の貸し手　56, 109
最先端金融技術・商品　17, 20, 61, 95
最適通貨圏　124, 147, 163, 169
先物市場　14, 16, 18, 19, 21
サスティナビリティ　13, 117
サブプライム・ローン　95, 96, 103, 121
「三角貿易」構造　122, 152, 173, 210

直先スプレッド　16, 21, 198
直物市場　14, 16
「自己完結的貿易」構造　122, 129, 151, 160, 173, 210
自己資本規制　99, 108
市場原理主義　20, 101, 129
市場の失敗　101
市場の相場観　8
システミック・リスク　54, 100, 101, 104
実質実効為替レート　28, 33, 39, 43, 44, 136
実質ドル・ペッグ政策　24, 28-30, 33, 38, 56, 62, 143, 180, 224
シニア　97
支払能力危機　105, 107
資本勘定諸国　111
資本自由化論争　25
資本収支危機　7, 10, 22, 24, 55, 65, 67, 103
資本フローのモニタリング　72
シャトー・レート　2
集団意思決定メカニズム　67, 69
証券化　96
新機関設立構想　88
人民元決済　216
人民元圏　179, 214, 222, 225
人民元の過小評価　132, 135, 140
人民元の為替制度改革　133, 139, 143, 215
人民元の切上げ　132, 142
人民元の国際化　215, 220
信用供与メカニズム　165, 174
生産ネットワーク　183, 227
セーフティーネット　56, 58, 61, 65, 90, 107, 109, 113
世界金融危機　94, 101, 103
世界の工場　134, 138
世界の市場　134, 154
先端的金融技術・商品　19, 33
相場商品市場　10, 16, 22, 95

タ行

第1世代モデル　2
対外純債務残高　13, 116
対外純資産残高　127
第2世代モデル　3, 7, 8
ダブル・ミスマッチ　5, 23, 25, 27, 38, 51, 52,

53, 54, 57, 58, 75, 82
短期対外ポジション　13
弾力的な為替政策　44, 46, 47, 49, 50
地域統括会社　196, 202, 210
チェンマイ・イニシアティブ　65
中間的金融市場　82, 124
中国脅威論　134
長期安定的資本取引　16, 17
ツィアン・ゾーメン　14, 16
通貨　55
　――危機の理論　1
　――スワップ　105
　――スワップ協定　66, 67, 105, 115, 116, 218, 219
通貨統合　132, 163, 169, 214
通貨バスケット制　143
適格外国機関投資家（QFII）制度　216
適格国内機関投資家（QDII）制度　216
ディスパリティ　16, 17
デリバティブ　11, 17, 19, 20, 101, 109
伝染（contagion）　5
　――の理論　5
投機　14
投機家・投資家　15, 18, 21, 53, 55
投機的短期資本　50
　――取引　17
投機の価格平準化機能　20, 33
ドルからの脱却　94, 116, 119, 128, 178, 214
ドル基軸通貨体制　119, 225, 227

ナ行

ナチュラル・ヘッジ　159, 161, 190, 191, 194, 196
ナッシュ均衡　3
21世紀型通貨危機　7, 22
2段階改革論　132
ネッティング　201, 202, 204, 211

ハ行

バーゲニング・パワー　188, 192, 205
パーセプション　23, 27, 30, 32, 48, 55
パニック　8, 9, 32, 34, 55
バランス・シートモデル　4, 7, 23, 32, 34

パリティ・グリッド方式　168
汎アジア債券インデックス・ファンド　80
バンドワゴン・エフェクト　10, 31
ピア・プレッシャー　74, 75, 84
非対称競争圧力　222, 224
ファンダメンタルズ　2, 3, 4, 6-10, 28, 32, 39, 55
ファンド・オブ・ファンズ　80
プーリング　198, 202, 204
双子の危機　4, 30
ヘッジ　19
ヘッジ・ファンド　9, 15, 21, 31, 48, 99, 108
貿易勘定諸国　111, 117-119, 127
ボラテリティ　47, 152, 167, 190

マ行

マスター・アカウント　198, 203, 204
マッキノン仮説　210
マニラ・フレームワーク　66, 72
マルチネッティング　202, 203, 210
ミスアライメント　63, 64, 132, 133, 135, 144, 147, 152, 174
ミスマッチ　159, 180
メザニン　97
モーゲージ・カンパニー　95, 96, 107
モラルハザード　69, 71, 90, 109

ヤ行

ユーロ円　184
　――債　186

ラ行

ラストリゾート　53, 55
リーズ・アンド・ラグズ　15, 27, 31
リインボイシング　201, 202
リインボイス方式　204
流動性危機　104, 106
流動性のジレンマ　225
流動性危機　106
両極の為替制度改革　62, 131, 143
レバレッジ　19, 99, 101, 108
ロジスティックス　200, 204

著者紹介

中條　誠一（なかじょう　せいいち）

1949 年，新潟県生まれ。
1973 年，中央大学大学院経済学研究科修士課程修了。
1993 年，商学博士（大阪市立大学）。
1973 年，日商岩井（現，双日）株式会社調査室員，その後大阪市立大学商学部助教授・教授を経て，1996 年より中央大学経済学部教授に就任し，現在に至る。
日本国際経済学会（理事），日本金融学会，日本貿易学会に所属。
専門は，国際金融論，外国為替論。
現在の研究課題は，アジア通貨危機および世界金融危機とアジアの通貨・金融協力，アジアの通貨統合，円の国際化，中国の人民元問題など。

主要著書に，『変動相場と為替戦略』（共著，金融財政事情研究会，1981 年），『貿易企業の為替リスク管理』（東洋経済新報社，1990 年），『ゼミナール為替リスク管理—新外為法下の戦略・新版』（有斐閣ビジネス，1999 年），『東アジアの地域協力と経済・通貨統合』（共編著，中央大学出版部，2011 年）などがある。

アジアの通貨・金融協力と通貨統合

2011 年 3 月 1 日　第 1 版第 1 刷発行　　　　　　　　検印省略
2012 年 1 月 10 日　第 1 版第 2 刷発行

著　者　　中　條　誠　一
発行者　　前　野　　　弘

東京都新宿区早稲田鶴巻町 533
発行所　　株式会社　文　眞　堂

電話　03（3202）8480
FAX　03（3203）2638
http://www.bunshin-do.co.jp
郵便番号 162-0041　振替 00120-2-96437

印刷・モリモト印刷　　製本・イマヰ製本
©2011
定価はカバー裏に表示してあります
ISBN978-4-8309-4705-6　C3033